Una filosofía del miedo

Bernat Castany Prado

Una filosofía del miedo

EDITORIAL ANAGRAMA
BARCELONA

Ilustración: © lookatcia

Primera edición: febrero 2022
Segunda edición: junio 2022
Tercera edición: noviembre 2025

Diseño de la colección: lookatcia.com

© Bernat Castany Prado, 2022

© EDITORIAL ANAGRAMA, S. A. U., 2022
　Pau Claris, 172
　08037 Barcelona

ISBN: 978-84-339-6482-3
Depósito Legal: B. 1131-2022

Printed in Spain

QP Print, Miquel Torelló i Pagès, 4
08750 Molins de Rei

El día 14 de mayo de 2021, el jurado compuesto por Jordi Gracia, Pau Luque, Daniel Rico, Remedios Zafra y la editora Silvia Sesé concedió el 49.º Premio Anagrama de Ensayo a *La palabra que aparece,* de Enrique Díaz Álvarez.

Resultó finalista *Una filosofía del miedo,* de Bernat Castany Prado.

A Nicolás, Tomás y Helia, y sus sábanas antibalas

Porque ese miedo y esas tinieblas del espíritu es menester que los despejen no los rayos del sol ni los dardos luminosos del día sino la contemplación y la doctrina de la naturaleza.

LUCRECIO,
La naturaleza

Otra, en respuesta al hijo que decía tener la espada corta, le replicó: «Pues añade un paso.»

PLUTARCO,
Máximas de mujeres espartanas

Sin dinero, no se puede entrar en ninguna tienda. Hay que comprar algo para poder robar otras cosas.

AGOTA KRISTOF,
Claus y Lucas

Como un circuito de agua cerrada, aparenta movimiento pero no va a ninguna parte, mientras se pudre. Es preciso salir de este bucle y situar la necesidad de la crítica en sus raíces: la denuncia de las relaciones entre el saber y el poder no tiene interés en sí misma, sino que solo adquiere valor en sus efectos de emancipación.

MARINA GARCÉS,
Nueva ilustración radical

PRÓLOGO

> La felicidad y la desdicha son hermanas gemelas que o bien crecen juntas, o bien permanecen pequeñas juntas.
>
> NIETZSCHE, *La ciencia jovial*

§ *La maldición de Kierkegaard*. Este libro es el fruto de una maldición. De la terrible maldición que Kierkegaard le lanzó a Hegel cuando le deseó que un día, al finalizar alguna de sus clases (quizá tan abstractas y especulativas como sus escritos), un joven se le acercase para pedirle consejo.

Aquella tarde de mayo acababa de hablarles a mis alumnos de la vergüenza que Borges dice sentir por no haber sido más valiente. Una vergüenza que, aunque bebe de fuentes literarias, como el tópico de las armas y las letras, la tensión romántica entre civilización y barbarie o el vitalismo nietzscheano, está demasiado presente en toda su obra como para que no le demos cierto crédito.

Según Borges, ese miedo fue el que le llevó a cometer «el peor de los pecados que un hombre puede cometer», esto es «no ser feliz»; ese miedo fue el que le llevó a verse como un Alonso Quijano que, «en víspera perpetua», vuelve las hojas de los libros, sin atreverse a salir de la biblioteca de tomos ingleses de su padre para buscar las aventuras más reales que le ofrecía el barrio de Palermo. Pero ese miedo también fue el que le llevó a ser tierno y comprensivo con sus amedrentados personajes, para los que llegó a soñar una ascesis o ejercitación del valor.

Y es que Borges entrevió en la distinción de Norman Mailer, según la cual «hay dos clases de valientes: los valientes por el don de la naturaleza y los valientes por un acto de voluntad», una exigente oportunidad de redención. Esa estrecha senda es la que recorrería el protagonista de «La otra muerte», Pedro Damián, quien, tras haber huido del fragor de la batalla, se pasó cuarenta anónimos años endureciéndose en los campos solitarios, para revivirla heroicamente en el delirio de la agonía (hazaña que Dios le recompensará reescribiendo la historia).

En aquella clase también hablamos de la existencia de un grupo específico de ejercicios filosófico-literarios («ejercicios espirituales» los llamó Pierre Hadot), cuyo objetivo principal era la superación del miedo. Hablamos del *tetrapharmakon* de Epicuro (en verdad de Filodemo de Gadara), que incluía tropos que habían de facilitar la memorización, la meditación y la práctica de estrategias para vencer el miedo a los dioses, el miedo a la muerte, el miedo al dolor y el miedo al fracaso en la búsqueda de la felicidad; comentamos algunos fragmentos del *De rerum natura* de Lucrecio, donde se confía en el estudio de la naturaleza para luchar contra las supersticiones y la angustia; e hicimos referencia a Gracián, Spinoza o Deleuze, quienes consideraron que la mejor vía para reducir el temor es aumentar el deseo.

Acabamos la clase evocando las *Saturnales* de Macrobio, donde se refiere una vieja creencia egipcia según la cual el nacimiento de toda persona se halla presidido por cuatro divinidades a las que debemos rendir tributo con la propia vida, sin tratar de evitarlas ni engañarlas. La manera en que cada uno se haya relacionado, a lo largo de su vida, con cada una de estas cuatro fuerzas (que son el Eros o el amor, la Ananké o la necesidad, la Tyché o la fortuna y el Daimon o la identidad), definiría su carácter o destino. Era tentador imaginarse a Borges, en su lecho de muerte, alegando frente a todas sus timideces, indecisiones o traiciones, las acciones absolutorias de su temeridad filosófica y su generosidad con sus personajes. Pero ya pasaban cinco minutos del final de la clase.

§ *A vuelta de correo.* A la salida me esperaba la maldición de Kierkegaard encarnada en la forma de una alumna de mirada triste y piel pálida que me pidió más información sobre la cuestión del miedo y la ascesis del valor. Le pedí que me escribiese a mi correo electrónico para que le pudiese enviar todo el material que tenía al respecto. Antes de marcharse le pregunté si se encontraba bien, y levantando la mirada me hizo entender que podía estar mejor. Pero no me atreví a preguntarle nada más. Aquella misma noche me escribió pidiéndome que le enviase el material que le había prometido, y se despidió diciendo que se hallaba en una situación difícil, y que cualquier ayuda en relación con aquel tema le sería de gran ayuda.

Ya de madrugada, le envié todo el material que tenía a mano: una versión electrónica del *De rerum natura* de Lucrecio, un resumen de *La historia del miedo en Occidente* de Delumeau y de *Miedo líquido* de Bauman, una síntesis de la *Psicología del miedo* de Christophe André, y le recomendé que leyese el cuarto y el quinto libro de la *Ética* de Spinoza, *Confianza en uno mismo* de Emerson, *Walden* de Thoreau, el *Miedo a la libertad* de Erich Fromm y todo lo que encontrase de Alain, Pierre Hadot o el último Foucault. Me respondió a vuelta de correo agradeciéndome aquella avalancha de información (nada como tirar un bote salvavidas a la cabeza del que se ahoga...). Su mensaje disimulaba, quizá, cierta decepción, como si hubiese esperado otro tipo de respuesta, menos teórica, o simplemente una pequeña muestra de interés. En aquel momento no le di demasiada importancia.

Pero el demonio de Kierkegaard no estaba satisfecho, y volvió a ponerme a prueba a la semana siguiente, y a la otra, pues aquella alumna nunca volvió a clase. Debería haberle escrito, pero, como dije, era el mes de mayo y quedaban pocas clases, de modo que era probable que hubiese decidido centrarse en los trabajos finales o, incluso, que hubiese encontrado un trabajo de cara al verano. Además, yo era un profesor precario, un padre joven y una persona tímida, de modo que me sobraban las excusas para no meterme en la vida de los demás. Llegó el verano, comenzó el curso siguiente, y nunca más volví a verla por la facultad. Pero también podía ser que no coincidiésemos y, además, ¿qué podía llegar a pensar si le escribía después de tanto tiempo?

§ *Todos los miedos, el miedo.* Quizá el lector se sienta decepcionado, pues esperaba una escena como la de *La caída* de Camus, donde un hombre se halla ante la tesitura de tener que salvar a una persona que se acaba de arrojar al Sena. Pero el miedo no es tanto una cuestión de batallas y cuchillos (tal y como lo entendía, de una forma un tanto romántica, Borges) como un cúmulo de minúsculas evitaciones, excusas, silencios o postergaciones que acaban llenándolo todo, como el vapor. Más aún, ese enjambre de pequeños miedos no es solo una cuestión individual, resultante de nuestros genes, carácter, educación o responsabilidades, sino también el resultado de diversos modos de dominación colectiva. Sentí, entonces, la urgencia de pensar con calma en ello.

Lo primero que me sorprendió fue la paradoja de que, aun perteneciendo a una de las sociedades más seguras de toda la historia de la humanidad, y a una clase social y una historia familiar más bien tranquilas, mi vida estuviese tan impregnada por el miedo. Los griegos creían en la Némesis, una divinidad que se encargaba de infligirle alguna desgracia a aquellos seres que eran demasiado felices con el objetivo de equilibrar todos los destinos.

Entonces pensé que el miedo era nuestra Némesis; la espada de Damocles que no nos deja disfrutar del reino de este mundo, pues altera nuestro conocimiento, nos aparta del mundo, reduce el placer, nos hace crueles, nos impide ser lo que hemos decidido ser y erosiona el tejido social.

¿Cómo se lucha contra una espada colgada? No tenía ni idea, y por eso (y por librarme de la maldición de Kierkegaard) decidí escribir este libro. Sin saber adónde iba ni de dónde venía. Sin pensar mucho ni esperar nada. *In media res,* ahí, en medio de la cosa. Pues, como decía Pascal, lo último que se sabe es por dónde se debía empezar.

1. Luz de gas

1.1. DEIMOS Y PHOBOS

> ... las cosas se vuelven más paradójicas a medida que nos acercamos a la verdad.
>
> CHESTERTON, «Filosofía de las islas»

§ *El archipiélago del miedo.* En una de sus cartas, Newton se describe como un niño que recoge guijarros de espaldas al océano. Así me siento yo al empezar este libro. ¿Qué guijarros coger? ¿Por dónde empezar a buscar? ¿Debo dirigirme hacia el norte o hacia el sur? ¿Empezaré definiendo el miedo, cuando la realidad es justo lo que queda después de haber acabado de definirla? ¿Enumeraré todas las teorías que existen al respecto, cuando se contradicen constantemente, y son tantas que nunca lograré familiarizarme con todas? Y, aun cuando lo lograse, ¿con qué criterio exterior podría compararlas y elegir? ¡Basta! Empezaré como Homero, narrando un naufragio, y ya luego iré explorando las islas que la bruma desvele.

Tengo un mapa. Es un pergamino viejo y olvidado, como los que sirven para buscar tesoros. Pero mi objetivo no es encontrar el cofre sellado de la verdad, sino escaparme, como Robinson, de las sucias calles de Londres, para arrojarme al mundo. Es mi *runaway to sea*. Como en casi todo, me guío por los filósofos y los escritores clásicos (e incluyo en ese grupo a humanistas, libertinos e ilustrados). Siguiendo sus pasos, me detendré en cuatro islas. Primero exploraré las escarpadas costas del peñón de la cognoscitiva (que los antiguos llamaban «canónica»), para ver de qué modo el miedo altera con sus tinieblas nuestro conocimiento de la realidad. Después me detendré en la isla volcánica de la ontología (la «física» de los antiguos), donde estudiaré cómo el temor nos aparta del mundo, impidiéndonos acceder a las fuentes de la vida: el alimento, la reproducción, la amistad. En la isla de la ética, donde los manglares se adentran en el mar, veré cómo el temor nos impide alcanzar una buena-vida-buena, esto es, una vida feliz (ética) y benévola (moral). Para ello, tendré que enfrentarme a los caníbales de la moral religiosa, de la «happycracia» neoliberal y de la literatura de autoayuda (que no es literatura, ni jamás ayudó a nadie). Y acabaré en la más movida de las islas, la isla flotante de la política, la última Thule del pensamiento, en la que los mercaderes del miedo se han hecho fuertes, y tienen esclavizada a toda la población.

Como suele decirse, un archipiélago es un conjunto de islas unidas por aquello que las separa. Lo que separará a esas islas es mi ignorancia oceánica de la exacta topografía de estas islas; lo que las unirá, mi vocación homérica de naufragar con curiosidad y coraje, y también con el deseo de trabar nuevas amistades, en todas ellas.

§ *Balística de sombras*. ¿Cuántas veces nos ha sucedido? Tememos una situación (quizá escribir un ensayo), pasamos días angustiados dándole vueltas, nos la hemos imaginado del derecho y del revés, y, cuando todo pasa, lo primero que nos viene a la mente es: «¿Ya está? ¿Era esto?» ¿De qué sirvieron todos nuestros intentos por analizar, prever o prevenir lo que nos angustiaba? Para conocerlo no, ciertamente, puesto que se nos escapó lo más importante, esto es, que no era tan doloroso o peligroso como nos lo imaginábamos. El miedo es una especie de eclipse cognoscitivo que cubre nuestros sentidos con una niebla amenazadora, que solo cuando se retira nos deja volver a ver con cierta claridad. Entonces, como le sucede al insomne cuando el cielo clarea, nos sorprendemos, y aun nos avergonzamos, de habernos dejado asustar por vagas impresiones infantiles. Lo que quiero pensar ahora, justamente, es el eclipse del miedo. Ver cuándo se produce, durante cuánto tiempo y, sobre todo, de qué modo podemos orientarnos mientras dura.

En un relato de Chesterton, el detective descubre al asesino porque su sombra, que alguien vio proyectada de noche sobre un muro, no presentaba ninguna deformación. Partiendo de la consideración de que las sombras siempre deforman el cuerpo que las proyecta, el detective concluye que una sombra sin ningún tipo de deformación debe corresponder a un cuerpo deforme, como era, en efecto, el caso, ya que el asesino era un ser enano y jorobado al que los azares de la penumbra dotaron de una sombra «normal». Yo también deseo realizar una balística de sombras que nos permita traducir las deformantes siluetas del miedo en los benévolos perfiles del día.

§ *Deimos y Phobos*. Decía Nietzsche que el diccionario es el cementerio de las palabras. Empecemos levantando la lápida del miedo. Vaya por Dios, de una palada he partido su cuerpo en dos. Y es que el término «miedo» es un concepto ambivalente, que designa tanto un sistema de conocimiento y motivación como su desarreglo generalizado. Para distinguir ambos niveles de significación, recurriremos a los términos griegos: «*deimos*», para referirnos a un miedo proporcionado y racional, que permitiría una acción adecuada, y «*phobos*», para designar un miedo desproporcionado e irracional, que supondría un desarreglo de nuestras capacidades de acción. Dicha distinción será una constante en todo el pensamiento occidental, desde la teoría aristotélica del justo medio, que defenderá el valor ajustado frente a la cobardía y la temeridad, hasta la psicología contemporánea, que distingue entre miedo normal y miedo patológico. Intentaré pensar los dos, pues, como dice Fitzgerald, la inteligencia es la capacidad de mantener dos ideas contrarias en la cabeza sin que esta estalle. Leámoslo con una fregona cerca, por si acaso.

§ *Ecce signum!* El miedo es una de las sensaciones más desagradables que el ser humano puede llegar a experimentar. Por eso, cuando lo sentimos, nuestro primer impulso es desear (y solo a veces intentar) que desaparezca. Probamos, entonces, a huir de la persona que nos lo inflige, y a veces incluso de la persona que lo siente, esto es, de nosotros mismos. No nos importa que la huida pase por renunciar a nuestra libertad (cuando nos sometemos), a nuestra identidad (cuando nos autocensuramos) o incluso a nuestra propia vida (cuando adoptamos comportamientos autodestructivos o nos suicidamos). El miedo es una redundancia, pues quien teme morir ya está muerto de miedo.

Más. El miedo es una sensación tan desagradable, que no solo deseamos dejar de sentirlo «por esta vez», sino «de una vez por todas». Es el viejo deseo de no volver a sentir miedo nunca más. Puede que esta sea la razón por la que el cuento que muchos niños prefieren escuchar (y no menos adultos prefieren contar) sea el de «Juan sin miedo». Pero, como suele suceder con todos los deseos, sería una desgracia que este nos fuese concedido, por la sencilla razón de que, si desconociésemos el miedo, nuestras peores pesadillas no tardarían en hacerse realidad.

Pensemos, por ejemplo, en otra sensación desagradable, más desagradable, si cabe, que el miedo. Hablo del dolor. Nadie dudará jamás que lo más deseable es dejar de sentir dolor. Pero una cosa es desear que este dolor que sufro aquí y ahora desaparezca y otra muy diferente desear no volver a sentir jamás dolor. El cumplimiento de ese deseo es realizable, pero no bajo la forma de una bendición, sino, antes bien, bajo la forma de una desgracia: la lepra.

Porque dicha enfermedad provoca un adormecimiento de las terminaciones nerviosas que hace que aquel que la padece no pueda sentir ningún dolor, ni, por las mismas razones, ningún placer. Quizá haya alguien dispuesto a sacrificar el placer a cambio de no sentir dolor. Entiendo ese deseo en el caso de aquellas personas que sufren mucho. Pero, en el resto de los casos, que es la infinita mayoría, me parece un precio demasiado elevado.

Dejando a un lado la cuestión del placer (al que más adelante le daré, con Epicuro, un papel fundamental), no poder sentir dolor es, en sí mismo, un problema grave. Al fin y al cabo, el dolor nos dice cuándo debemos dejar de presionar una llave encallada o cuándo una herida se ha infectado. Y cuando no nos puede avisar de ello, la llave rasga la piel de nuestros dedos y la herida se infecta. De ahí, las gangrenas, las amputaciones, las septicemias, y la muerte.

La lepra es, pues, el deseo concedido de no sentir dolor. Y eso es un peligro, porque el dolor, como el miedo, es un sistema de conocimiento y de motivación. De conocimiento porque nos informa de un peligro (seguir apretando la llave) o de un problema (el inicio de una infección); de motivación porque nos mueve a solucionar (dejando de apretar antes de hacernos una herida) o a remediar (limpiando la herida y tomando antibióticos) aquello que nos perjudica.

La tristeza funciona de un modo semejante. Primero nos informa de que estamos llevando una vida contraria a nuestros deseos, a nuestro sentimiento moral o a nuestro proyecto existencial, para luego incitarnos a actuar con el objetivo de disminuir esa dolorosa incongruencia. Y, aunque la filosofía estoica y la teología cristiana conciban al sabio como un ser permanentemente sereno o feliz, el improbable cumplimiento de sus deseos daría lugar a una especie de lepra espiritual. ¿Por qué? Porque sin la tristeza no sabríamos ubicar nuestras heridas espirituales (la inautenticidad, la maldad, la impotencia, el abandono), ni podríamos, por lo tanto, ponerles remedio no ya con antibióticos, sino cambiando de algún modo nuestra vida, o nuestra sociedad, pues buena parte de nuestras tristezas tienen un origen político.

Afortunadamente, no solo las sensaciones dolorosas o aversivas nos informan y motivan, sino también las placenteras. En *La energía espiritual* Henri Bergson dijo, con felicidad, que la alegría es «un signo preciso» con el que la naturaleza nos avisa «de que hemos alcanzado nuestro destino». *Ecce signum!* ¡Ese es el signo! También el placer o la serenidad o el orgullo, entre muchas otras sensaciones deseables (algunas de las cuales ni siquiera tienen nombre), nos informan de que estamos en el camino adecuado, y nos exhortan a permanecer o a persistir en él. Por eso para Montaigne el hedonismo no consiste tanto en buscar directamente los placeres como en disponer la propia existencia de tal modo que estos la sigan, igual que la vegetación sigue en la superficie el curso de los ríos subterráneos.

§ *Cortocircuitos.* Pero a veces el sistema se sobrecalienta y las emociones que lo componen se vuelven demasiado intensas. Entonces, en vez de informarnos y motivarnos, lo que hacen es distorsionar nuestra percepción, confundir nuestro razonamiento o bloquear nuestra voluntad. En otras ocasiones nos olvidamos de que son solo un medio y las erigimos en un fin en sí mismo, o en un estado permanente del cual no logramos (ni queremos) salir. Cuando las emociones desagradables se alargan en exceso, corremos el riesgo de instalarnos en un estado de excepción permanente que acabará desgastándonos física y psicológicamente, lo cual disminuirá, a su vez, nuestra libertad. Pero el miedo, la tristeza o el dolor no son una habitación en la que podemos instalarnos cómodamente, sino un pasillo (de emergencia) que debemos recorrer.

Son muchas las ocasiones en las que la tristeza se vuelve tan intensa que no nos permite actuar para ponerle remedio. Caemos, entonces, en la depresión o en la melancolía, que Victor Hugo definió como la alegría de estar triste, y Freud como la incapacidad de hacer el duelo. También el miedo se desboca, impidiéndonos evaluar correctamente la situación en la que nos hallamos y tomar las decisiones adecuadas; o se resiste a transformarse en acción, una vez que ha cumplido su función informativa, llenándonos de ansiedad, frustración o vergüenza.

Aunque parezca mentira, también las emociones agradables pueden desaforarse. Una vida de placer o de euforia intensos y permanentes, aparte de ser imposible, resultaría agotadora y, quizás, mortal. Y no solo porque nuestra psique no lo resistiría, sino también porque acabaría sumiéndonos en la desorientación cognoscitiva y existencial más profunda. ¿Qué podríamos desear si todos nuestros deseos estuviesen colmados de antemano? Y, sin deseos, ¿no caeríamos en la abulia y en la depresión? Como decía Oscar Wilde, hasta la virtud tiene sus vicios.

§ *Matar al mensajero*. Pero ¿cuál es el mensaje que el miedo nos entrega? Es importante detenerse a pensarlo. ¿Cuáles son los derrumbes, los ataques o los incendios de los que nos habla? Antes de nada, debemos tener en cuenta que este no solo nos avisa de los peligros físicos, sino también de las amenazas existenciales. Le tenemos tanto miedo a no ser amados o a no culminar nuestros proyectos como a enfermar o a morir. Podemos llegar, incluso, a suicidarnos cuando lo primero sucede. Este miedo existencial funciona, pues, como un aviso de que nuestra vida ha adoptado una dirección equivocada que deberíamos abandonar. Más directo que el «eterno retorno», de Nietzsche, el miedo nos indica que no solo no queremos repetir una y otra vez aquello que estamos viviendo, sino que deseamos dejar de vivirlo inmediatamente.

El miedo también puede informarnos acerca de quiénes somos. Según dice Lucrecio, en su *De rerum natura*, «los peligros descubren a los individuos, les hacen conocerse en los infortunios, ya que entonces por fin del hondo pecho son proferidas voces verdaderas: la máscara se quita y queda la realidad». Por su parte, Borges le hizo decir a uno de los personajes de «La otra muerte» que, «antes de entrar en batalla, nadie sabía quién es», pues «alguien podía pensarse cobarde y ser un valiente, y asimismo al revés». Mas no debemos caer en la tentación de concebir la identidad como una esencia oculta y estable que el peligro haría emerger. La identidad no es un tesoro (o un cadáver) enterrado. Sería mejor entender el miedo, siguiendo a Jaspers, como una situación límite que no revela sino que produce una identidad. El matiz es importante. En el primer caso no habría libertad, y los valientes y los cobardes lo serían de forma fatal. En el segundo, en cambio, sí la habría, y nadie sabría quién es realmente hasta la hora de la verdad, para la cual uno podría o debería prepararse. Así es como entendía Montaigne el *dictum* clásico de que «la filosofía es aprender a morir».

En otras ocasiones, el miedo nos da a conocer a las personas que nos rodean. En una fábula de Esopo, un oso ataca a dos amigos que cruzan un bosque. Uno de ellos sube precipitadamente a un árbol sin detenerse a ayudar a su compañero. Este se hace el muerto, y el oso, tras husmearlo, abandona el lugar sin hacerle daño. Convencido de que la fiera le había hablado al oído, el hombre del árbol le preguntó a su amigo qué le había dicho. Y este le respondió que el oso le había aconsejado que no debería viajar con personas que abandonan a sus amigos al primer peligro que se presenta.

El miedo también puede informarnos sobre la calidad humana de las personas que nos rodean. Si sentimos miedo de ser rechazados o burlados, quizá es que no estamos rodeados de la gente adecuada. A lo mejor son invasivos y dominantes, o a lo mejor es un rebaño que magnifica con sus temblores nuestros temores. En cambio, cuando tememos por la vida de otra persona (un padre enfermo, un hijo perdido o un desconocido desesperado), ese miedo altruista nos los descubre bajo una luz especial. Puede que nos recuerde nuestro amor, quizá olvidado o aturdido por las prisas. O puede revelarnos la maravilla metafísica de que alguien sea, simple y obstinadamente, frente a las resistencias infinitas del tiempo y el espacio que lo cercan.

§ *La verdad es hacerlo*. Además de informarnos, el miedo nos impulsa a actuar. Si escuchamos y comprendemos el diagnóstico del miedo, emprenderemos, acto seguido, un tratamiento. Podemos reformar unos modos de vida perjudiciales, que aumentaban nuestra probabilidad (y nuestro miedo) de morir. O tratar de parecernos a lo que desearíamos ser o hacer (a veces el miedo de morir es sobre todo miedo de morir antes de haber cumplido con nuestros proyectos). También puede decidirnos a evitar a aquellas personas que se aprovechaban de nuestras inseguridades, o a dedicarles algo más de tiempo a aquellos que amamos.

Empezar a actuar es lo único que puede hacer que el mensajero del miedo haga la venia y se retire, porque este no ha venido solo a entregarnos un mensaje, sino también a exhortarnos a emprender una acción. No basta con escucharlo, hay que reaccionar. Mientras no lo hagamos, él seguirá ahí, de pie, junto a la puerta, instándonos silenciosamente a que nos pongamos manos a la obra. Solo entonces se marchará.

Por eso la acción es el único remedio contra el miedo. Goethe decía: «en el principio es el acto». Si un barco carece de impulso, no responde al timón. Solo el impulso de la acción puede atravesar el océano del miedo. Mientras no actuamos, nuestro enemigo es un fantasma, y a un fantasma no se le vence. Por eso no importa que nos repitamos que no hay razones para no tener miedo, porque el que tiene miedo no escucha razones. Solo la esponja de la acción puede borrar su rostro. Como decía Giambattista Vico: «*Verum ipsum factum*», «la verdad es hacerlo».

§ *Claqueta y acción.* Resumiendo, cuando el miedo es excesivo, en vez de informarnos nos confunde, y en lugar de motivarnos nos bloquea. Pasamos, entonces, de los dominios de *deimos,* que es el nombre que le hemos dado al miedo racional o normal, a los de *phobos,* que sería el miedo irracional o patológico.

Algunos han descrito el miedo como una alarma. El miedo normal sería una alarma bien calibrada, que se dispara solo en el momento adecuado y de forma proporcional al peligro, y se desactiva rápida y fácilmente cuando este ha pasado. El miedo patológico, en cambio, sería una alarma desajustada, que se activa con demasiada frecuencia y en umbrales de peligrosidad muy bajos, y no se detiene cuando se lo indicamos, sino que sigue sonando y sonando, hasta hacernos enloquecer.

Las películas de terror distorsionan o limitan nuestra percepción con claroscuros, contrapicados o ángulos ciegos; reducen nuestro acceso a la información utilizando narradores en primera persona, cuya neurosis o locura contagia de ambigüedad la veracidad de lo que narran; y embotan nuestras capacidades críticas con ritmos frenéticos y músicas inquietantes. Aun así, no existe una sola película de terror que se iguale a las creaciones de nuestros propios miedos. Seguramente porque nadie conoce mejor nuestras propias pesadillas.

Por eso es tan importante quitarle la cámara al miedo, darle a la claqueta y gritar: «Acción.» Solo así dejaremos de ser el paralizado espectador de las películas que nuestro propio miedo dirige. Salir a escena y actuar nos permitirá corregir sus desarreglos cognoscitivos. Lo cual no solo nos permitirá conocer mejor la realidad, sino también aumentar nuestra potencia de vida. Como decía Epicuro, «vano es el conocimiento que no sirve para aliviar un dolor humano».

1.2. EL BAILE DE LAS SOMBRAS

> *Ceux qui croient*
> *Ceux qui croient croire*
> *Ceux qui croa-croa...*
>
> JACQUES PRÉVERT, *Paroles*, 1949

§ *Las puertas de la percepción.* El miedo actúa como un mago. Del latín *magis,* que significa 'más', mago es aquel que pretende hacer, o poder hacer, más que las demás personas. Aunque lo que *más* hace es distraer o distorsionar nuestra percepción. Su poder es apoderarse de nuestros sentidos sin que lo sintamos. *Post* hop! *ergo propter hoc.* Somos nosotros quienes le damos salida al espectáculo. Y encima pagamos la entrada. ¿Cómo bloquear el hechizo del miedo? ¿En qué escudo bruñido mirar el reflejo de esta gorgona? Lo mejor será tratar de conocer sus trucos.

Nada más vulnerable al miedo que los sentidos, esa especie de público entregado que está dispuesto a creerlo todo. Aprensiones, sugestiones, falsas alarmas, alucinaciones individuales o colectivas son solo algunos de los efectos que el miedo opera sobre nuestros cinco sentidos.

Nuestro conocimiento se transforma, entonces, en una casa encantada cuyas puertas, ventanas y contraventanas dan golpes y se desquician bajo el efecto de los vendavales del temor. «El miedo que tienes te hace, Sancho, que ni veas ni oigas a derechas; porque uno de los efectos del miedo es turbar los sentidos y hacer que las cosas no parezcan lo que son.» Cuando el miedo juega con las puertas de la percepción, somos nosotros quienes nos pillamos los dedos.

§ *Juegos de manos.* Imaginemos que un científico alarga las antenas de una hormiga con unos alambres muy finos. ¿Qué sucedería? Que los desaforados sentidos del insecto tocarían, al avanzar, los tallos, las hojas y las piedras, de cuya existencia antes no se percataba, y eso le haría detenerse, a cada instante, presa de pavor. Eso mismo es lo que el miedo les hace a nuestros sentidos. Franz Kafka, catedrático de la aprensión, confesará en una de sus cartas a Milena que, «en materia de amenazas, tengo ojos de microscopio». Así es como una araña común se transforma en una tarántula y un salto de un metro en una caída mortal.

Pero no le basta con exagerar los peligros. También busca disminuir nuestras propias fuerzas. Y nada mejor para hacerlo que convencernos de que no las tenemos. Según Keats, los pájaros vuelan porque creen que pueden volar. Creer que no se puede es la antesala de no poder. Por eso, el que tiene miedo de luchar no solo ve a su contrincante como un gigante, sino que también se siente un enano. Sus músculos se desinflan, sus hombros se retraen, su altura se reduce. Dicen que no somos tan grandes como en nuestros sueños ni tan enanos como en nuestras pesadillas. Pero al que tiene miedo a conducir ¡qué grande le resulta su coche y qué pequeña le parece la carretera! Podemos, pero no lo sabemos, y por lo tanto no podemos. Somos el burro que espera atado a una silla de plástico.

El miedo también es amable, pues nos acerca las cosas. No importa que la araña esté quieta a tres metros de altura en la esquina contraria de la habitación. El miedo te la trae al lado, a toda velocidad (cuando no te la coloca sobre la mano). No importa que el coche que viene en dirección contraria esté a quinientos metros y vaya a treinta por hora por el arcén. El miedo lo convierte en un bólido de carreras que se acerca peligrosamente por el centro. Algunos creen ver con todo detalle las papilas gustativas de la lengua de la serpiente que se aleja en la hierba, y otros juran haber olido el aliento de un perro que les movía la cola desde detrás de una verja.

Otro efecto del miedo es no creer en las relaciones de causa y efecto. Hume resulta un ingenuo al lado de la persona asustada. A sus ojos, los fenómenos se desconectan de sus causas habituales, y pasan a asociárseles causas irreales y, normalmente, terroríficas. Caminas por una calle oscura, vas rápido, tienes miedo, poco a poco el sonido de tus pasos se desconecta de tu propio andar y se convierte en el ruido de las zancadas de una persona que te persigue, y no precisamente para darte una buena noticia. Sin saber cómo, te has convertido en el perseguidor perseguido.

Al miedo también le gusta jugar con el reloj. No sé si oí el portazo antes de que el jarrón cayese al suelo o si el jarrón cayó al suelo antes de que se oyese el portazo. La diferencia es de milésimas de segundos. Pero las conclusiones pueden llegar a ser terroríficas.

Un caso extremo de desorden temporal, que roza ya la alucinación, consiste en percibir lo que aún no ha sucedido. El que tiene vértigo, y se asoma a un balcón, no solo «se ve» cayendo en su mente, sino que incluso «se siente» cayendo en su cuerpo. Y al que tiene miedo de que entren ladrones en su casa le parece que *ya* está viendo una linterna en el pasillo, que *ya* está oyendo una respiración a sus espaldas, que algo *ya* le ha tocado el hombro.

Aunque la interpretación global de nuestras percepciones pertenece más al ámbito del pensamiento, en toda distorsión perceptiva subyace (aunque sea a nivel inconsciente) algún tipo de consideración intelectual acerca de la naturaleza del supuesto peligro. Podríamos decir, aunque ese no es el tema de estas páginas, que no existe ningún tipo de percepción pura, libre de interpretación. Como diría Nietzsche, «no existen percepciones sino interpretaciones». Pero esta es una frase que se ha interpretado muy mal. Bueno, al menos esa es mi interpretación.

¿Ves esa cucaracha aterrorizada intentando escapar de una muerte segura? Para nada, es un animal inteligente, agresivo y orgulloso decidido a enfrentarse a ti. ¿Has visto qué amable ha sido ese chico que te ha sonreído? ¿Qué dices? Era un gesto de burla o de conmiseración. ¿Y este bultito de grasa, no tiene muy mala pinta? Cuánta razón tenía Jules Romain cuando dijo, en *Knock*, que «la salud es un estado precario que no presagia nada bueno».

Pero el gran truco final, el más difícil todavía, la apoteosis de purpurina y redoble de tambor es cuando el miedo logra inventar percepciones inexistentes. La cosa puede ir desde la mera aprensión, como cuando alguien cree ver una figura escondiéndose detrás de los árboles, hasta la pura alucinación, como sucede con aquellos que juran haber visto un espectro donde no había más que una cortina.

§ *El sexto sentido.* El vendaval del miedo no solo golpea las puertas de los sentidos, sino que, como la tramontana, enloquece al ama de llaves de la atención. En situaciones normales, esta es la que se encarga de abrirles o cerrarles el paso a las percepciones. Pero cuando está poseída por el terror, se dedica a correr cerrojos y pestillos, y a negarles la entrada a los invitados. Eso cuando no abandona la casa, dejando que cualquiera se apodere de ella.

La atención enloquecida no mira, solo vigila, controla, se asegura, echa un vistazo, y siempre con la única intención de quedarse tranquila. Solo conoce dos zonas: la de seguridad y la de peligro, y su único interés reside en asegurarse de que se halla en la primera, y de que no pisa la segunda. El mundo en toda su complejidad y esplendor le resulta ajeno.

Gana esa calma, pero pierde el mundo. No perder de vista al lobo no le deja ver el bosque.

La reducción de la atención supone, además, una intensificación del miedo, pues su carácter especializado y obsesivo aumenta su *capacidad* para ver precisamente aquello que confirma sus peores aprensiones. Por eso la especialidad médica preferida de los hipocondríacos es percibir precisamente aquellos estados corporales que son más susceptibles de ser interpretados como los síntomas de la enfermedad que temen padecer. Lo cual les parece tan evidente como le parecía a san Anselmo que el hecho de que se escondan para que no los veamos es la prueba de que los ángeles existen.

La atención asustada mira y no mira constantemente. No puedo apartar los ojos de la araña, pues necesito saber dónde está. Vale, está ahí, perfecto. Pero no puedo mirar a la araña, porque su visión me provoca un miedo y un asco insoportables. Bueno, dejo de mirarla. Pero ¿y si mientras no la miro se acerca a mí o desaparece de mi vista? Eso sería terrible. Será mejor que vuelva a mirarla... Este ver sin ver, este «entrever», provoca una penumbra cognoscitiva que llena el mundo de apariciones y desapariciones que parecen cercarnos peligrosamente. Es el mundo visto entre los dedos. Es el sexto sentido del miedo.

§ *Utilidad y perjuicio de la hipervigilancia para la vida.* El peligro es una mancha de vino que se extiende sobre el mantel. Todo hecho, situación o persona encierra una ambigüedad que el temeroso siempre decantará hacia la alarma. Un perro mirando una mariposa es una fiera preparada para atacar. Las palpitaciones del esfuerzo inadvertido, una señal inequívoca de que se está al borde del infarto. La visión maniquea y polémica del universo característica de la persona asustada le lleva a vivir en una actitud de hipervigilancia permanente.

El miedo también hace que nuestra atención se ocupe fundamentalmente de nuestra propia persona. Es una especie de solipsismo angustiado que solo busca en sí mismo aquello que está relacionado con sus miedos, centrándose, además, solo en sus emociones negativas. Todo lo cual tiene como efecto intensificar sus temores. Después de una conversación, la gente con fobia social suele recordar muchos menos detalles que las demás personas. ¿Por qué? Porque le dedicaron casi toda su atención a protegerse de aquello que temían: hacer el ridículo o parecer necios. Lo cual resulta de lo más necio y ridículo.

Es cierto que en algunas ocasiones la hipervigilancia tiene razón (aunque solo sea porque el hipocondríaco algún día acertará, pues todos hemos de morir algún día). Pero esta falla demasiadas veces como para que la consideremos una estrategia adecuada. Y no solo por una cuestión de cálculo, sino por una cuestión de vida.

Es mejor correr el remoto riesgo de ser mordido o picado por un animal, de sufrir un improbable infarto o de ser rechazado por una persona cuya amistad deseamos, que vivir apartado de la naturaleza, con una movilidad limitada y en una soledad frustrada. Pascal se equivocaba. La del miedo es una apuesta que siempre se pierde. Porque la vida es una apuesta que nadie puede igualar. Pompeyo dijo: «*Navigare necesse, vivere non necesse.*» Se equivocaba, navegar es necesario para vivir.

§ *Espeleología del miedo.* Aquellos espeleólogos que se han visto aislados bajo tierra durante varios días narran extrañas deformaciones de sus vivencias de la distancia, del tiempo o de lo posible. También hay quien se pierde en la gruta del miedo, donde las amenazas aumentan de tamaño; las propias fuerzas se ven drásticamente reducidas; y no se ve la belleza del lugar, sino solo la posibilidad o, más bien, la imposibilidad de salir. Todas esas distorsiones tienden a articularse en una visión «coherente» del mundo, que genera un sobremundo que oculta el anterior. Walter Benjamin debería haber escrito un *Libro de los pasajes del terror*.

Para salir de esa angostura resulta necesario revertir la distorsión de los sentidos y recuperar el control de la atención. Y nada los fija mejor que hacer algo. Este punto es importante. La acción no es lo que sucede después de que nos hayamos hecho una idea de las cosas. La acción es una modalidad fundamental del conocimiento. La acción nos permite comprobar nuestras mediciones, hacer pruebas de realidad, y saber quiénes somos y quiénes son los demás. Saltar es un modo de medir la altura. Enfrentarse, la mejor técnica para calcular el impulso y la resistencia. Por eso quien está de rodillas ve a sus enemigos como gigantes, mientras que el que se levanta solo ve personas (aunque puedan ser mucho más fuertes que él).

Mientras no actuamos, el miedo tiene el control de las representaciones. La acción, en cambio, nos pone en contacto directo con la realidad, demostrándonos que la araña no es tan grande ni tan rápida como creíamos y forzándonos a fijar la atención. Entonces, las cosas vuelven a su sitio, y los fantasmas de la inacción se deshacen. El conocimiento y la acción son el alfa y el omega del verdadero ciclo hipotético-deductivo.

Pero ¿cómo hacer? Había un general que daba una orden a medianoche y a los cinco minutos dormía. Su secreto era arrojar su decisión al mundo. Transformarla en una de esas realidades que no dependían ya de él, y que por lo tanto no podía hacer más que aceptar. Si una persona se encontrase un péndulo y jugando con él se hipnotizase a sí misma, se volvería la persona más feliz del mundo. Porque, a partir de ese momento, obedecería sus propias decisiones como una fatalidad, y, gracias a su propia alucinación, viviría en un mundo real. Pero el miedo nos impide actuar, que es el único modo de desactivar el miedo. No importa, dice Alain: «*Le courage vient en osant.*» Es un nudo gordiano que solo cabe cortar.

1.3. LAS RAZONES DEL LOBO

E il naufragar m'è dolce in questo mare.

GIACOMO LEOPARDI, *Cantos*

§ *Un mar de confusiones*. El atropello mental que provoca el temor es el equivalente espiritual de la huida. Cuando suena la alarma, nos resulta imposible elaborar un razonamiento claro y concluyente. En lugar de evaluar la situación con lucidez, giramos obsesivamente en torno a algunas ideas que no logran encadenarse de forma coherente. De esta actividad errática solo surgen pensamientos inútiles o inhabilitantes. Nuestra razón es, como el caballo, un animal fuerte y noble, pero también muy asustadizo. Un gigante con pies de barro que se encabrita y descontrola cuando a cualquier perrito le da por ladrar y saltar a su alrededor.

Lo primero que hace la mente asustada es una evaluación del peligro. ¿Es real y grave? ¿Es solo una aprensión insignificante? Se decide. Pero, en cuanto lo ha hecho, surgen argumentos muy evidentes que le convencen exactamente de lo contrario que decidió. El choque de ambas fuerzas tiende a equilibrarse, impidiéndole concluir nada acerca de la naturaleza de aquello que lo inquieta. Como el asno de Buridán, se queda paralizado entre el deseo de quedarse y la necesidad de huir. Quizá pueda documentarse un poco. Pero cuanto más lee al respecto, más indeciso se siente, porque, como diría Sor Juana, de haber razones para todo, no hay ya razón para nada.

¿Cómo resolverse sobre esta base insegura y cambiante? Decidimos enfrentarnos. Pero no, será mejor esperar. ¿Y por qué no huir? No, resulta evidente que debemos enfrentarnos. Claro que no es bueno precipitarse... La decisión no llega nunca, el desánimo nos posee, la voluntad se agota yendo de un lado para otro, como un perro al que silban desde todas las mesas.

Así es como el miedo, cuya función era desencadenar la acción que nos liberase del peligro, acaba provocando una irresolución inquieta en la que el único movimiento es el giro de nuestras rumiaciones, que nos dejan paralizados, como esos ciervos que se quedan en medio de la carretera, mirando los faros de los coches.

§ *Ad nauseam*. A veces, tras la perplejidad inicial, decidimos poner cartas en el asunto. Ya está bien de fantasías, vamos a evaluar detenidamente la cuestión y tomar una decisión acorde con el peligro. Pero toda evaluación merece una reevaluación. Es el segundo diagnóstico del hipocondríaco. Bien, ahora ya está. Pero la medicina no es una ciencia exacta, y siempre existe algún margen de error. ¿No sería conveniente que consultásemos a un tercer experto? Y así hasta el infinito. ¿Y este libro? Quizá pueda preguntarles a mis amigos y conocidos qué piensan sobre él. Una perspectiva exterior siempre resulta conveniente. Claro que nada me asegura que solo me digan lo que quiero oír. O, al contrario, que critiquen mi obra por resentimiento o envidia. Mejor leer las críticas en la prensa. Pero ¿quién me asegura que no están inspiradas por la moda, los intereses editoriales o el frustrado resentimiento que les atribuimos a los críticos? Acudamos, pues, al público, que nunca falla. Aunque es más fácil auscultar a un enjambre. Bueno, pues dejemos que la historia, que nunca conoceremos, ponga las cosas en su sitio...

§ *Petición de principio.* Agobiada por la diversidad de opiniones e irritada por la regresión al infinito, nuestra razón tratará de agarrarse a una de las frágiles raíces que penden del borde del precipicio. Quizá cerrando los ojos desaparezca el vacío. Durante unos gloriosos instantes el milagro se produce. Creemos ciegamente en la postura que más nos convence. Pero, en cuanto los abrimos de nuevo, se nos revela el carácter arbitrario e inseguro de nuestra elección. Entonces gritamos, como en el chiste: «¿Hay alguien más?» Porque, puestos a ser arbitrarios, ¿por qué no escoger la opción contraria? ¿O aquella otra que no se nos había ocurrido antes? La calma duró poco. Lo que parecía una idea estupenda (y que es posible que lo fuese) se nos representa como un engendro de la desesperación. Llenos de dudas, el desbarrancadero de la indecisión vuelve a abrirse bajo nuestros pies.

§ *Círculos viciosos.* La razón asustada gira sobre sí misma como Ixión en el Tártaro (o el hámster en la rueda). Su lógica profunda es la del pensamiento circular. Según los filósofos escolásticos, uno de los atributos básicos de la perfección es la existencia, y, como Dios es perfecto, entonces es necesario que exista. Del mismo modo, el paranoico ve una prueba irrefutable de que le están siguiendo en el hecho de que nadie le siga porque se está escondiendo. Y para la persona celosa hasta el menor detalle es un indicio seguro de que está siendo engañada. Si su pareja se arregla, es para otra persona, y si no lo hace, es porque ya no muestra interés en ella. Sherlock Holmes es un niño con TDAH a su lado.

Este tipo de circularidades genera un efecto de retroalimentación que puede desembocar en una espiral del pánico. Según explica Delumeau en su *Historia del miedo en Occidente,* las masas europeas de los siglos XIV a XVII, asustadas por las pestes, el avance de los turcos, las bancarrotas o las guerras de religión, sintieron la necesidad de explicarse qué estaba pasando. Su conclusión fue que todas esas desgracias eran el castigo de sus propios pecados. Pero este argumento circular, que buscaba rebajar su ansiedad, dio lugar a nuevos miedos más angustiosos y envolventes que los peligros reales a los que se enfrentaban. Cambiaron el miedo a la muerte por el miedo al infierno. Y ahí siguen girando algunos, atados a una rueda de fuego.

§ *Independencia de las sombras.* A veces, después de haber fatigado en vano el laberinto del pensamiento asustado, nos atrapa el Minotauro del nihilismo. Si la realidad es inaprensible, todo vale (algo con lo que el capitalismo no podría estar más de acuerdo). Entonces, nuestra mente se desinteresa por la objetividad de nuestra inquietud, para aceptar como prueba suficiente el simple hecho de tenerle miedo. Lo temo, luego existe.

Al que tiene fobia a los perros no le importa que le digan que su miedo no tiene ninguna base racional. Qué más le da que la mayoría de los perros sean pacíficos y que los casos de personas adultas devoradas por un perro sean prácticamente nulos. No le importa nada de lo que puedan decirle. Ha renunciado a saber. Se ha resignado a las razones del miedo que la razón prefiere no contemplar. Y ahora vive acurrucado en una esquina de su propia subjetividad. Pero desde esa perspectiva las sombras son más aterradoras e invencibles que los muebles que las producen.

§ *Pinchar el zepelín.* Siempre he pensado que el célebre grabado de Goya titulado «El sueño de la razón produce monstruos» podía ser interpretado al menos de dos formas. La primera, y la más habitual, haría referencia a un relajamiento de las tareas de vigilancia de la razón sobre la imaginación, que, librada a sí misma, haría del mundo un lugar incomprensible y aterrador. La segunda, que aquí prefiero, se refiere al hecho de que es la misma razón la que, sobreexcitada por el miedo, tiende a inventar fantasías compensatorias, con el objetivo de rebajar su temor, aunque sea de forma imaginaria. No es el sueño de la ignorancia, es el insomnio de la razón angustiada.

Existe un uso normal y adaptativo de las capacidades de la razón para inventar relaciones, metáforas, hipótesis, símbolos o conceptos, lo cual nos permite ampliar notablemente el estrecho campo de nuestra experiencia. Como nos enseñó Max Scheler, sin esta capacidad para ir más allá de lo simplemente percibido no haríamos más que vivir en un *medio* con el que mantendríamos relaciones automáticas de afección-reacción. Vivir en un *mundo*, o sobremundo, simbólico tiene la ventaja de introducir un cierto margen de libertad, y de hacer la vida más rica y placentera.

El problema empieza cuando al miedo le da por especular y, en vez de enfriar las fantasmagorías de la imaginación, se dedica a generar sus propias fantasías. Estas pueden ser mucho más elegantes y elaboradas, cierto, pero también mucho más monstruosas y destructivas. Los engendros de una razón extraviada son mucho más peligrosos que los fantasmas de la superstición, porque la razón sabe aprovecharse del prestigio de la lógica y de las brumas de la abstracción. De ahí las metafísicas, las teologías y las teratologías.

La divinidad, el más allá, el absoluto o la identidad son los ángeles, arcángeles y querubines de la razón asustada. Fueron ideados para calmar la ansiedad y aumentar la sensación de control. Pero sus efectos secundarios son peligrosos y duraderos, pues suelen dar lugar a miedos más intensos y envolventes que exigen nuevas dosis de fantasía compensatoria y nuevas pomadas de sinrazones *racionales*. Así es como toda inteligencia asustada se destapa los pies para taparse la cabeza.

Pienso en ciertos dioses que se ofrecen a protegernos de nuestros miedos a cambio de que solo los temamos a ellos.

Pienso también en la idea de un más allá que promete compensarnos el sufrimiento y el sinsentido de esta vida a condición de que despreciemos todo lo que esta tiene de bueno. O ciertas concepciones de la «Razón», la «Verdad» o el «Bien» (con mayúsculas) que creamos (y creemos) para compensar nuestra sensación de ignorancia y descontrol, y que nos han llevado a despreciar la vida porque todo lo que no entra dentro de sus categorías es descartado como algo impuro, feo o irracional.

Algunas ideas son, como el Golem de Borges, una caricatura que nos avergüenza, y otras, como la criatura de Mary Shelley, un monstruo que nos persigue. En ambos casos, una especie de castigo por nuestros desafueros intelectuales. Por eso es mejor pinchar el zepelín de la razón antes de que se incendie.

§ *Teoría en prácticas.* A la vez, la razón es necesaria para luchar contra el miedo. Nos ayuda a desbaratar las supersticiones, a enfriar las aprensiones y a idear respuestas efectivas. Pero la razón no es suficiente, porque el miedo no nace de la razón, sino que se alimenta de ella, igual que la garrapata no nace del perro al que le chupa la sangre.

Si el miedo naciese de la razón, la vida sería imposible, porque siempre habría buenas razones para tener miedo de cualquier cosa. Es improbable, pero posible, que ese hombre se vuelva loco y me ataque, que esta casa se derrumbe y me aplaste, o que el próximo invierno estalle la última guerra mundial. Todas estas suposiciones son muy posibles pero muy poco probables, por eso no suelen afectarnos demasiado. Pero el miedo desbocado es un abuso de la estadística. Lo posible le parece probable, y lo probable, seguro.

Dicen que los fantasmas crecen cuando no los miras. Yo creo que es mucho más efectivo que no apartemos nuestro pensamiento de la realidad. Y es mucho mejor aún que lo arrojemos sobre ella con la honda (o la catapulta, pues no quiero olvidar la dimensión colectiva de este asunto) de la acción. Cuando el barco está quieto, el timón no responde. Solo cuando avanza se endereza. Cuando descansan, los perros de tiro se pelean, solo la carrera los reconcilia. Nuevamente, la acción no es el cumplimiento de los planes elaborados por la razón, sino que es una parte consustancial de ese mismo pensamiento que tampoco puede existir como algo previo y puramente teórico.

No podemos, pues, fiarlo todo al pensamiento racional, cuyo propio impulso puede hacerlo volcar, como les pasa a los coches de carreras, que se levantan y vuelcan cuando sobrepasan una cierta velocidad. Es necesario frenarlo mediante la acción, cuyas ruedas, desgastadas por la experiencia, se adhieren mejor a la realidad.

1.4. LA HABITACIÓN DEL PÁNICO

> Cuando se entierra la verdad, la verdad se concentra, adquiere tal fuerza explosiva que, el día en que salta, hace volar todo con ella.
>
> ÉMILE ZOLA, *Yo acuso*

§ *Buena memoria, buen olvido*. La memoria es el sistema digestivo del conocimiento. Se ocupa de descomponer las percepciones y los pensamientos con el objetivo de facilitar su asimilación. También incorpora aquellos recuerdos que han de aumentar nuestra potencia física o espiritual, a la vez que desecha u olvida aquello que es inútil o perjudicial para la vida. Como decía Unamuno, es tan importante tener buena memoria como buen olvido.

El temor de volver a sufrir una vivencia dolorosa puede infligirle a la memoria algún tipo de indisposición. Entonces, esta se siente incapaz de descomponer las percepciones y los pensamientos, que en lugar de convertirse en la materia de generalizaciones y patrones de conducta se conservan en su indigesta literalidad, como un pedazo de carne tragado sin masticar.

En otras ocasiones, la memoria produce una cantidad excesiva de ácidos que, además de impedir la correcta absorción del alimento, producen molestias y dolores que disminuyen nuestra capacidad de acción. La memoria también puede sentirse incapaz de desechar, mediante el olvido, aquellos componentes inútiles o tóxicos que podrían contaminar nuestro espíritu. La melancolía es el reflujo del alma.

§ *La habitación del pánico.* Existe una memoria normal asociada al miedo normal. Sirve para recordar una situación peligrosa con el objetivo de poder reconocerla y afrontarla o evitarla el día que se repita. Dicha función es tan importante para nuestra supervivencia que no puede permitirse el lujo de ser procesada de forma consciente. Por eso es gestionada directamente por nuestros instintos y funciona de forma automática. Es animal, es adaptativa, es perfecta. Solo tiene un pequeño problema, y es que no podemos controlarla de forma consciente y racional. Alguien robó el martillo rompecristales para poder acceder a los mandos.

Tiene sentido que un conejo no vuelva a acercarse a aquel lugar del bosque en el que se encontró con un zorro, mas no que un hombre no pueda tocar el agua porque de pequeño se cayó en una piscina. En el caso del animal, esa evitación aumenta sus posibilidades de supervivencia. En el del humano, no solo las reduce, puesto que le impiden saltar al agua para aprender a nadar, sino que también disminuye su vida, pues le obliga a renunciar al placer de nadar (o de hacer el muerto).

El recuerdo traumático puede ser funcional, a condición de que, una vez cumplida su tarea, su frecuencia o intensidad se reduzca. Pero a veces el miedo hace que la memoria deje de ser un medio y se convierta en un fin. A un pensamiento ofuscado por el miedo le resulta fácil hallar todo tipo de «razones» para no olvidar o procesar un recuerdo traumático.

Existe una especie de pensamiento mágico que nos hace pensar que el hecho de rememorar una y otra vez una experiencia dolorosa va a impedir que esta vuelva a producirse. En otras ocasiones, la sensación de indignidad o de vergüenza que nos provoca no haber sabido salir más airosos de aquella situación nos lleva a castigarnos reviviéndola repetidas veces. Luego está la naturaleza narrativa de la memoria, que nos hace sentir cierto dominio sobre los hechos narrados y nos devuelve, aunque sea de forma póstuma e imaginaria, cierta sensación de control, de potencia y de dignidad. ¿Cómo no volver a narrarnos una y otra vez la misma escena, aunque solo sea por el placer de sentir que podemos detener la historia siempre que lo deseemos?

En su sentido etimológico, «trauma» significa 'herida'. Se entiende, 'herida abierta', 'herida no cicatrizada'. Y en muchas ocasiones porque no dejamos de hurgar en ella, como esos perros a los que acaban poniéndoles una mampara de plástico. Sea como sea, el miedo siempre encuentra una buena razón para no volver a salir de la habitación del pánico. Al menos mientras queden latas de conservas.

§ *Memoria de un secuestro*. Una cosa es la amnesia clínica, de la que no estoy preparado para hablar, porque olvidé todo lo que sabía al respecto después del accidente que no logro recordar que tuve. Por otra parte, los casos no patológicos de amnesia son mucho más numerosos e invisibles, y no mucho menos empobrecedores en términos existenciales.

Existen usos funcionales de la memoria amnésica. Como vimos, recordar un mal paso de forma excesivamente frecuente o intensa puede impedirnos seguir caminando. Pero también está el *poltergeist* (primo hermano del *Volksgeist)* del miedo, al que le gusta hacer que el olvido se extralimite en sus funciones. Entonces no solo nos deshacemos de aquellos recuerdos inútiles o ya digeridos, sino también de aquellos que aún nos resultan necesarios, pues todavía no los hemos incorporado.

Además de impedirnos extraer patrones de comportamiento o de previsión, el olvido excesivo tiende a barrer el polvo de la memoria bajo la alfombra de la conciencia. Se trata, pues, de un falso olvido. Tal sería el caso de una persona que, habiendo sido maltratada en su infancia, hubiese reprimido el recuerdo de esa experiencia, si bien dicho recuerdo seguirá expandiendo sus raíces, provocando una «inexplicable» irritabilidad, desconfianza, tristeza o falta de autoestima. Así es como se levantan las aceras (con las que nos tropezamos).

Nuevamente, el miedo tiene razones que la razón no entiende, aunque sí las acate. *Credo quia absurdum.* ¿El qué? La convicción mágica de que recordar equivale a *revivir* el hecho doloroso. Y, añadiéndole la creencia razonable, mas no infalible, de que el futuro suele parecerse al pasado, ¿cómo no ver en el recuerdo del sufrimiento pasado la profecía de su repetición? Si la memoria no es solo una evocación del pasado, sino también un recuerdo del porvenir, ¿lo mejor no será reprimirlo, con el objetivo, también ingenuo, de bloquear su repetición? Luego está el miedo de recordar el miedo. Porque es doloroso, y también porque nos hace sentir que fuimos indignos. *Delete.*

§ *Ánforas rotas.* Los recuerdos de los hermanos suelen ser tan diferentes que uno duda si crecieron en la misma familia. De ahí, quizá, que se digan: eres adoptado (y cuando no se lo dicen es para sospechar que uno de ellos realmente lo es). Pero son tantos los casos que parece evidente que la memoria de uno de ellos (más bien la de los dos) ha deformado la realidad. Aunque la pseudomemoria puede ser provocada por diferentes pasiones, como el odio, la nostalgia o el amor (o por un entrelazamiento de todas ellas, como se evidencia en las comidas familiares), el miedo posee su particular estilo de desmemoria.

Para empezar, la memoria del miedo es selectiva. Ejemplo. Una persona escribe dos autobiografías. En la primera, consigna aquellos recuerdos que están teñidos de peligro o amenaza, y en la segunda, otro tipo de recuerdos más alegres o serenos. Si esta persona entregase ambos textos, sin firmarlos, a un detective, este nunca llegaría a sospechar que los escribió la misma persona.

Pues aquel que vive bajo los efectos del miedo se aprende de memoria la primera biografía, y tira la segunda a la papelera. Lo cual no solo le impide hacerse una idea cabal de su propia vida, sino también vivir de forma despreocupada y alegre. En un irónico, y triste, giro final, su primera obra acaba haciéndose real, y muy pronto recordará, esta vez ya con más razón, que en su vida dominaron los acontecimientos negativos. Sería mejor, quizá, realizar una síntesis de ambas versiones que logre apartar un poco los arbustos de la subjetividad. Es lo que llamo «la verdad de helecho».

Pero al temor le es igual ocho que ochenta y ocho. Su naturaleza es hipergeneralizar. Un primer desencuentro sentimental es sin ninguna duda el inicio de una serie fatal de fracasos amorosos. Un primer escrito fallido (este quizá) es la crónica de un fracaso anunciado. El miedo es otro Plotino convencido de que del Uno emana todo, bajo la forma de una gran decadencia.

Y si esto no es suficiente, siempre podremos convencernos de traumas que nunca tuvieron lugar. ¿Nos da vergüenza tener miedo de conducir? Basta con alegar aquella vez en la que estuvimos a punto de sufrir un accidente, y que quizá solo fue un sobresalto, pero aun así nos sirve, porque cada uno vive las cosas a su manera.

Dice un refrán alemán que «el niño que se quema con leche llora cada vez que ve una vaca». También la memoria asustada establece asociaciones extrañas y falaces que acaban formando una tela de araña extremadamente compleja y sensible. A veces nuestros recuerdos caen en ella, otras veces solo la agita el viento del delirio y la aprensión. La araña del miedo nunca deja de tejer.

La memoria también es codiciosa, y tiende a hacer suyas las experiencias ajenas. En el mejor de los casos, asume recuerdos positivos. Hay niños que creen recordar haber estado presentes en una fiesta o viaje que sus padres recuerdan con felicidad recurrente. Pero también puede suceder que el miedo nos lleve a asumir un trauma ajeno. Así, el pavor que una madre siente hacia las arañas, porque un bicho le picó de niña, puede convencer a su hijo de que a él le pasó lo mismo.

¿Qué hacer frente a tantas versiones y distorsiones? ¿Quiénes somos realmente? Ante todo, mucha calma. Para empezar, el miedo no genera las cosas. Así que un buen modo de librarse de las malas pasadas del pasado es volcarse en el presente mediante la acción. Cuando la acción toma el vuelo, la pista de despegue del pasado se hace cada vez más pequeña, hasta desaparecer. Como decía Sartre, lo importante no es lo que el pasado ha hecho con nosotros, sino lo que nosotros hacemos con lo que el pasado hizo con nosotros. Quizá el ángel de la historia debería dejar de andar de espaldas.

Pero ¿quiénes somos realmente? No importa mucho, pues puede que lo esencial no consista en ser fieles a quienes fuimos sino leales con quienes queremos ser (lo cual, como veremos, no entiendo como un mero sueño individual, sino como un proyecto ético-político compartido). En última instancia, siempre podemos hacerle caso a T. S. Eliot, quien dijo, hablando acerca de Shakespeare, que, ya que nunca podremos acertar sobre quién era, lo mejor es que variemos nuestra forma de estar equivocados acerca de él. Los escépticos iban más allá. Decían que nuestro conocimiento era un ánfora que debía ser sostenida por el asa que no estuviese rota. Soy consciente de que el pragmatismo tiene sus límites. Pero yo también prefiero, ante la duda, priorizar la versión más alegre. Así es como debe escanciarse el vino peleón de la vida. Creo yo.

1.5. EL TREN DE LA BRUJA

> No soy partidaria de ninguna intromisión en la ignorancia natural. La ignorancia es como un delicado fruto exótico; si una la toca, desaparece todo su esplendor.
>
> OSCAR WILDE,
> *El abanico de Lady Windermere*

§ *La imaginación al poder*. Según Aristóteles, el miedo es «una aflicción o desbarajuste de la imaginación» que se produce «cuando está a punto de sobrevenir un mal destructivo o aflictivo». No toda imaginación es mala, sino solo aquella que se halla afligida. La verdad es que no logro imaginarme qué haríamos sin imaginación. ¿Cómo sobrevivir –más aún, cómo vivir– sin la capacidad de imaginar alternativas a la situación, individual o colectiva, en la que nos hallamos? Por eso Stendhal decía que «todo el que se suicida, se suicida por falta de imaginación».

La imaginación es una especie de memoria creativa que, mediante la combinación de experiencias o recuerdos anteriores, nos permite considerar situaciones alternativas y pensar en los medios para construirlas. El placer adelantado que sentimos cuando pensamos en un suceso deseado, como la finalización de una obra (lo cual es mi caso, aunque cada vez tengo menos prisa), sirve como una incitación a prepararlo o perseguirlo.

Lo mismo sucede en el ámbito de la política. Para los estudiantes de Mayo del 68, la revolución pasaba por darle el poder a la imaginación. No se referían, claro está, a la imaginación capturada de Disney o de Netflix, sino a la de las alternativas reales. En una auténtica democracia, la oposición no es solo una cuestión política, sino también ontológica. Si no somos capaces de imaginar una alternativa, ¿quién controlará a «la realidad» que está en el poder, y que pretende imponerse como la única realidad posible? Aquella persona o colectivo que pierde la capacidad de imaginar alternativas (otra razón más para defender la importancia de las humanidades) caerá en una especie de claustrofobia ontológica, y, lo que es peor, en la tiranía de la realidad única. Nada más necesario, pues, que la fantasía para garantizar un buen sentido de la realidad.

El problema empieza cuando el miedo le hace luz de gas a la imaginación, para quedarse con su fortuna, que es la potencia y la libertad. La imaginación descontrolada tiende a inventar todo tipo de peligros ficticios que tienen el efecto muy real de aumentar nuestra ansiedad. Buena parte de nuestros miedos tienen una causa imaginaria. La locura de la que aquí hablamos es la opuesta a la que sufría –o gozaba– don Quijote. Pues mientras este se enardecía frente a sus fantasías, nosotros nos asustamos ante nuestras imaginaciones. Según Alain, «tememos más de lo que sufrimos», y llegará un día en «el que nos avergonzaremos de haber tenido miedo de tantas sombras inconsistentes».

Uno de los más vertiginosos jardines colgantes que pueblan nuestra alma es el del miedo al miedo. Es la aprensión de que nuestra imaginación se desboque hasta tal punto que acabe provocándonos la locura o la muerte. Surge, como el vértigo, de una profunda desconfianza en nosotros mismos. De la sensación de que no vamos a ser capaces de controlar nuestras propias reacciones, y nos tiraremos por la ventana o nos dará un infarto. Este tipo de pensamientos puede llevarnos a caer en una espiral de pánico que acabará elevando nuestro miedo real, pero soportable, hasta niveles imaginarios pero insoportables.

Montaigne dijo que este era el miedo que más miedo le daba, lo cual no deja de ser tan coherente que resulta contradictorio. Algo semejante dijo Franklin D. Roosevelt en su célebre discurso del 4 de marzo de 1933. Lo pronunció en medio de la Gran Depresión, provocada, en parte, por el pánico bursátil, que desencadenó, a su vez, todo tipo de miedos sociales y políticos, que acabarían provocando el verdadero terror de los fascismos y la Segunda Guerra Mundial. Al final el miedo siempre tiene razón, aunque solo sea porque acaba produciendo ese nuevo miedo que en un principio no era razonable tener.

§ *La técnica de la cucharita.* Azuzado por el tábano del miedo, el caballo de la imaginación empieza a saltar, y con cada salto aumenta la amenaza real o inventa peligros inexistentes. La imaginación asustada es como la hermana pesimista de la lechera. En vez de tropezar, distraída por sus fantasías de prosperidad, lo que hace es saltar asustada por sus propias aprensiones. El resultado es el mismo.

La inmensa mayoría de los peligros que imagina no van a suceder. Pero todos esos miedos imaginarios igual van a tener un efecto muy real. Porque cuanto más preocupados y angustiados estemos, más disminuida se verá nuestra calidad de vida. Quien teme morir ya está muerto de miedo.

No existe peor sala de torturas que la sala de espera, que es el lugar de las premeditaciones, las exageraciones, las aprensiones y las fantasmagorías. Los torturadores saben que buena parte de la tortura radica en la lenta disposición de los instrumentos de tortura. Es la célebre técnica de la cucharita. Los tiranos tampoco ignoran que la expectativa de la sentencia es peor que el castigo en sí. Por eso nos hacen esperar o no nos responden al teléfono. Dejan que nos cozamos en nuestra propia salsa. Su manera de devorarnos es demorarnos.

Cuando voy de viaje, me gusta apuntar las frases que veo pintadas en las paredes. Una vez vi en los muros de la plaza de armas de Quito una frase que decía: «Colabore con la dictadura, tortúrese.» Ninguna sociedad es más fácil de domar que aquella que posee una imaginación desbocada.

No hay mejor *ciudadano* que la imaginación.

§ *Worst case scenario.* Una de las torturas preferidas del miedo es el catastrofismo. A la imaginación catastrofista también le gusta confundir la posibilidad con la probabilidad. A cada segundo es posible que muramos de múltiples formas, pero eso no significa que nuestra muerte sea probable. Lo único seguro es que *temerlo* en cuenta disminuirá nuestra vida.

Este tipo de pensamientos tienden a justificarse mediante el argumento del *worst case scenario,* según el cual la mejor provisión es la previsión de lo peor. Es la misma lógica que le dio nombre a la pistola Parabellum. Su efecto principal suele ser aumentar la ansiedad y el temor, sin iniciar por ello ningún tipo de preparación o acción efectiva. Antes de tener que enfrentarse al peligro, que en tantas ocasiones ni siquiera llega a tener lugar, «todo está perdido», «el desastre está asegurado» y «el horror es inevitable». ¡Este ensayo no fluye, y se va directo a la papelera!

Así es como la magia del miedo transforma una pequeña molestia fisiológica en el diagnóstico de una enfermedad mortal, la pataleta de un hijo en el anuncio de una vida dedicada al crimen y una turbulencia política en el inicio de una guerra civil. Y aunque ese peligro resultase cierto, lo más probable es que no fuese tan terrible como nos lo imaginábamos, por la sencilla razón de que la espera es eterna, mientras que el zarpazo es veloz. El ser humano es el animal que corre más peligros para ponerse a salvo.

§ *Ubi sunt*. La imaginación asustada también tiende a la obsesión. Cuando toma la palabra en el congreso de nuestra conciencia, no permite que la razón ni la memoria la interrumpan, y habla sin cesar ni procesar nada. ¿De qué tratan sus discursos? La imaginación avisa a sus señorías del peligro futuro. Es importante estar preparados para enfrentarse a él. Pero, a la vez, le resulta insoportable pensar en él de forma consistente y sostenida. Así que va y viene, de la política exterior a las cuestiones de hacienda, y de las cuestiones de hacienda a la política exterior, sin llegar a ningún tipo de conclusión. Ese pensamiento circular y superficial acaba aburriendo a los señores diputados, que abandonan la cámara y dejan que la imaginación tome el poder.

Pero no es la misma imaginación que se imaginaban en el 68 las paredes de Nanterre. Es una imaginación anticipatoria, que tiende a tomar como verdaderos unos males futuros que, en la mayor parte de los casos, nunca tendrán lugar. Decía Mark Twain que a lo largo de su vida había tenido miles de problemas, la mayoría de los cuales jamás habían llegado a suceder realmente. Es la angustia que sentimos antes de una operación que resultó ser mucho menos dolorosa de lo que imaginábamos. Es el temor al rechazo, que siempre será menos frustrante que el matrimonio. Es el terror al infierno, que atormentó a tanta gente durante mil años (hasta que los mismos que lo inventaron decidieron que no existía).

A diferencia del lobo del cuento, el miedo tiene los ojos más grandes que los dientes. Por eso debemos tener mucho cuidado con su tendencia a sobreinterpretar la realidad. Algunas personas sienten más miedo cuando el avión sobrevuela el océano o cuando se bañan en aguas abiertas. Pero si el avión cayese en un bonito prado o me diese un calambre en un lago de aguas cristalinas, la diferencia no sería muy grande. La muerte es siempre la misma. Lo que nos aterra son los añadidos de nuestra imaginación. La sobreinterpretación puede intensificarse, proporcionándonos auténticos poderes telepáticos, pues gracias al miedo creemos que sabemos lo que piensan los animales («esa cucaracha me quiere atacar porque su vida consiste en odiarme»), las personas («ese individuo que finge sonreírme en verdad se está riendo de mí») o, incluso, ciertos entes abstractos o imaginarios como el resto del mundo (que siempre está en contra nuestra) o Dios (que no tiene nada mejor que hacer que espiarnos).

A la imaginación asustada también le encanta especular. Su especialidad es sobreinterpretar nuestros infortunios, atribuyéndoles causalidades o significados sorprendentes. Una enfermedad contraída de forma casual (y placentera) es interpretada como un castigo divino provocado por una vida pecaminosa. Un inocente atraco es interpretado como el signo de la decadencia y el caos, señales de algún tipo de apocalipsis. Por muy falsas que sean todas estas sobreinterpretaciones, pueden acabar teniendo consecuencias muy reales, como la abstinencia o la no abstención.

Todas esas sobreinterpretaciones y especulaciones pueden llegar a articularse produciendo una cosmovisión coherente y sistemática que tendría la virtud de aumentar exponencialmente nuestro miedo. Son cosmovisiones alucinatorias y terroríficas que afirman que el mundo es impredecible, incontrolable, inseguro, peligroso, absurdo, indigno o cruel. *Porca miseria*.

Y aunque estas cosmovisiones sean meras fantasmagorías proyectadas por el miedo –el eco de nuestros propios pasos en el callejón del miedo–, lo cierto es que acaban teniendo efectos muy reales en el comportamiento de individuos y sociedades, pues entristecen la vida y llegan a matar a la gente. Es como si una película de terror provocase una avalancha que acabase con la vida de más personas que las que estaban muriendo en la pantalla. Incluido el apuntador, claro.

Creamos y creemos nuestras propias sugestiones por no ser capaces de sostenerles la mirada hasta que sean ellas las que aparten los ojos. Como suele decirse, lo malo es saber que va a ocurrir. Por eso, el que tiene miedo muere muchas veces. Y por ensartar refranes sin venir a cuento, como hacía Sancho Panza, diré que, del mismo modo que nadie nos quitará lo bailado, tampoco nadie nos devolverá lo que sufrimos en vano. *Ubi sunt?*

§ *El imaginario enfermo.* No es lo mismo la ansiedad que el miedo. La ansiedad es la sensación envolvente y difusa de que puede sucedernos un daño. El miedo es la reacción ante un peligro concreto y evidente que se nos echa encima. Y una inquietud sin objeto suele torturarnos más que un temor concreto. Esto resulta especialmente lacerante en el caso de aquellos miedos de los que ni siquiera hemos tenido experiencia alguna, como las torturas del infierno o aquellas enfermedades o fracasos que desconocemos y aun así tememos con alucinatoria minuciosidad. En ese caso la inmunidad es baja. Como saben los niños, solo un buen puñetazo en la cara puede librarte del miedo a que te den un puñetazo en la cara.

La ansiedad es un gruñido en la niebla que nos paraliza. El miedo, un lobo que nos hace correr en dirección contraria. Si bien el miedo suele ser más intenso, su carácter apremiante y conducente a la acción suele hacerlo más breve y llevadero. En cambio, ese miedo sin objeto que es la ansiedad es especialmente desgastante. La persona que lo sufre no encuentra nada contra lo que su pensamiento, su acción o sus músculos puedan luchar. Como el boxeador, peleamos con sombras, solo que, en ese caso, lo único que ejercitamos es nuestro sentimiento de impotencia y descontrol.

Estos males imaginarios, que los clásicos llamaban «males de opinión», incluyen todo tipo de aprensiones, sugestiones, prejuicios y supersticiones, que pueden ir desde el temor al número trece hasta el pavor al demonio, pasando por el miedo a las brujas o a una conjura judeomasónica. Estamos dispuestos a pasar por todo menos por no estar puestos en lo que está pasando. Porque no hay nada que asuste tanto, y por consiguiente excite tanto, a la imaginación como la ignorancia o el desconocimiento.

El miedo fundamental de la imaginación es el *«horror vacui»*. Todos los demás miedos derivan de esta especie de pecado original cognoscitivo. Para acallar su ignorancia, la imaginación inventa dogmas. Prefiere infligirse infiernos en vida a no saber qué demonios es la muerte. Prefiere inventar conspiraciones terribles a ignorar la razón de las azarosas catástrofes que nos afectan periódicamente. Como los cartógrafos medievales, dibujamos cinocéfalos y dragones en los extremos de los mapas. Sería mejor dejarlos en blanco, como hizo por primera vez Abraham Cresques, en su célebre *Atlas catalán* del siglo XIV. La ignorada fuente de nuestra ignorancia es no saber no saber. Somos imaginarios enfermos. Y el corte de esta sangría solo puede practicarse con la navaja de Ockham.

§ Más alto. En su *Historia del miedo en Occidente,* Delumeau sostiene que, en las épocas de crisis, la gente suele sentir la necesidad de cuartear y concretar la ansiedad difusa que les trabaja, transformándola en miedos concretos. De este modo le pone cara al miedo, sabe contra qué lucha, sabe qué quiere y sabe qué debe hacer. Antes que quedarse con los brazos cruzados viendo cómo el viento invisible de la ansiedad mueve las aspas de su desgracia, prefiere luchar contra los gigantes de su fantasía. Hay un problema de detalle, y es que esos gigantes acaban resultando mucho más terroríficos que sus ansiosas aprensiones. Es como el niño que pinta una cara en la pared y luego tiene miedo de mirarla.

Luego están los mercaderes del miedo, que buscan capturar esa tendencia con el objetivo de aumentar su poder, ocultar su responsabilidad o redirigir el resentimiento hacia algún chivo expiatorio. Así, en el siglo XVII, la ansiedad generalizada provocada por la injusticia social, el cisma religioso, la erosión del sistema estamental, o la pequeña edad de hielo, se cuarteó, con la ayuda desinteresada de teólogos, reyes y nobles, en los miedos concretos hacia las brujas, los herejes y los judíos.

¿Qué hacer en esos casos? ¿Cómo lidiar con esa ansiedad que nos inflige una irritante sensación de impotencia? ¿Cómo resistir a la tentación del miedo, que nos ofrece una imagen simplificada del mundo? Para empezar, odiando; odiando a alguien concreto y, si puede ser, más débil que nosotros. *Why the hate?*, se preguntan muchos. Pero ¿cómo no vamos a odiar si el odio, que es el primogénito del miedo, nos ofrece todo lo que queremos en esta vida: orden, seguridad, concreción y sensación de potencia? Todo ello solo a cambio de no hacer demasiadas preguntas. Es la fe del carbonero que alimenta las hogueras del infierno.

Solo podremos romper el hechizo si aceptamos que el mundo es complejo; que es mejor recorrerlo que huir corriendo de él; que las soluciones mágicas son inventos de brujos; y que el único modo de deshacer la niebla de la ansiedad es poner en marcha los molinos de la acción. Se dice que un célebre piloto de la Primera Guerra Mundial tenía miedo a volar de pasajero porque no estar a los mandos lo llenaba de zozobra: «¡Más alto», se le oía gritar desde su asiento, «por el amor de Dios, más alto!» A veces es suficiente con volver a coger los mandos.

1.6. PSICOFONÍAS

> La relación sexual es una fricción del intestino y eyaculación de un moquillo acompañada de cierta convulsión.
>
> MARCO AURELIO, *Meditaciones*

§ *Las voces del miedo.* Nunca sabremos cuál es la relación exacta entre el lenguaje y el pensamiento. Pero intuimos que ambos mantienen relaciones de conformación y de retroalimentación bilaterales y complejas. No nos importa saber si es la gallina del pensamiento asustado la que pone el huevo del lenguaje atemorizado o viceversa. Basta con comprender que ambas instancias deben ser modificadas a la vez si deseamos realmente liberarnos del miedo. Pues el miedo también es una forma de hablar.

Nuestro discurso mental es un objeto lingüístico que puede ser analizado con las herramientas de la filología y la retórica. Hay, pues, una retórica del miedo. Y esa retórica ha dado lugar a obras estéticas importantes, como las narraciones de Poe, Maupassant, Quiroga o Lovecraft (y hoy Mariana Enriquez). Nada que decir al respecto.

Pero es también la que enciende los sermones de los predicadores barrocos y los discursos de los políticos fascistas. Es la máscara que deforma la voz. Es el megáfono que amedrenta. Es, en fin, la lengua del Tercer Reich, de la que tanto aprendimos gracias a Victor Klemperer. Una lengua larga y bífida, que es tan pública como doméstica y tan doméstica como íntima, y que con solo rozarnos envenena toda nuestra actividad lingüística. Hincha nuestro temor, irrita nuestras esperanzas, entorpece nuestra inteligencia y gangrena nuestra empatía.

Los filósofos antiguos le dieron mucha importancia al estudio y la reforma del modo en que hablamos con nosotros mismos. A esa especie de discurso o lengua interior lo llamaron «*hypolepsis*». Tras notar las complejas relaciones que el discurso interior mantenía con la psique, consideraron que su modificación podía ser una buena vía para lograr una cierta reforma de la propia vida.

De un alma sabia y libre de pasiones excesivas emana una *hypolepsis* igualmente sabia, en la que dominan el orden, la razón y la alegría. De un alma ignorante, en cambio, surge una *hypolepsis* enferma, dominada por la obsesión, la irracionalidad y la tristeza. En la otra dirección, la reforma filosófica del propio discurso interior había de ejercer sobre el alma un efecto balsámico o terapéutico, mientras que su desordenamiento le infligiría un efecto desestabilizador e irritante.

Son muchas y muy diversas las deformaciones que nuestra *hypolepsis* puede sufrir. Podríamos decir que cada pasión genera su propia retórica, aunque varias de ellas suelen combinarse entre sí. El celoso tiene dentro de su cabeza un Yago que le habla de forma insidiosa, obsesiva y desconfiada. Y aunque en su mente domine la retórica de los celos, en este o aquel momento se le añadirán las voces del despecho, el odio, la tristeza o el miedo. Tosca polifonía que invita a la fuga.

Del mismo modo, la persona dominada por el odio o la venganza tiene dentro de su cabeza a un Edmundo Dantés. Araña las paredes de su mente gritando insultos y juramentos. Evoca diálogos imaginarios llenos de recriminaciones. Se imagina, incluso, agrediendo a la persona que detesta. Exagera las ofensas recibidas, minimiza las que él pudo infligir. Y aunque lo que siente fundamentalmente es odio, aquí y allá pueden oírse los trinos del desánimo, de la envidia o del temor.

La *hypolepsis* enferma se nos revela en toda su potencia en aquellas ocasiones en las que, liberada de las urgencias de la acción, se desboca en todas las direcciones, como los niños cuando acaban de comer. Es el caso del insomne, que se pasa la noche arrepintiéndose o entristeciéndose de lo que sucedió en el pasado, temiendo o esperando lo que pueda pasar en el futuro, y lamentando, en el presente, esa contractura de impaciencia, que acaba sobreinterpretando como una prueba infalible de su impotencia e indignidad. El insomnio se transforma, entonces, en una cárcel inquisitorial en la que nos juzgamos, torturamos y condenamos al mismo tiempo, sin más causa ni prueba que nuestra propia irritación. Somos nuestros propios *domini canes*.

El discurso interior nunca falta a este auto de fe psicológico, al que le gusta contribuir con su monólogo hecho de repeticiones, interrupciones, exclamaciones, aprensiones y juicios generales y contradictorios, más dignos de un avispero que de un ser racional. Uno de nuestros miedos más antiguos es que una araña nos entre por el oído. Pues eso es justamente lo que le sucede cada noche al insomne.

Porque el insomnio es el paradigma de la inactividad torturada. El fuego lento de la *hypolepsis*. Hay gente que sobrevive al miedo de la guerra, de la herida y de la amputación, para acabar sucumbiendo ante la inactividad del pabellón de reposo. Empieza oyendo unos crujidos. Es el hielo que se resquebraja bajo sus pies. Pronto caerá en el lago helado de la tristeza o la locura. Mejor aprender del patinador, que sabe deslizarse suavemente, más veloz que la velocidad de las grietas. Al menos hasta que llegue la primavera y podamos volver a bañarnos.

§ *Una estilística del miedo*. El miedo tiene su propio manual de estilo. Algunos periódicos tienen uno muy parecido. Sus recursos preferidos suelen ser las repeticiones, las interrupciones, las exclamaciones, las generalizaciones y la vaguedad. Ese gran escritor sí que sabe atraparnos. Escuchamos sus historias con la espalda apoyada contra la pared. Veamos si podemos aprender un poco de él.

La mente asustada siente una fascinación hipnótica que la lleva a pensar una y otra vez el objeto de su miedo. Esto suele dar lugar a una sinfonía de repeticiones con variaciones de ciertos pensamientos intrusivos, que llamamos también «rumiaciones». A veces son la profecía autocumplida del miedo («ya verás como todo irá mal»). Otras una rendición en toda regla («no podrás soportarlo»).

Como la de la sibila, la voz del miedo es balbuceante y sincopada. Al mismo tiempo que no puede parar de hablar sobre lo que teme, desea dejar de hacerlo, porque su mera evocación le resulta temible. La repetición y la interrupción se combinan dando lugar a un discurso tan agotador como humillante. Los escritores de terror conocen bien este fenómeno, y usan y abusan de los puntos suspensivos, que son una especie de pista de despegue —cubierta de pieles de plátano— para que la imaginación alce el vuelo y su tendencia hacia el catastrofismo haga mil piruetas.

El miedo también habla rápido, como los extranjeros. Es como si la urgencia de escapar se tradujese en un apresuramiento lingüístico. El deseo de hallar una solución, sin llegar nunca a una decisión definitiva o a una acción concreta, le lleva a recomenzar una y otra vez sus cogitaciones. Y a cada comienzo el agobio y la aceleración aumentan. Todo lo cual redunda en una mayor desestructuración del discurso.

El lenguaje asustado privilegia aquellas formas verbales que aumentan la imagen del peligro y minusvaloran nuestra capacidad de respuesta. Evita el presente, que es el momento de la acción. Habla en pasado («yo quería escribir...»), en futuro («ya lo haré algún día...») o en condicional («si las cosas fuesen de otro modo...»), que son los tiempos de la rendición, la pasividad y el fatalismo. Para referirse al futuro, en cambio, utiliza el presente («estoy muerto...», «seguro que se pone furioso...»), lo cual tiene el efecto de presentarle el peligro como un hecho ineluctable y cercano. A veces condesciende con formas vagamente desiderativas («debería hacer...» o «me gustaría poder...»), que nunca se traducen en acciones reales.

Luego está su vivencia «mágica» de las palabras. La *hypolepsis* asustada evita aquellas que designan el objeto de su miedo, como si su mera mención fuese a hacerlo aparecer ahí mismo, tras una nube de humo. El tabú suele expresarse mediante perífrasis eufemísticas («el mal malo») o sobrenombres ridículos, que buscan aumentar el propio sentimiento de poder («la pelona»). No es improbable que el alto grado de ansiedad que caracteriza nuestro momento histórico esté en la base tanto del puritanismo mágico de lo políticamente correcto, propio de ciertas formas del «progresismo», como de esa especie de feísmo o *cruelismo* político, propio de los populismos de derechas en particular y de las redes sociales en general. Pero los magos del lenguaje también gustan de las palabras fetiche. Tienen fe en que una sola palabra bastará para sanarlos. Creen, como en la Edad Media, que basta con conocer el nombre del demonio para que este no pueda entrar en su casa. Así que sus discursos están llenos de «patriotas», «traidores», «rojos» y «fascistas».

Aunque luego no haga nada, el miedo se muere por saber qué hacer. Busca patrones de conducta y predicción en todas partes. En las nubes del café, en el poso de las nubes, en el paralaje de las estrellas. Su ciencia es la generalización. Sabemos, gracias a «Funes el memorioso», que, sin un cierto grado de abstracción (que otros llaman olvido), ni el pensamiento ni la vida son posibles. Generalizar es una necesidad, hablando así en general. El problema es que el miedo suele empujarnos a realizar generalizaciones exageradas o directamente erróneas. Estas suelen expresarse mediante adverbios absolutos del tipo «siempre», «nunca» o «jamás», o mediante epítetos patéticos como «imposible», «inalcanzable» o «incapaz». Esta retórica aumenta el fatalismo y disminuye la sensación de potencia, y con ella, la potencia real. Ah, y envenena las sociedades, porque de las generalizaciones nacen los generales, y de los generales, los generalísimos.

La voz del miedo también es brumosa. Le encanta tirar de cañón de humo. Y cuando eso sucede, las señales de humo de la razón se transforman en una niebla que lo significa todo y nada a la vez. Las tinieblas de cientos de indicios, pruebas y resoluciones indefinidas flotan en la mente, generando misterio y emoción. El miedo es un poema simbolista. Pero no sugiere la «analogía universal», las correspondencias armónicas entre todas las partes del universo. Sugiere, más bien, la «amenaza general»; ese peligro omnipresente, vago y acechante de un mundo que parece querer darnos caza. Es el bosque persiguiendo al ciervo. También es la inminencia de una desgracia que no suele producirse. Lo cual no deja de ser una forma muy accidentada de conducirse.

§ *Morfología de los cuentos de miedo.* Las historias que se narra la mente asustada pertenecen al género del terror. Son narraciones teleológicas, al modo de las de Edgar Allan Poe u Horacio Quiroga, en las que todos los sucesos están dispuestos en función de un giro final, normalmente terrorífico y mortal. La imantación que ese final indeseado ejerce sobre toda la historia es tan intensa que hasta los sucesos más banales son vistos como causas necesarias. Si aparece un clavo al principio de un relato, el protagonista debe utilizarlo para ahorcarse al final. *Tout est bien qui finit mal!* Pero en los cuentos *del* terror al final casi nunca pasa nada. Como en las malas películas, todo era un sueño... Aunque, ahora que lo pienso, sí que hay algo que siempre pasa, y es que esas historias incrementan nuestra ansiedad y nos obligan a vivir con la espalda pegada a la pared, cuando no con la sábana (¿antibalas?) sobre la cabeza. Para el miedo no existen los McGuffins.

He borrado algo muy importante que iba a decir. Algo que podría haberos salvado la vida. Y lo he hecho para evidenciar lo importantes que son las elipsis en los cuentos de miedo. Además de reforzar el suspense de la narración, esos vacíos incitan a la imaginación a completarlos con las fantasías más siniestras. En cada elipsis cabe un apocalipsis. Y sus jinetes, como los caballeros oscuros de Tolkien, están hechos de niebla. Nuestros lanzazos los atraviesan sin herirlos. Porque es imposible pensar o actuar de forma efectiva contra aquello que no tiene cuerpo. No nos queda más que rendirnos. Así es como la elipsis deriva en catalepsia. Un tipo particular de la elipsis es el final abierto, que deja al término de sus narraciones un precipicio horroroso que tiende a ser completado por nuestras más negras aprensiones. Allá en el fondo saltan las pirañas de la irresolución.

Luego está el maniqueísmo. Porque el miedo es una psicomaquia. En un bando se halla la persona asustada, protagonista homérico de una epopeya que se titula *Vayámonos de aquí corriendo a otra parte*. Su imperio es su círculo de seguridad, y su ejército, una legión de aprensiones. Del otro lado se halla el antagonista, que puede ser un animal o un individuo concreto, cuando no una instancia más o menos imaginaria, como «el fracaso», «los extranjeros» o «el demonio».

Impregna toda la obra un cierto alegorismo. Pues aunque en un inicio se trata solo de sobrevivir, luego se le añaden múltiples capas de significado. Y allá en la superficie del pastel (allá donde se suele colocar una figurita de los novios) nuestro miedo tiende a ser visto como un choque entre el bien y el mal, entre el orden y el caos o entre la nación y el extranjero. El ruido de los tambores incrementa nuestra tendencia a la sobreinterpretación. Entonces un mero accidente sin ninguna significación especial se transforma en la prueba de que somos desgraciados, indignos o malvados. Y una derrota deportiva, en el símbolo de la decadencia nacional. Cuánta gente ha sido devorada por los cocodrilos que viven en los espejismos.

§ *No sé, no puedo, no valgo.* El discurso interior de la persona asustada se parece más a una manada de caballos arrojándose por los acantilados del terror que a una legión romana avanzando en testudo. En ese caldero hirviendo se forman burbujas que, tras hincharse de convicción, explotan en la superficie, para dejarle el lugar a otras que tampoco durarán demasiado. Son las psicofonías del miedo.

Los filósofos griegos los llamaron *logismoi,* plural de *logismos,* que podemos traducir como «pensamientos erróneos o perjudiciales». Una de las prioridades de la práctica filosófica grecolatina era reducirlos o eliminarlos. Y a pesar de que, siempre que puedo, escojo Atenas antes que Jerusalén, voy a recurrir a Roma, y en particular a Bernardo de Claraval, quien propuso reducir estos pensamientos «daimoníacos» (que Nietzsche llamará «envenenados») a tres grupos: «no sé», «no puedo», «no valgo».

Primero, «no sé». La mente asustada no sabe dónde meterse, no sabe qué decir, no sabe quién es, no sabe lo que quiere, y además teme que los demás se den cuenta de ello. En cambio, los demás siempre saben más, tienen más información, y están más preparados o mejor formados que nosotros. También el mundo resulta incognoscible, impredecible, confuso o, incluso, absurdo, lo cual nos lleva a sentirlo como un lugar incontrolable e inseguro. De este modo transferimos al exterior todo el capital cognoscitivo que nos negamos a nosotros mismos. Todo ello hace que nos sintamos inferiores e impotentes, y aumenta, a su vez, nuestra ansiedad y nuestro miedo. No sé si lo he explicado bien. Seguramente no, porque yo no sé nada y los demás lo saben todo. Pero hay que saber no saber nada y guardar la ropa. Así que sigamos, pero ahora de espaldas.

Segundo, «no puedo». Si no sabemos, no podemos. En algo debía acertar el miedo, que no para de decirnos «no eres capaz», «no estás preparado», «nunca lograrás hacerlo». Este tipo de pensamientos tienden a retener la iniciativa, a desinflar la voluntad y a desgastar la persistencia. Es el cuerno de la rendición, que no solo toca a retirada ante el primer obstáculo real, sino también ante las más leves resistencias que podemos imaginar. En cambio, «los demás pueden más», «son más resueltos», «están más organizados» o «tienen más dinero, contactos o poder». Y el mundo es «omnipotente», «inaprensible», «inabordable» y «aplastante». ¿Para qué intentar lo imposible? Creer en la propia potencia no es condición suficiente, como pretende hacernos creer la literatura de autoayuda (y la psicología positiva), mas sí condición necesaria, pues el mero hecho de creerse impotente genera una impotencia real.

Tercero, «no valgo». La tercera familia de *logismoi* concluye, de nuestra ignorancia y de nuestra impotencia, nuestra propia indignidad: «no valgo», «soy indigno», «soy cobarde», «me merezco lo que me pasa». Y como les hemos transferido a los demás ese conocimiento y ese mismo poder que nos negamos, nos parece que «valen más», que «son más dignos», que «son más valientes», y que, por lo tanto, merecen dominarnos. Este tipo de pensamientos encierran un juicio moral u ontológico que provoca sentimientos de vergüenza y culpabilidad, y nos incita a concebir todo lo malo que nos sucede como un castigo o un destino que debemos aceptar pasivamente y todo lo bueno que no nos pasa como aquello que simplemente no nos merecemos.

§ *Formas de hablar.* Dos son las estrategias básicas del insomne. La primera, encender la luz y tratar de calmar su mente mediante la lectura o la escritura. La segunda, levantarse y ocuparse en algo que lo centre en algo concreto; que es lo que sucede, al fin, cuando amanece, que ya es mucho. Ambas estrategias coinciden, en lo fundamental, con las que los filósofos nos proponen para curar nuestra *hypolepsis*. De un lado, es necesario reformarla mediante un esfuerzo racional de ordenación estilística, narrativa y simbólica; del otro, debemos fijarla, calmarla o acallarla mediante el recurso a la acción.

Cada una de las diferentes escuelas filosóficas propuso una reforma de nuestro estilo mental acorde con sus principios y objetivos. Mediante el diálogo consigo mismo o con los demás, mediante la lectura o la escritura, mediante la meditación o la acción, el filósofo debía esforzarse en ordenar y atemperar sus pensamientos.

Para los escépticos, lo más importante era acallar nuestro deseo de conocer, pues consideraban que este era el origen de toda ansiedad y fanatismo. Por eso Sexto Empírico nos recomienda utilizar una fraseología que exprese indefinición y duda: «nada afirmo», «quizá», «es posible», «puede ser», «suspendo el juicio». También debemos acostumbrarnos a pensar o escribir utilizando un tono humorístico, autoirónico y dialogante, que se acerque, de forma asintótica, a la ausencia de toda afirmación. Incluso el «solo sé que no sé nada» es demasiado afirmativo. Conformémonos con el «¿qué es esto?», de los antiguos pirrónicos, que recogerá Montaigne en su *«Que sais-je?»*. Él que grabó en las vigas de su biblioteca las ideas fundamentales, o *dogmata,* de la *hypolepsis* escéptica que deseaba para sí. Borges tomará buena cuenta de ello. Si no me equivoco.

Los estoicos estaban convencidos de que no son las cosas, sino la representación que nos hacemos de ellas, lo que afecta a nuestra alma. Por eso dominar el discurso, que era un modo de dominar la representación, había de permitirnos curar el alma. ¿Cómo? Limitando nuestra tendencia a proyectar juicios subjetivos sobre la realidad, que debe ser aceptada y celebrada como un todo. Si me rompo una pierna, sufriré un dolor necesario que no puedo evitar, pero solo depende de mí añadir, o no, ese otro dolor evitable, que surge de proyectar un juicio sobre esa situación: «todo me sale mal», «el mundo es injusto», «Dios está enfadado conmigo». También debemos bloquear la tendencia de proyectar sobre los placeres naturales juicios sobrevenidos, como que son pecaminosos, superfluos, banales o inútiles. La realidad no debe ser enjuiciada, solo debe ser aceptada como justa y necesaria. Pero ¿eso no es ya un juicio sobre la realidad? Mejor suspendamos el juicio al respecto.

También los epicúreos se propusieron reformar nuestro discurso mental, que quisieron hacer más observador (y observante) de la naturaleza, como muestran las obras de Epicuro y Lucrecio; o más atento al placer, al presente y a la amistad, como nos enseñan las de Horacio y Ovidio. Los cínicos, en cambio, buscaron un discurso mental directo y crudo, acorde con su rechazo de las convenciones y con la búsqueda de una libertad radical. Es la parresía, de *pan rhesis*, decirlo todo, que traducimos, francamente mal, como «franqueza». Los ejemplos son innumerables. Incluso el estilo *more geometrico* de Descartes o Spinoza buscaba proceder de forma ordenada y segura en un mundo herido por el dogmatismo más especulativo y el terror. No sé qué aportan, en cambio, aquellos estilos filosóficos oscuros, que, en lugar de ordenar y aclarar nuestra *hypolepsis*, nos infligen la intranquilizadora sensación de que no estamos preparados para comprender esas verdades tan importantes.

§ *Después del miedo.* ¿Existe alguna forma de discurso que esté libre del miedo? ¿Un discurso en el que hablemos sin temor a ser juzgados, castigados o abandonados? ¿Un discurso en el que el otro nos tranquilice respecto al mundo y nos asegure su socorro y ayuda? No, no es el amor, que es celoso, idealista, exigente y fusional. Se han cometido muchos crímenes por amor. Apenas sé de alguno que se haya cometido por amistad. La amistad, más bien, como dice Séneca, es tener a alguien por quien morir. Hablaré más tarde de ello, y en varias ocasiones, pues es un tema que me gusta visitar como a un amigo.

Solo avanzo que, para los antiguos, el término *«philía»* o *«amicitia»* significaba muchas más cosas de lo que hoy en día significa para nosotros. La amistad no era una coincidencia horaria ni una afinidad temática. La amistad era una vía privilegiada para cumplir con el precepto délfico de conocernos a nosotros mismos, ya que nos dice la verdad, aunque nos duela; un modo de acceder a la felicidad, puesto que nos socorre, nos exige ser virtuosos, y favorece el disfrute de la vida y de nuestro propio ser; y una de las formas básicas del lazo político, pues era horizontal, realista, tolerante y libre. De ahí que Cicerón hablase de una «amistad platónica» antes de que Ficino la degradase en mero «amor platónico».

Para acabar, solo mediante una conversación ininterrumpida, reposada, racional, documentada, ordenada, humorística, tierna, placentera y comprensiva, con nosotros mismos y con los demás, bajo la forma de la palabra y sobre el caballo de la acción, podremos acallar las voces del miedo. Urge, pues, como nos recomendaba Horacio, averiguar cómo hacernos amigos de nosotros mismos, y actuar de tal modo que merezcamos la amistad de los demás.

2. Vivir me mata

2.1. EL AGUIJÓN INVISIBLE

> Yo he sido ya un mozo, y una muchacha, y un arbusto, y un pájaro, y un mudo pez que ha saltado fuera del mar.
>
> EMPÉDOCLES, frg. 117

§ *Una física del miedo*. Estando Fontenelle enfermo, su médico le preguntó qué le sucedía y aquel le respondió: «Siento una cierta dificultad para ser.» También el miedo es una cierta dificultad *para ser*. Con permiso de Heidegger (que de la filosofía el Yoda es), utilizaré el término «ser» para referirme al conjunto de acciones que garantizan nuestra supervivencia e incrementan nuestra potencia vital. Recurriré, en cambio, al término «vivir» para designar otras dimensiones que van más allá de lo meramente biológico, como la felicidad, la alegría, el placer o la calma. Ambas dimensiones eran consideradas igualmente necesarias por los griegos, tal y como nos enseñó Hannah Arendt en *La condición humana*. Pero como se dice que primero es ser y luego filosofar, en este capítulo voy a ocuparme primero del ser y en particular de cómo el miedo lo amenaza, lo reduce y lo incapacita.

Dentro del esquema clásico de la filosofía grecolatina, la rama que se ocupaba del ser tal y como lo he definido era la «física». Esto puede sonar un poco raro. El ser parece, más bien, el tema de la metafísica o la ontología. Pero si lo pensamos con detenimiento, tiene cierto sentido. Puede que la física se ocupase de pensar cómo era el ser del mundo, pero también es cierto que puede que no lo hiciese solo por curiosidad, sino más bien por hallar el modo de optimizar nuestra inscripción en su seno. El conocimiento de la naturaleza de las cosas debía servir para aumentar nuestras capacidades de supervivencia y expansión (y por ahora solo hablo en términos puramente biológicos). Solo conociendo el mundo podemos conocer dónde buscar comida y refugio, y también cómo reaccionar ante una tormenta o una sequía. Pues no tenemos las mismas posibilidades de sobrevivir pensando que esos fenómenos son deseos divinos que sabiendo que tienen una lógica que podemos vislumbrar mediante la observación y aprovechar mediante la experiencia.

Nuestra forma de ser en el mundo depende, pues, de la idea que nos hemos hecho de él y del lugar que nos hemos otorgado en su seno. Por eso la física era tan importante para los epicúreos y los estoicos, porque de su conocimiento emanaba todo lo demás. Por eso seguimos leyendo el *De rerum natura* de Lucrecio o las *Cuestiones naturales* de Séneca (o viendo *Dersu Uzala*), aunque sus hipótesis científicas hayan sido totalmente superadas; porque no es la letra científica sino el espíritu filosófico el que nos interesa. Pensemos, por ejemplo, en Marx, que hizo su tesis sobre el atomismo democritiano (que no democristiano), que inspiró su «materialismo dialéctico». Incluso los escépticos, al afirmar que el cosmos es incognoscible, nos enseñaban a inscribirnos en el mundo. ¿Cómo? Sin escuchar las sirenas de la especulación ni mirar la Medusa del dogmatismo. Aceptando que lo único que podemos hacer es anotar regularidades y adaptarnos a ellas.

De toda «física», de toda ontología, de toda cosmovisión se desgaja una ética (y una política). Si no tenemos esto en cuenta, todas nuestras consideraciones flotarán, como un nenúfar, en el agua turbia de la especulación y el impresionismo. Por eso la «incomunicación entre las esferas del conocimiento» se ha vuelto un problema acuciante en nuestra época (aunque el modo confuso en que lo enunció Habermas no ha ayudado mucho a lidiar con él). Es cierto que nos resulta inaccesible comprender la física cuántica. Pero, sin prescindir totalmente de las ciencias duras, podemos recurrir a otras formas de pensar las implicaciones éticas (y políticas) de la «física». Y, como a veces hay que retroceder para avanzar, podría sernos muy útil reaprender lo que hicieron las filosofías clásicas, así como Vanini, Montaigne, Bruno, Spinoza, Gassendi y muchos otros.

Pero volvamos al tema del miedo, al que le gusta disfrazarse de científico para difundir las más lúgubres teorías acerca del universo. De forma general, las cosmovisiones del miedo no solo disminuyen nuestras posibilidades de conservación y aumento de la vida, sino que también empobrecen nuestra relación física con el mundo. Sobrevivir encerrado en una madriguera es morir enterrado en vida. Además, en virtud de la hiperactividad simbólica de los seres humanos, el miedo físico incluye la estratosfera de la metafísica. Es por eso por lo que, además del miedo al mundo y del miedo a la muerte, hablaré del miedo a los dioses. Al fin y al cabo ese miedo ha matado a más personas que todas las fieras, las sequías y las pestes juntas. Ese es su verdadero milagro: la destrucción a partir de la nada.

§ *Alegría y tristeza more Spinoza.* En el libro III de su *Ética*, Spinoza afirma que «cada cosa se esfuerza, cuanto está a su alcance, en perseverar en su ser». Ese esfuerzo, al que llamará *conatus,* en su arduo dialecto filosófico (que vale la pena aprender), es la fuerza de la gravedad que todo lo mueve. Pero, tal y como matiza a continuación, ese esfuerzo universal no busca solo el mantenimiento del propio ser, sino también la expansión de su poder vital. No se trata, pues, solo de mantenerse en vida, sino también de aumentarla. Y aunque ahora solo estemos hablando en términos fundamentalmente biológicos, luego veremos que, en virtud de la continuidad entre el cuerpo y el alma, propugnada por el atomismo epicúreo, esta ley afectará también a las esferas de la ética y la política. Sin duda, Spinoza fue el Newton de la ética.

En el caso del ser humano, el esfuerzo o *conatus* tiene algunas particularidades. Es limitado, a diferencia del de «Dios», que es como Spinoza llama a la naturaleza, cuyo deseo es infinito, ciego y proliferante. Y también consciente, a diferencia del de los animales, que es meramente instintivo. Sin ser por ello más digno (ni indigno), el *conatus* del ser humano es lo suficientemente especial como para recibir mención aparte. Y Spinoza lo bautizará con el bonito nombre de «deseo».

Cuando ese deseo se encuentra con seres o situaciones que le impiden desarrollarse, el individuo se ve invadido por un sentimiento de «tristeza», mientras que, cuando se encuentra con seres o situaciones que aumentan su ser, le embarga un sentimiento de «alegría». Por esta razón, Spinoza definirá la alegría como «una pasión por la que el alma pasa a una mayor perfección», y la tristeza, como «una pasión por la cual el alma pasa a una menor perfección». Pero no habla de «perfección» en un sentido moral (ni inmoral) sino puramente ontológico: nos confirma más en nuestro ser, nos deja más hechos.

Pero cuidado, porque los términos «alegría» y «tristeza» no se aplican exclusivamente al ser humano, sino a cualquier realidad que siente su ser aumentado o disminuido. El animal que caza siente esa alegría, el río que halla su camino también, incluso la cortazariana gota de lluvia que se aferra con sus dedos diminutos al alféizar de una ventana participa de esa alegría. El miedo, en cambio, difunde la impotencia, que Spinoza llamó tristeza.

§ *Ultima necat.* La muerte es la máxima resistencia al *conatus* de todo ser. Es el infinito rompeolas de la potencia. El reino del adiós. Y, por lo tanto, una de las principales fuentes de «tristeza». Por eso el miedo a la muerte fue visto por Epicuro y Spinoza como origen y cifra de todos los demás miedos. Es el epicentro de todos nuestros temblores. «Aguijón invisible» lo llama Lucrecio. Su veneno lo infecta todo, desde la primera inspiración a la última espiración, que, inspirados, llamamos «expiración». Porque la muerte no es solo un acto, sino un proceso. *Omnes vulnerant, ultima necat.* Todas las horas hieren, la última solo nos mata. Eso decían los antiguos y repiten los relojes de sol. Más aún, la muerte está en todos aquellos procesos en los que el ser se retira. El abandono, el olvido, el fracaso y la indiferencia son especies particulares de la muerte. No hay un solo movimiento neutral. O aumenta la vida o favorece la muerte. El mundo entero es una *agonía*. Esto es, una lucha.

En el ámbito instintivo, el miedo normal es necesario para la supervivencia, pues nos provee de información y nos mueve a la acción de forma imperiosa. Ya lo vimos. Tiene, pues, sentido que la captación de un peligro potencial provoque reacciones fisiológicas que nos preparen para la acción: tensión muscular para escapar o atacar, aumento del riego sanguíneo, respiración acelerada.

Pero no solo le tenemos miedo al ataque de las fieras, sino también al enjambre de los dolores físicos en general. Y es normal, porque la muerte no nos ataca siempre de forma veloz. «Ven muerte, tan escondida, que no te sienta conmigo...» decía el Comendador Escrivá. Es la nostalgia del zarpazo. Y es que, en la mayor parte de los casos, la muerte llega solo después de una serie de sufrimientos más o menos prolongados. Estas señales también nos informan de que debemos prepararnos para resistir y contraatacar. Son los embajadores de la muerte. Los heraldos negros de los que hablaba Vallejo. Gracias a ellos el miedo a la muerte extiende sus tentáculos en todas las direcciones y tensa la vida. «Te considero desgraciado porque no has sido desgraciado», decía con cierta exageración Séneca. También el miedo genera defensas. El miedo al dolor es un sobre lacrado en el que se nos convoca a una batalla con la muerte. La guerra aún no está perdida.

Pero a veces el miedo se descontrola. Y cuando eso sucede, exagera o inventa las señales de peligro. Las cuales provocan un pánico tumultuoso que, en vez de facilitar la respuesta, la bloquea. Entonces, toda la energía liberada por el miedo queda encerrada en nuestro cuerpo. Al no hallar salida alguna, la presión interior aumenta. Y el único efecto de toda esa energía acumulada es frustrarnos, irritarnos, angustiarnos y humillarnos.

¿Cuánto tiempo podría aguantar un tigre preparado para saltar? Apenas unos segundos. La tensión le agarrotaría los músculos. Por eso salta o se va. En cambio, la persona poseída por el miedo puede pasarse así días, semanas, años, toda una vida. Solo podría salvarlo una cosa: un salto de fe que le haga tener fe en el salto.

§ *La gran salida.* Decíamos que el miedo a la muerte no se limita a la esfera meramente biológica. Su plan es colonizar todos los niveles de la existencia (incluyendo la escritura de estas páginas, que temen acabar muertas en la papelera), y su destino manifiesto, hacernos vivir muertos de miedo (incluyendo estas páginas, que temen acabar enterradas en vida en un cajón). La conciencia de mortalidad, el simbolismo o la imaginación le permiten pasar del cuerpo al alma. Para él no existe el problema de la solución de continuidad. No necesita glándula pineal.

De este modo, el miedo a la muerte se ramifica en nuevos miedos derivados, que podemos llamar culturales, los cuales, a su vez, intensifican el miedo a la muerte. Es el pez que nos muerde la cola. Porque da miedo morir, sí. Eso es inevitable. Pero da mucho más miedo hacerlo pensando que puedes ir al infierno. Y eso es un despropósito. Entre los miedos físicos y los miedos culturales hay una autopista transitada de día y de noche. En algunos de sus moteles muchos pierden la vida.

Esos miedos derivados, que se reproducen como las cabezas de la Hidra de Lerna, se parecen a los efectos secundarios, o *iatrogénicos*, de ciertos medicamentos. Y, por desgracia, no incluyen la muerte súbita. El miedo es un psicópata que se disfraza de médico. Sabe imitar los gestos y el lenguaje de los médicos. Nos tranquiliza, nos firma unas cuantas recetas, pero lo único que quiere es apoderarse de nosotros. Su único tratamiento es el engaño y la evitación, y su efecto, la septicemia del temor. Las supersticiones, las religiones y las oraciones son la homeopatía de la muerte.

Se dice que el fundador del circo Barnum estaba molesto porque el público que visitaba su galería de las maravillas se demoraba demasiado, lo cual entorpecía el flujo de los clientes (y del dinero). Tras mucho pensar, tuvo una gran idea. Mandó colgar en la puerta un cartel en el que había escrito en grandes letras rojas «LA GRAN SALIDA». Fue todo un éxito, pues la inscripción tentaba la curiosidad del público, que, una vez en el exterior, ya no podía volver a entrar. Algo semejante hacen las religiones para agilizar nuestra salida (y rentabilizar nuestra entrada) de esta galería de las maravillas (y de los monstruos) que es la vida. El cartel se llama «Más Allá».

Para Zygmunt Bauman, este intento de hacer más llevadero el hecho de vivir con la conciencia de ser mortales es el hecho fundamental de toda cultura humana. El problema es que la mayoría de estos carteles están colgados sobre puertas pintadas o sobre ventanas que dan a precipicios. Son productos ACME. Subterfugios que acaban siendo contraproducentes, pues, a la larga, la negación y la fantasía no hacen más que aumentar la ansiedad y reducir nuestra capacidad para lidiar con la vida, que siempre se escapa, como el correcaminos. Rip-rip.

Epicuro dice, en su *Carta a Meneceo,* que el miedo a la muerte «en vano hace sufrir». Lucrecio nos promete «extirpar de raíz con toda violencia aquel miedo de Aqueronte» que «turba la humana vida», impidiéndonos «gozar a los mortales de líquido solaz, deleite puro». Qué maravilla. Porque Lucrecio no pretende colgar un cartel para engañar al público. Quiere evitar que vivamos secuestrados en la parada de los monstruos. Quiere que salgamos afuera, que observemos y vivamos en el gran circo del mundo, y que el final del espectáculo nos encuentre en el exterior, preparados para morir sin reparos. Porque duele menos morir si se ha vivido. Por eso, para Horacio, el epicúreo, el objetivo era vivir de tal modo que, el día en que muramos, nadie piense: «ha muerto», sino: «ha vivido». No el *veni, vidi, vici,* de César, sino solo el *vixit* de Horacio. Al oír estas cosas, la muerte se revuelve en su tumba.

§ *Miedo mortal.* Una paradoja: el miedo a la muerte reduce nuestras posibilidades de supervivencia. Así es como el miedo causa aquello que se suponía que debía evitar. Es la más cumplida de las profecías autocumplidas. ¿Nos dicen (y nos creemos) que algún día moriremos en un accidente de coche? En ese mismo instante, nuestras probabilidades de morir de tal modo se disparan, pues la autosugestión aumentará nuestra inseguridad al volante, multiplicando de ese modo nuestro riesgo de sufrir un accidente. El adivino no ha adivinado nada, nosotros le hemos hecho todo el trabajo. Debería ser él quien nos pagase a nosotros.

Este vértigo fatal es el truco preferido del miedo. Como los mafiosos, sabe cómo hacer que parezca un accidente. Lo tiene todo planeado. Yago nos susurra al oído el insidioso veneno de la duda y la aprensión, y luego se sienta a esperar que nuestro propio pulso la propague. El tímido se queda en blanco por culpa de su propia timidez. El celoso harta con su desconfianza a la persona que sí le amaba. La sociedad que teme al caos acaba activando paranoias y persecuciones que la sumirán en el violento desorden que tanto temía. Realmente el miedo atrae a los perros.

Pero también nos hace correr a su encuentro. Como la ansiedad de la espera es más desgastante que el enfrentamiento, podemos acabar deseando que suceda de una vez aquello que tanto temíamos. No aguantamos más. ¡Cualquier cosa con tal de que la tensión desaparezca! Entonces, como le sucede al que intenta deshacerse violentamente de las zarzas en las que se enredó, nuestras propias sacudidas nos provocan las heridas que una actitud más calmada podría haber evitado. En esto el miedo funciona como la alergia, que tiende a malinterpretar el peligro de sustancias inocuas, provocando sobrerreacciones que pueden llegar a ser mortales. *Noli te tangere.* No te rasques.

Según una vieja historia oriental, un hombre se cruzó, en Bagdad, con el ángel de la muerte. Creyó ver en su rostro un gesto hostil. Convencido de que este había venido a buscarlo, se escapó hacia Samarcanda, donde aquella misma noche murió. Antes de llevárselo, el ángel de la muerte le explicará que su gesto no era de enfado, sino de sorpresa, pues lo había visto lejos del lugar en que debía llevárselo. Lo peor del miedo a la muerte no es que nos acabará alcanzando, sino que nos habremos pasado la vida huyendo en sus brazos.

§ *Miedo jíbaro.* Pero eso es, justamente, lo que persigue la muerte. Hacernos huir de un lado a otro para que no estemos nunca presentes, lo que es ya un modo de estar muerto. Es la Course Navette del miedo, que él siempre gana porque es él quien lleva el ritmo. Mientras tanto, vivimos encerrados en un laberinto formado por una sola línea. No es una aporía de Zenón, no es un cuento de Borges, es la huida constante a la que nos condena el miedo.

Son muchos los modos en que el temor reduce nuestra vida física. Nos agazapamos, nos encorvamos. Bajamos la voz, apartamos la mirada, nuestros músculos se contraen, como si quisiésemos escondernos dentro de nosotros mismos. El miedo también reduce nuestra movilidad, física y espiritual, pues abrirse a nuevas ideas o experiencias es un modo de moverse, y no hacerlo, un modo de encerrarse. Su arte es el de la evitación, que disimulamos bajo el disfraz de la preferencia («prefiero quedarme en casa»), la pereza («me da pereza ir a la fiesta»), el cinismo («enamorarse es sacrificar las propias capacidades críticas») o el odio («no viajo porque detesto los rebaños de turistas»).

El sueño del miedo es la inmovilidad total. La respiración se detiene, la circulación se ralentiza, la digestión se corta, los músculos no responden. También nuestra mente puede quedar petrificada, como cuando no somos capaces de tomar la palabra o de adoptar una estrategia. El escudo de Perseo está entelado, cerramos los ojos, damos palos de ciego con nuestra espada. Entonces todo se resuelve en falsos inicios. Todas nuestras primeras frases acaban en la papelera. Lo vemos todo negro ante la hoja en blanco. Como dijo Victor Hugo, en *La leyenda de los siglos,* el miedo es «una inmovilidad hecha de inquietud». Por eso es importante moverse más rápido que la parálisis, pero no para huir, sino para que la muerte nos halle distraídos recorriendo el mundo. Se preguntaba Tolstói cuánta tierra necesita un hombre... Para morir, muy poca; para vivir, toda la que nuestros pies puedan recorrer sin miedo.

§ *Corre, conejo, corre.* Como el quiliágono de Descartes, la muerte es concebible pero inimaginable. Por eso vivimos como si nunca fuésemos a morir. Puede que este tipo de alienación sea algo normal e incluso necesario para que la vida no se vea bloqueada por el miedo. Pero no acordarnos de que vamos a morir implica olvidarnos de que estamos viviendo. En su justa medida, la conciencia de la muerte nos cataliza. Es la enzima que les proporciona urgencia, sentido e intensidad a nuestras acciones. Es cierto que hay culturas, como la medieval o la barroca, que parecen hipnotizadas por la muerte y otras, como la nuestra, en las que la muerte es un tabú que no debe mencionarse. Pero en uno y otro caso la muerte nos domina. Son las mañas del zorro.

La estrategia de la negación es inútil, pues se da solo en el nivel de la conciencia. Según Lucrecio, el miedo soterrado no solo nos impone una ansiedad vaga y permanente, sino que también nos empuja a una actividad frenética. ¿Su objetivo? Aturdirnos para no pensar: «cada uno a sí se huye de este modo: mas no puede evitarse; se importuna, y siempre se atormenta vanamente; porque, enfermo, no sabe la dolencia que padece». Como dice Quino, lo urgente nos impide pensar lo importante. Y eso es lo que queremos, en el fondo, porque vamos a morir, y queremos hacer algo al respecto, aunque solo sea para sentir que hacemos algo al respecto. Es la carrera aérea del ahorcado. Son dos miedos en uno: miedo a la muerte y miedo a dejar sin hacer lo que tenemos que hacer para que esa muerte no sea absurda.

Según Lucrecio, ese frenetismo alienante puede adoptar numerosas formas. Unos corren detrás de las riquezas, otros detrás del poder y otros detrás del honor. Pero, más que perseguir, huyen. Porque todos ellos, sigue Lucrecio, se basan en el convencimiento mágico de que «el estado de necesidad que acompaña a la pobreza y la baja posición social son estados fronterizos con la muerte», mientras que «la persona rica y poderosa tiene, por el contrario, una sensación de seguridad casi divina». Pero el demonio se halla en los «casis». El resultado es un nivel de competición y de agresividad generales, del que surgen las envidias, las traiciones, las injusticias y, en último término, las guerras, esto es, la muerte.

Corre, conejo, corre, que no falta mucho para Samarcanda.

§ *De algo hay que morir.* En *La mala hora,* García Márquez evoca la violencia reinante en la novela diciendo que el deceso de un anciano era la primera muerte por causa natural que se producía desde hacía mucho tiempo. Si creemos a Bauman, nuestra pacificada sociedad líquida también ha intentado abolir la muerte por causas naturales. Aunque su estrategia es diferente. Lo que hace es presentarla como el resultado de causas específicas y contingentes, susceptibles de prevención o de cura, con el objetivo de reducir su carácter amenazador, pero con el efecto secundario de acongojar a los ciudadanos.

Hoy ya nadie muere por causas naturales. Todos morimos de cáncer, de infarto, de diabetes y de accidentes varios. En lo que respecta a cada uno de esos problemas, no dejan de producirse pequeños avances. Como en el salmo, un solo paso nos basta. Pero la promesa de inmortalidad que embarga a aquellos que leen las noticias de que la curación del cáncer está cerca o de que pronto viviremos ciento cincuenta años no puede conducir sino a una cierta decepción. Todos los hombres son mortales; han descubierto una nueva cura contra el párkinson; Sócrates no morirá de párkinson. De acuerdo, pero podrá morir por muchas otras causas. En última instancia morirá de mortalidad. El silogismo es un paralogismo, tras el cual el miedo a la muerte siempre acaba regresando. Y lo hace como el bumerán, con más fuerza y desde un ángulo inesperado.

Además, esa descomposición de la muerte redunda en una multiplicación de la misma, puesto que deja de verse como un trance único y final, para convertirse en un cúmulo de amenazas omnipresentes que lo invaden todo con su zumbido ansioso. Lo que pretendía ser un remedio acaba agravando la enfermedad, pues da lugar a una especie de furor preventivo que impide esa alegre inconsciencia sin la cual nadie se siente realmente sano. Esterilizar, desnatar y vallar no es una forma de tratar a la vida.

Peor aún, presentar la muerte como un hecho controlable y prevenible nos hace responsables de ella. Así, a los sufrimientos físicos y psicológicos naturales se les añaden todo tipo de padecimientos morales y artificiales. Porque ya no morimos por necesidad sino por dejadez, descuido o inadvertencia. Somos responsables de nuestra muerte. Y muy pronto seremos culpables de que nuestros familiares sufran nuestra falta o de que la Seguridad Social tenga que gastar sus escasos recursos en tratarnos. Todo eso está muy bien (o muy mal), pero *de algo hay que morir*.

Quizá va siendo hora de que volvamos a ser mortales.

§ *Mil muertes, una estadística.* Otro modo de no pensar en la muerte consiste en pensar mucho en ella. Como decía Chesterton, las cosas se vuelven más paradójicas a medida que nos acercamos a la verdad. Lo cierto es que la omnirrepresentación de la muerte en los medios de comunicación ha transformado su imagen en un hecho cotidiano y banal. En un solo telediario podemos ver decenas de cadáveres, sin contar los cadáveres políticos.

No creo que la banalización de la muerte responda solo a un interés comercial. Se trata también de rutinizar y mitigar el horror que nos produce el hecho de tener que morir. Esperamos, quizá, que el goteo insensibilice el miedo que la muerte nos provoca.

Pero este intento de desensibilizarnos ante la visión (más que ante la idea) de la muerte tampoco funciona, pues son muertes irreales, abstractas, diría que incluso artísticas. Se dice del siglo XVIII que nunca hubo tantos versos y tan poca poesía. Los sociólogos del futuro dirán que en nuestra época nunca se vieron tantas muertes y se pensó tan poco el morir. La cultura gore es la homeopatía de la mortalidad. No llega siquiera a placebo. Es peor, porque tiene efectos, sí, solo que son fundamentalmente negativos. Efectos psicológicos, pues nos muestran el mundo como un lugar inseguro y peligroso; efectos morales, pues nuestra aliviada pasividad nos revela como seres insolidarios o culpables; y efectos políticos, pues erosiona el lazo social al extender la desconfianza.

Una vez vi una película en la que un mafioso se aburría tanto que conducía siempre hacia atrás, sin importarle a cuánta gente atropellaba. El miedo a la muerte es igual. No importa que pensemos o no pensemos en él. Él siempre se tomará la molestia de atropellarnos hacia delante y hacia atrás.

§ *El cielo puede esperar.* Creo que fue Hiparquia, o Crates, quien, al oír a un sacerdote de Isis ensalzar las maravillas de la vida *post mortem,* le dijo: «Entonces, ¿por qué no te matas?» Y es que las fantasías de inmortalidad sirven solo hasta cierto punto. Son como los disfraces con los que los niños se creen Superman, aunque no tanto como para saltar por la ventana.

El carrusel (por no llamarlo tiovivo) de las fantasías *post mortem* transforma la muerte en un renacimiento. Aunque las escatologías pueden adoptar formas muy variadas, incluso dentro de una misma religión, el esquema es siempre el mismo: la muerte es una metamorfosis. Pero lo que sale de la crisálida suele parecerse más a Gregor Samsa, que ahora que lo pienso suena a «samsara».

Porque las fantasías son como los sueños, que en el momento más inesperado se transforman en una pesadilla. Así es como unos dioses que nacieron para protegernos de la muerte acabaron exigiéndonos que renunciásemos a la vida; y un más allá que surgió como una promesa de consuelo se convirtió en la más terrible de las amenazas. La mortificación y el infierno son las cucarachas voladoras de la *terateología*. Como decía Lucrecio, la religión no es la causa sino el efecto del miedo a la muerte. No son los sacerdotes (algunos sacerdotes) los que han creado ese miedo con el objetivo de someternos, sino que, en todo caso, se aprovechan de él, magnificándolo y sutilizándolo. Su milagro es transformar las ascuas del miedo instintivo en las hogueras del pavor religioso. Por eso no podemos limitarnos a luchar contra los miedos de la religión, sino que tenemos que bajar al raigón del miedo a la muerte. Luchar contra las supersticiones está bien, pero quedarse en ello es pelar el rábano por las hojas. Cuando la raíz del miedo lo ocupa todo, como en los tubérculos (y es una lástima que el rábano no sea un tubérculo, porque la metáfora habría quedado perfecta), vivimos enterrados en vida. Sería mejor, quizá, lanzarla al río del tiempo, para que corretee inconsciente por la superficie, como hacen los zapateros, al menos mientras el sapo de la muerte no se la coma.

En ocasiones, las fantasías de inmortalidad no se dan en el cielo sino en la tierra, y no las goza un individuo sino todo un colectivo. El progreso, la utopía, la independencia, la reconquista, la depuración... Este tipo de inmortalidad impersonal fue inventada, o reinventada, por el nacionalismo moderno, que, al sustituir a la religión como cemento sociopolítico, se vio obligado a ofrecer una inmortalidad de sustitución. Según dice Benedict Anderson en *Comunidades imaginadas*, nada mejor que la nación para sustituir a la religión en la tarea de formar una escatología «laica», puesto que ambas se proyectan en un futuro ilimitado, terrenal o celeste, y tienen una gran capacidad para convertir lo contingente en necesario, utilizando argumentos del tipo: «Es accidental y temporal que sea francés, pero Francia es necesaria y eterna.» A la escatología nacionalista se le añadieron las escatologías políticas o raciales.

Así que el panteón de los dioses terrenales no es menos variado, ni menos turbulento, que el de los dioses celestiales. Bien mirado, quien no es inmortal es porque no quiere. Aunque, al final, la historia es siempre la misma: la inmortalidad depende del sacrificio de la vida. Se trata de cortarnos un brazo para salvar un dedo.

§ *Más acá de la muerte.* Para Epicuro, el miedo a la muerte (más que la muerte misma) es «el más estremecedor de los males», y el objetivo fundamental de la filosofía es «ahuyentar las creencias de las que nace la mayor parte de las turbaciones que se apoderan del alma». Tal era el objetivo del *tetraphármakos* epicúreo, que conservamos gracias a Filodemo de Gadara (quien fue el maestro de Horacio). Se trata de una vacuna filosófica compuesta por cuatro familias de ejercicios filosóficos que debían ayudarnos a superar los cuatro modos básicos del miedo: el miedo a los dioses, el miedo a la muerte, el miedo al dolor y el miedo al fracaso en la búsqueda de la felicidad. A cada uno de estos miedos se le oponía un conjunto de argumentos, máximas, poemas, comentarios o meditaciones mediante los cuales el filósofo debía comprender la vanidad de sus temores. No eran meros argumentos filosóficos, eran patrones de ejercitación mediante los cuales incorporar ciertas ideas o convicciones filosóficas. Como dijo el cardenal Newman, en *Gramática del asentimiento,* su objetivo no era el «asentimiento nocional» sino el «asentimiento existencial».

Pero la lucha contra el miedo a la muerte no se basaba solo en desacreditar sus aprensiones sino también en apremiar la vida. Para ello es necesario asumir aquello que se teme como algo natural y necesario. Se trata de aceptar, cuando no de amar, los límites, sin los cuales nuestra existencia quedaría deformada hasta la monstruosidad. ¿Qué sería de la vida sin la muerte? Una solitaria eternidad en la que todo podría ser dejado para el siguiente siglo. ¿Qué seríamos sin el peligro? Una ameba que flota sin conciencia y sin deseo. El «conócete a ti mismo» encierra un «desea lo que eres». Esto es, «deséate mortal». Y a partir de ahí, vive a morir.

Aumentar el deseo es otra manera de enfrentar el miedo a la muerte. «El deseo de existir, que es la más antigua y la más grande de nuestras pasiones», dice Epicuro, «supera con placeres y dulzuras» al miedo. Debemos, pues, ocuparnos de alimentar ese deseo, que no es el frenetismo que nos provoca el aguijón invisible, sino el deseo auténtico de expandir la vida aumentando sus potencias y gozando sus placeres. Es en este sentido por lo que Mateo Alemán afirmaba que «el deseo vence al miedo».

La única salvación posible está de este lado de la muerte y toda su teología la resume Cervantes en seis palabras: «Hasta la muerte, todo es vida.»

2.2. HORROR ET VOLUPTAS

La humanidad no puede soportar tanta realidad.

T. S. ELIOT, *Cuatro cuartetos*

§ *El temblor de Atlas.* Al final de una de las conferencias en las que Coleridge expuso su credo panteísta, una mujer muy anciana se le acercó y le dijo: «He aceptado el universo.» A lo que Coleridge respondió: «Por Dios, señora, más le vale.» Y más nos vale a nosotros también.

Existe un miedo racional que, consciente de las resistencias del mundo, evita que emprendamos campañas suicidas contra el poderoso imperio de la realidad. En un principio, la conciencia y la aceptación de nuestras propias limitaciones no es negativa. Puede resultar dolorosa, pero también tonificante. Es el temblor de Atlas, que sostiene el peso del mundo. Como decía Goethe: «limitarse es extenderse».

Pero hay veces en que ese miedo al mundo se exaspera hasta tornarse (o trastornarse) irracional, y no tanto porque este se nos aparezca como infinito y omnipotente, pues realmente lo es, sino porque dejamos que esa visión nos aplaste. Entonces temernos que todo sentido, todo deseo y todo esfuerzo sean inútiles, y nos sentimos tentados de refugiarnos en las angostas madrigueras en las que la vida tiende a languidecer. El mundo es un fuego frente al cual debemos hallar la distancia adecuada. La temeridad puede quemarnos, y el terror, hacernos morir congelados.

El miedo nos aparta del mundo y limita nuestras percepciones o experiencias. Evitamos el contacto con aquellos animales, personas, colectivos, lugares, ideas o sentimientos que hacen que nos sintamos amenazados. Sus astucias son muy diversas. A veces el retraimiento adopta formas parecidas a la apertura. Es el caso de las personas que interponen entre ellos y la realidad la pantalla de la hiperinformación, gracias a la cual solo entrevén el mundo. En otras ocasiones, son la hiperactividad, la velocidad o el estrés los que nos sirven de pantalla. Quizá la causa de nuestro estrés no es solo la aceleración de nuestro sistema de producción y de consumo, sino también el intento de acallar el miedo yendo deprisa. Es la lección de Lucrecio.

La persona asustada vive en «La madriguera», de Kafka. El protagonista del cuento es un topo obsesionado con su seguridad que se pasa la vida perfeccionando los túneles de su topera. Su gran problema es que cada vez que vuelve a entrar, después de haber salido para camuflar con hojas la entrada, le resulta imposible volver a camuflar la entrada desde dentro, así que sale de nuevo para recolocar las hojas, y así *ad nauseam*. Esta fábula refleja a la perfección de qué modo el miedo transforma todo refugio en una prisión, al mismo tiempo que reduce nuestro diálogo con el mundo a un mero forcejeo por mantener la puerta cerrada.

Pero ¿por qué apartarse del mundo reduce nuestra capacidad de supervivencia y expansión? Porque es en el mundo donde se hallan los recursos físicos (aire, comida, bebida, sombra, sol, madera, abrigo), cognoscitivos (observación y experimentación de la realidad) o sociales (pues el amor, la amistad y la política exigen una riesgosa apertura al mundo). Si una gacela no se atreviese a acercarse a los bebederos de la sabana, vería comprometida su existencia física. Del mismo modo, la persona a la que el miedo le impide viajar, escuchar la verdad acerca de sí mismo, hablar con la persona a la que ama o simplemente escribir, verá como su vida languidece y se apaga en todas sus dimensiones. Quien abre caminos se araña las piernas.

Rezar por que el cáliz pase de largo puede dejarnos fuera del banquete de la realidad. Que se haga la voluntad del reino de este mundo...

§ *Visiones pánicas.* Nos cuesta sostenerle la mirada al universo porque es infinito. La contemplación, real o imaginaria, de las magnitudes inconmensurables de lo real puede resultar aplastante. Este tipo de miedo cósmico aparece cifrado en la figura grecolatina del dios Pan, cuya etimología remite al *pan* de los griegos, esto es, al 'todo'. Aunque es cierto que dicho término se puede interpretar de muchas formas, como 'hijo de todos' o como 'diversión de todos', no es improbable que se refiera a la totalidad de la naturaleza o el universo, tal y como se intuye en la tormenta, el cielo estrellado o el océano. Frente a esta visión aplastante del todo, se nos aparece ese otro «dios pan», es decir, Jesucristo, que, a diferencia del dios clásico, nos ofrece un infinito concentrado y encarnado en una sola realidad definida y asimilable, no cruda sino cocinada, como es el pan de la eucaristía.

Es cierto que la visión de una gran extensión de tierra, de agua o de cielo puede provocarnos una sensación de pequeñez cuantitativa («me siento diminuto»), que puede acabar infligiéndonos una sensación de pequeñez cualitativa («me siento insignificante»). Es lo que le sucedió a Pascal, el profeta de las hormigas aplastadas, quien, ante la idea de un espacio infinito, apuntada por Copérnico y desarrollada por Bruno, sintió un miedo cósmico que expresó de forma tan bella como desanimada: «¿Qué es el hombre? No es más que una nada respecto al infinito, un todo respecto a la nada, un punto medio entre la nada y el todo, infinitamente alejado de poder comprender los extremos.» No eran *Pensamientos* lo que Pascal escribió, eran *Aprensiones*.

También las galaxias del tiempo nos provocan vértigo. Detenidos en el desfiladero del presente vemos abrirse a derecha y a izquierda los abismos del pasado y el futuro. Nos han precedido siglos, milenios, eones, y otras tantas eras nos seguirán. ¿Qué significan ayer, mañana, este verano, esta década, mi vida? ¿Oís eso? Es Pascal sollozando en una esquina: «¿Quién me ha puesto aquí? ¿Por orden de quién me han sido destinados este lugar y este tiempo? ¡El silencio eterno de los espacios infinitos me aterra, cuántos reinos nos ignoran!»

La visión de la infinita potencia del mundo puede resultar avasalladora. Es el cuarto oscuro en el que se revela nuestra impotencia. La desaparición de grandes civilizaciones, la reconquista vegetal de las ruinas o la idea de que la Tierra quedará algún día sumida en la oscuridad nos muestran un mundo infinitamente poderoso frente al cual todo esfuerzo por conocerlo, por poseerlo o por cambiarlo resulta inane. La conclusión no es totalmente errónea. No lo es, al menos, desde un punto de vista puramente factual. Lo que es un error es evaluar nuestra vida tomando como término de comparación el todo, igual que sería un error —seguramente fatal— caminar por un desfiladero con dos telescopios en los ojos. Comerse el mundo sin reventar debería ser el *pan* nuestro de cada día.

§ *Metafísico estáis.* Si hubiese vida en un planeta como Júpiter, la fuerza de la gravedad sería tan fuerte que las plantas y los animales apenas se alzarían un palmo del suelo. En el planeta realidad la gravedad apenas nos deja respirar. Entonces, para no sentir el peso de un mundo que ha reducido a polvo civilizaciones enteras, las mentes asustadas prefieren renunciar al movimiento. Se quedan en tierra con las alas cerradas para no sentir la resistencia del aire. No ven en esa resistencia la posibilidad de volar, sino el tornado del todo. Renuncian, renunciamos, a las grandes empresas, como llevar una vida filosófica o luchar por reducir el sufrimiento en el mundo, para agitarnos en la tela de araña de los pequeños problemas cotidianos. *Ta pragmata,* decían los griegos, 'los asuntos', 'los problemas'. Allí, en el mundo plano de la insignificancia, sentimos menos el aplastamiento del mundo.

Lo cierto es que el miedo desaforado ante la infinitud del mundo pone en riesgo nuestra supervivencia. La intuición de la inutilidad, la vanidad o el sinsentido de nuestras acciones puede bloquearnos, impidiéndonos poner en marcha las acciones necesarias para garantizar nuestra perduración. La persona enferma o la sociedad en crisis que se dejan invadir por esta especie de anemia metafísica se dejan morir, como Alonso Quijano. A veces la desidia se transforma en pulsión autodestructiva. El cianuro con el que se suicidan los románticos, los nihilistas y los apocalípticos se llama Cioran. A veces les da por hacernos el favor de llevarnos con ellos, y gastan toda la energía que no tuvieron para vivir en organizar atentados, guerras y exterminios. Y muchos los siguen, como las ratas del flautista de Hamelín, que además son portadoras de la peste.

Pero el ser humano no necesita de la infinitud de los espacios y los tiempos que ignora y que le ignoran para sentirse agobiado. Le basta para ahogarse una cáscara de nuez llena de agua de lluvia. Pienso en la pulsión tanática de los individuos y las comunidades atemorizados por la indiferente e injusta enormidad de un mundo globalizado que amenaza con disolverlos en una masa viscosa formada por restos de culturas muertas. En ese mar de los Sargazos abundan las balsas de la Medusa. Sobre ellas, fascismos, fundamentalismos, populismos y decadentismos se maceran al salitre, mientras los tiburones de la economía neoliberal esperan.

La perspectiva cósmica puede resultar beneficiosa. Si nos la tomamos como un recordatorio de nuestras limitaciones: «¡Oh, César, recuerda que eres humano!» Aunque resulta peligroso erigirla en un punto de referencia absoluto. El cosmos no es la medida del hombre. Se bebe en las fuentes, no en las cataratas. Porque cuando se pierde la medida, se cometen errores de valoración que pueden comprometer nuestra propia supervivencia. Caminar con prismáticos es tan peligroso como volar con microscopios. En *La soga*, de Alfred Hitchcock, unos estudiantes de filosofía, partiendo de una interpretación *sui generis* de la filosofía nietzscheana, concluyen que la moral es una «ficción victoriana» de la que pueden prescindir. Morirá su víctima y ellos acabarán en la cárcel. Algo semejante sucedió con el nazismo y el fascismo, que tras emborracharse con el vino fuerte del nihilismo cosmicista tomaron como una nadería el valor de la vida humana (sobre todo la de los demás).

Pero aunque el miedo al infinito no logre acabar con nosotros, siempre se lleva un pedazo de vida. ¿Para qué escribir un libro si ya se han escrito tantos? ¿Para qué tener un hijo si ya hay siete mil millones de personas en el mundo? ¿Para qué crear, moverse o pensar, si no hay nada nuevo bajo el sol, si hay tanta gente mejor que nosotros, si en cien años estaremos todos muertos?

Los griegos llamaban *hybris* al olvido de las limitaciones humanas y al subsiguiente emprendimiento de proyectos desaforados. Imaginemos el pecado opuesto. El pecado de la vanidad, que el barroco elevó a sistema. Y que consistiría en tener una conciencia excesiva de nuestras limitaciones, para caer, a continuación, en la poquedad y en la impotencia.

§ *Skinless*. Frente a la inmensidad solemos sentirnos, como dijo Virginia Woolf, *skinless*, esto es, sin piel, indefensos. Por eso a veces la rehuimos. Pero ¿cómo rehuir algo que está en todas partes? Los campesinos de las zonas interiores del Asia Menor que fueron desplazados a la península de Sunion durante la guerra greco-turca de 1920 a 1922, cegaron las ventanas de sus casas que daban al mar. No lo hicieron porque les molestase el viento, sino para evitar la visión del océano, cuya desacostumbrada vastedad los angustiaba.

El infinito es el rostro de la Medusa. Evitamos mirarlo, aunque a veces lo adivinamos en la parte convexa del escudo de la indiferencia o en el segundo plano de una postal. La prisa o el abotargamiento nos protegen de los cielos estrellados y los océanos atormentados. Las ruinas y los planetarios no nos afectan. Las visiones que torturaban a Pascal han sido transformadas en las pantallas combinadas de un simulador de vuelo.

La persona asustada también busca una experiencia sin ventanas. Evita los barrios desconocidos, permanece en casa, acelera el paso bajo los balcones y las ventanas, y reduce los contactos con personas o ambientes desusados. Nunca visita aquellos lugares que deseaba conocer, porque se hallan en países pobres y peligrosos. Y si los visita, no los recorre, sino que los mira desde el mundo paralelo de los viajes organizados, los resorts, los malls, las franquicias globales y los canales internacionales de televisión. Pero no hablo de la seguridad personal, que está más relacionada con el miedo a la muerte, del que ya hablamos, hablo de la seguridad ontológica, que nos lleva a reducir la inmensidad y la heterogeneidad del mundo para que nos resulte menos amenazador.

Somos *skinless*, de acuerdo. Pero el que tiene piel atópica sabe que no debe cubrirla sino exponerla al sol. Diógenes el Perro lo sabía, por eso le pidió a Alejandro que se apartase. Para no ahogarse bajo las estrellas, nada como un baño de sol.

§ *Envasados al vacío.* Como los antiguos cartógrafos, nosotros también pintamos, en los extremos de los mapas, todo tipo de monstruos. Son los custodios del infinito. Los guardianes del límite. Nadie puede cruzar esos umbrales sin poner en riesgo el orden vigente. Todo contacto con el exterior es visto como un caballo de Troya del que, antes o después, ha de salir el infinito del mundo, incendiándolo todo. Decía Borges, en *Discusión:* «Hay un concepto que es el corruptor y el desatinador de los otros. No hablo del mal, cuyo limitado imperio es la ética; hablo del infinito.» Será mejor que volváis atrás. *Hic sunt dracones.*

Existe una larga tradición de demonización del viaje. En su descenso al Hades, Ulises será informado por el espíritu de Tiresias de que, para hallar el reino de los hombres felices, debe caminar tierra adentro, con un remo al hombro, y no detenerse hasta que encuentre a gentes que lo confundan con un arado. También para Ovidio y Lucrecio la invención del arte de la navegación es vista como el pecado original que expulsó a los hombres del paraíso de la edad de oro. Primero, porque representa una especie de pecado de *hybris* no resignarse a vivir en el lugar que los dioses nos asignaron en la tierra; segundo, porque nos abre al infinito del mundo, que nos aplasta y asusta. En su *Historia de la invención de las Indias,* el humanista Fernán Pérez de Oliva dijo que Colón, con su descubrimiento, «vino a mezclar el mundo». *Vade retro.*

Durante la Edad Media algunos países prohibieron los viajes, por considerarlos peligrosos para el orden religioso, y ontológico, del mundo. Fuera especias, fuera tejidos, fuera perlas. Le temían al infinito incluso cuando traía regalos. *Timeo mundo et dona ferentes.* A principios del siglo XVII, el ministro calvinista Isaac Jaquelot decía, en su *Disertación sobre la existencia de Dios:* «se puede dudar con razón si la religión ha recibido grandes ventajas de todas esas hermosas investigaciones; y si no ha perdido en ellas más que ganado...». Y luego está Pascal, quien afirmó, en sus *Aprensiones,* que «toda la desgracia de los hombres procede de una sola cosa, que es no saber permanecer en reposo en una habitación». Y es que, para el que tiene miedo, todo paso es un paso de más. Los bebés necesitan tocar los barrotes de la cuna para sentirse seguros. Las novelas de terror suelen leerse con la espalda contra la pared (contra la pared que está de cara a la puerta). Los seres humanos también necesitan sentirse limitados frente al oleaje del infinito. Las fronteras infranqueables, las puertas blindadas y las alarmas infalibles no son solo una cuestión de seguridad personal sino también de protección ontológica. Nos dan la sensación de que el nuestro es un mundo real y cerrado, estable y ordenado, que resiste la presión abisal del universo que lo ronda. Si lograsen penetrar, nos afantasmarían. Los mendigos, los inmigrantes, los criminales, los enfermos, los locos y los raros son los gigapascales del infinito. No lo sabemos, pero nuestras sociedades tienen un problema metafísico que los políticos tratan de solucionar envasándolas al vacío.

Pero tratar de escamotear, de rehuir, de contener o de destruir el infinito resulta inútil, porque, allá donde vayamos, el mundo nos estará esperando, como el ángel de la muerte. Ocultarnos no reduce la ansiedad, pues el fantasma negado resulta más amenazante que la realidad encarada. Nos sentimos más expuestos al peligro si le damos la espalda. Y encerrarnos nos resta potencia, pues los refugios en los que reptamos son pequeños, oscuros, infértiles y vulnerables, ya que en sus angosturas no tenemos capacidad de movimiento y de reacción.

Todo lo extraño nos parece una grieta en el casco del submarino. Quizá deberíamos abrir la escotilla antes de que la presión lo haga saltar por las aguas.

§ *El color que vino del espacio.* Tememos al mundo no solo porque es infinito, sino también porque es indefinido. Nos parece un *totum revolutum*, una monstruosa masa informe que se resiste a todo orden o jerarquía. Frente a ese *continuum*, nuestras categorías se revelan meras convenciones o ficciones que producen un simulacro de control. Todas esas categorías son *cosméticas,* no solo porque constituyen un *kosmos,* esto es, un 'orden', sino, sobre todo, porque ese cosmos es epidérmico, y no condice con el carácter caótico de la realidad.

De acuerdo, todas las cosmovisiones se hallan siempre en crisis. Son como esos barcos que tienen prohibido entrar a puerto y deben repararse en alta mar con lo que tienen a bordo. Para ellas no existe el descanso. Pero también es cierto que hay épocas en las que los cambios revolucionarios parecen acumularse. En esas épocas, las categorías con las que solíamos ordenar y jerarquizar la realidad se deshacen y entremezclan, manchándolo todo con «el color que vino del espacio» del que habló Lovecraft en uno de sus relatos más inquietantes.

Cuando esto sucede, mientras no se impone un nuevo orden, vislumbramos el carácter convencional de nuestras más íntimas convicciones. Vemos, entonces, el flequillo de la Medusa. Es la monstruosidad de Nietzsche, la facticidad pura de Heidegger. Es Zeus mostrándosele a Sémele en toda su gloria y esplendor. Nos quema los ojos. No olvidemos que, cuando Diógenes dormía al sol, tenía los ojos cerrados. Hay cosas que se ven mejor con los párpados.

Imaginemos a una persona angustiada por los numerosos cambios que han transformado velozmente su mundo, y que probablemente lo ha perjudicado en términos laborales, sociales o, simplemente, existenciales. Lo más probable es que vea con miedo y asco a aquellos transeúntes cuya forma de vestir desdibuja las fronteras entre los géneros o las naciones. Por si esto no fuese suficiente, ese exiliado del tiempo, o del no-tiempo (pues lo que añora no es tanto el pasado como la inmutabilidad), también escuchará, con horror, aquellos discursos filosóficos o artísticos que cuestionan no ya las viejas categorías sino la posibilidad misma de que haya categorías verdaderas en términos absolutos. El carácter ambiguo, viscoso o monstruoso de esas visiones le hace sentir, o sospechar, que el mundo no era como él pensaba, y que su cultura, costumbres y conceptos básicos con los que ordenaba la realidad no eran más que un evanescente espejismo hecho de convenciones, que su decepción ha transformado en mentiras. Esta especie de epifanía negativa le produce cierto vértigo ontológico, como si un viento frío se llevase la sábana con la que su ingenua alma infantil se cubría la cabeza, dejando, como dice Borges, «detrás de los mitos y las máscaras, el alma, que está sola».

§ *Asco de mundo*. Resulta delicioso que la palabra «asco» sea un anagrama (esto es, un desorden) de la palabra «caos», puesto que el asco no deja de ser un correlato físico de nuestros miedos ontológicos. El asco es una forma de distanciamiento respecto del mundo, que puede ser leída tanto en términos fisiológicos como en términos ontológicos. Según afirma Mary Douglas en *Pureza y peligro* (1966), la mayoría de los tabús dietéticos no se basan, como suele pensarse, en consideraciones higiénicas, sino en un rechazo de aquellos alimentos ambiguos que no pueden ser incluidos de forma clara en una categoría definida. El cerdo, por ejemplo, sería un animal ambiguo, pues tiene las pezuñas hendidas, como los ungulados, aunque, a diferencia de estos animales, no rumia. Esto le valdrá ser visto, por algunas culturas, como un peligro para sus modos de concebir y organizar el mundo. El cerdo, esa amenaza ontológica...

El ser humano desea «líneas duras y conceptos claros», pero, a la vez, debe lidiar con «realidades que las refutan». Según Douglas, esto le lleva a rechazarlas, ya sea prohibiéndolas, ya sea cegándonos respecto al carácter inadecuado de nuestros conceptos. Ambas estrategias pueden resultar extremadamente incómodas, como les sucede, por ejemplo, a los hombres adultos de la tribu de los chagga, que sostienen que durante su iniciación se les obstruyó el ano para siempre. El ano, esa compuerta del infinito...

El asco ontológico no existe solo en culturas rudimentarias o religiosas. Nada más habitual que el asco en nuestras hipermodernas sociedades secularizadas. Este, además, no se refiere solo a determinados tipos de comida o de olores, sino a cualquier tipo de realidad que sea considerada ambigua o acategorial. Pensemos, por ejemplo, en el rechazo de lo tibio. «Mas porque eres tibio, y no frío ni caliente, te vomitaré de mi boca», dice el Apocalipsis.

También suele rechazarse a los viscosos, a los apátridas y a los cosmopolitas (que es como llamaban los nazis a los judíos). Lo cierto es que el mal, por terrible que sea, no cuestiona nuestras categorías básicas, sino que incluso las refuerza (según Sartre los nazis fueron unos excelentes pedagogos, puesto que nos enseñaron a tomarnos el mal en serio). La indefinición, en cambio, las impugna o amenaza, dejándonos, como al rey Lear, desnudos bajo la tormenta.

El asco que nos produce la indefinición del mundo nos lleva a tratar de evitar todo contacto corporal o mental con aquello que esté conectado con lo extraño y lo ambiguo. Es el viejo mantra pascaliano de que no hay que salir de la habitación. Pero, además de imposible, porque el tiempo acabará sacándonos fuera (aunque solo sea con los pies por delante), es triste, porque supone renunciar a la vida, que es movimiento perpetuo. En todo caso, el promiscuo océano del mundo no deja de romper a nuestros pies bajo la forma de experiencias y noticias que sacuden nuestras categorías. Cuando esto ocurre, el miedo exclama, como los malos periodistas: ¡que se aguante la realidad! ¿Quién va a atreverse a estropearnos una buena ontología?

La edad de oro ya no es el tiempo en el que no existían las palabras «tuyo» y «mío». Es el tiempo en el que cada uno estaba en su casa y Dios en la de todos. No importa que siempre haya habido mezclas, como mínimo desde la época en la que convivieron los neandertales y los homo sapiens. La fantasía idealista de un mundo ideal, sencillo y aproblemático refluye en un odio hacia el mundo real, cuya complejidad siempre le parecerá monstruosa.

§ *La esfera y la cruz.* Pero como la realidad sigue ahí, pertinaz como la sequía, necesitamos un paraguas conceptual para aguantar el monzón de la indefinición. Es cierto que todo sistema de ideas (también esta) es una simplificación. Es cierto que todo concepto (también este) ejerce cierta violencia sobre la realidad. Sé (si es que sé lo que significa saber) que el perro de las tres y cuarto visto de frente no es el mismo que el de las tres y veinte que me muerde el tobillo, y que el *Quijote* de Cervantes no es el mismo que el de Pierre Menard, ni el *Pierre Menard* de Borges el mismo que el que yo estoy recordando ahora. Y también sé que toda palabra es una palabra de más (de hecho, son siete palabras de más, más otras siete, más otras tres, más otras tres...), y que aun así necesitamos seguir hablando, sin olvidar que es imposible hacerlo.

Pero están las simplificaciones necesarias y luego están las simplificaciones del miedo. En sus manos, nuestras abstracciones pragmáticas se vuelven maniqueas, rígidas y dogmáticas. Entonces, sobre la decadente mezcolanza del mundo se alzan la voluntad de Dios, el espíritu de los pueblos o la voluntad de la historia. ¿Los parecidos entre todas las religiones amenazan las pretensiones de unicidad, diferencia y verdad de mi propia división? No importa, Dios sabrá reconocer a los suyos. ¿El mundo es un crisol de razas, culturas y lenguas? No importa, nosotros siempre seremos una unidad de desatino en lo universal.

Según Chesterton, el símbolo católico de la esfera y la cruz capta a la perfección el deseo de transformar el carácter infinito e indefinido del mundo, simbolizado por la esfera, en un espacio ordenado y definido, casi cuadriculado, simbolizado por la cruz. Es la mirilla telescópica mística. Pero no se trata solo de una cuestión religiosa. Cada vez que un ser humano llega al polo Norte, o a la Luna, en vez de girarse para contemplar la redonda infinitud del mundo (y la subsiguiente inanidad de nuestras categorías), lo primero que hace es plantar una bandera sobre la esfera.

§ *Judíos, burgueses y brujas.* El miedo es como el lecho de Procusto, en el que igual te cortan el miembro que sobresale que te descoyuntan para que tu cuerpo cubra toda su superficie. Si las ideas fallan, siempre nos quedará modificar la realidad. Toda violencia física es también una violencia metafísica. En *Modernidad y Holocausto,* Bauman sostiene que el antisemitismo surgió como una respuesta a la indefinición sociocultural de los judíos, que pertenecían «a la categoría semánticamente confusa y psicológicamente desconcertante de *los extranjeros de dentro».* Además, antes de la consolidación de la burguesía, fueron la única clase social que poseía una cierta *movilidad-inmóvil,* que violentaba el sistema estamental. Fue precisamente este carácter impreciso y desestabilizador lo que convirtió al «judío conceptual» en «enemigo natural de cualquier fuerza que pretendiera trazar fronteras y conservarlas herméticas», puesto que «comprometía y desafiaba el orden de las cosas». Algo similar sucedió, más adelante, con los burgueses, cuya pujanza amenazaba con trastocar el viejo sistema estamental. Y esa es la razón por la que se proyectaron sobre este nuevo grupo social tópicos muy semejantes a los que se habían proyectado (y seguirían proyectándose) sobre los judíos, a quienes se consideraba avaros, estafadores y faltos de escrúpulos.

El problema fundamental no eran sus inversiones ecológicas sino sus *inversiones* ontológicas.

Otras víctimas habituales de la violencia ontológica son aquellas mujeres que osan cuestionar los roles que la sociedad les impone. Las grandes cazas de brujas no tuvieron lugar en la época medieval, como suele pensarse, sino en el siglo XVII, cuando las viejas categorías empezaban a desdibujarse. En ese contexto, aquellas mujeres libres que aspiraban a poseer un cierto conocimiento religioso o médico independiente no fueron ajusticiadas solo por violentar el orden religioso y patriarcal, sino también para exorcizar la angustiosa sensación de caos y disolución. Del mismo modo, entre las causas de la violencia de género, no solo pueden contarse la maldad individual y la cultura machista, sino también el terror ontológico que despierta toda mujer, y todo ser, que subvierte las viejas categorías. A más libertad, más violencia. Recuerdo el día en que leí por primera vez la descripción que hace Rigoberta Menchú de la tortura, asesinato y ensañamiento póstumo que unos militares guatemaltecos le infligieron a su madre. Aquellos hechos me parecieron tan brutales que no era capaz de explicármelos. Hoy creo intuir que aquella violencia surgía del miedo (lo cual me niego a ver como una excusa). Aquellos hombres no deseaban solo matar a aquella mujer, sino tapiar la puerta por la que entraba el viento frío de la indefinición.

§ *El síndrome Sarajevo.* La globalización ha supuesto un desdibujamiento de numerosas categorías culturales, sociales y religiosas. Propias y ajenas. Una oleada de violencias compensatorias ha tratado de rebajar la ansiedad que todas estas transformaciones nos producen. Una parte de la población mundial ha salido beneficiada económica y socialmente de este proceso de apertura cultural, y es por eso por lo que lo celebran. Pero «los perdedores de la globalización», tal y como los llama Bauman, tienden a verlo con horror.

Aunque no me gusta inventar nuevos términos, pues los que tenemos les bastaron a Montaigne y a Cervantes, he dado en llamar «síndrome de Sarajevo» a la tendencia en virtud de la cual, siempre que una sociedad celebra por todo lo alto la multiculturalidad, faltan pocas décadas para que se produzca en su seno una confrontación étnica, nacionalista o religiosa. La Exposición Universal de París, de 1889, en la que los diferentes países europeos celebraron que el mundo se les estaba quedando pequeño, culminó en la Gran Guerra, de 1914. Los *Happy Twenties,* y la Viena de Zweig, Freud y Wittgenstein, desembocaron en la Segunda Guerra Mundial, de 1939. Los XIV Juegos Olímpicos de Invierno de Sarajevo, de 1984, fueron enterrados por las guerras de los Balcanes, de 1991 a 2001; mientras que los Juegos Olímpicos de Barcelona, que fueron vividos como la gran fiesta de la globalización y del fin de la historia, han sido sustituidos por numerosas tensiones identitarias.

Parece que la historia respire entre aquellas épocas en las que domina la libertad pero falta el sentido y aquellas otras en las que domina el sentido pero falta la libertad. Como si fuesen dos vasos comunicantes (de absenta), las épocas pendulan entre la claustrofobia del sentido y la agorafobia de la libertad. Así, mientras en la Edad Media los individuos apenas tenían libertad pero sabían perfectamente quiénes eran y qué lugar ocupaban en el cosmos, durante el Renacimiento la movilidad social, económica, religiosa o geográfica supuso al mismo tiempo un aumento de la libertad y un desdibujamiento del sentido y de la identidad. Y, como aprendimos en la carrera leyendo a José Antonio Maravall, a finales del siglo XVI y principios del XVII, la monarquía, la nobleza y la Iglesia se aliaron para destruir el culto renacentista por la libertad y la movilidad que amenazaba al Antiguo Régimen. Descomprensión, represión. Dar cera, resbalón en la cera. *Hai!*

Lo mismo sucedió cuando, tras el embate ilustrado, los románticos se echaron a los cerros a balar deprimidos, y a idealizar las cadenas de la servidumbre medieval. Y hoy, tras el *momentum* libertario de los años sesenta, y tras esa filosofía *glam* que fue la posmodernidad *(recuperada,* como lógica cultural del capitalismo tardío), se oye a muchos gritar: «¡Veis como no era una buena idea el cuento de la libertad y la indefinición!» Pero eso es tirar las niñas con el agua sucia de las lentillas.

El síndrome de Sarajevo es como el cuento de Pedro y el lobo. Solo que el lobo de la libertad nunca llega, mientras que el miedo que infunde su nombre les enseña a las ovejas a balar: «¡*Vivan las cadenas!*» Vivan *las cadenas* de las religiones oficiales, que nos dicen cuál es nuestro lugar exacto en el cosmos; *vivan las cadenas* de las ideologías dogmáticas, que nos ahorran la tarea de pensar y dialogar; *vivan las cadenas* de las fronteras nacionales, que nos protegen de un mundo extraño y ajeno.

§ *Vallas donde vayas.* El miedo a la indefinición del mundo también pone en riesgo nuestra propia supervivencia. El asco que despierta en nosotros nos impide explorar y experimentar. Lo cual reduce nuestra capacidad para conseguir recursos alimenticios, reproductivos, espirituales o políticos. También aquella sociedad que teme que su identidad se está disolviendo en la papilla informe de la globalización, adoptará decisiones económicas, políticas y culturales que la perjudicarán aún más que aquel mal del que cree estar huyendo. Aislarse económica, política e intelectualmente no es una opción. No se pueden poner vallas al mundo. Bueno, sí se puede, y también se puede electrificarlas, pero entonces también puede que un día nuestros hijos se electrocuten jugando con ellas. Lo cual no implica, como veremos, una aceptación ciega (ni siquiera miope) del dogma neoliberal de la desregulación absoluta.

El terror ontológico a la indefinición no provoca reacciones solo defensivas e inhabilitantes, sino también violentas y autodestructivas. La violencia es una cuestión tan metafísica como física. Como el que le da golpes a la televisión, esperamos que nuestra violencia impida que el mundo se deshaga. Pero ahora el mundo es una pantalla de plasma. Primero los cambios familiares, sociales o identitarios se identifican con la desestructuración ontológica del mundo, y luego se intenta eliminar a aquellos que ejercen ese desorden. Donde unos ven progreso y liberación, los otros ven caos y decadencia. Se trata, pues, de una violencia metafísica, que no tiene como objetivo a una persona real sino al símbolo o «causante» de la indefinición del mundo simbólico.

Es cierto. Puede ser que las aprensiones ontológicas no comprometan directamente nuestra supervivencia, porque hemos nacido del lado bueno de la valla geográfica y social. En ese caso, tenemos asegurada la primera parte del *conatus* (al menos por un tiempo). Pero ¿qué sucede con la otra, con la que no apunta a la mera supervivencia sino a la expansión de la vida? La prevención, el puritanismo, la negación, el aislamiento, el inmovilismo o el misoneísmo son los correlatos espirituales del asco. Todos esos gestos y actitudes suponen una contracción y reducción de nuestras capacidades para expandirnos y actuar. Nuestras relaciones serán posesivas y claustrofóbicas, nuestras conversaciones rutinarias y obsesivas, seremos rígidos y severos con los demás y con nosotros mismos, nuestro arte será nostálgico y reactivo, y negaremos u odiaremos aquellas partes de la realidad cuya contemplación y contacto podrían sernos beneficiosos. Viviremos, en fin, sin curiosidad, rechazando toda experimentación, respirando el aire viciado de la habitación del pánico, y todo lo que plantemos en ese yermo crecerá hacia abajo, oscuro y febril, como las gusaneras.

§ *Filosofía para astronautas.* Dice un refrán africano que más vale tener a diez rinocerontes dentro de la tienda mirando hacia fuera que tener a uno fuera mirando hacia dentro. Pongamos al mundo de nuestro lado. Busquemos su complicidad. El buen jinete adapta su cuerpo a la grupa del caballo. Nosotros también deberíamos fundirnos con lo real sin dejar de ser quienes somos. Ser parte del centauro. Ya que no podemos vencer al mundo, unámonos a él.

Fue Lucrecio quien nos enseñó esa asombrada y valerosa visión a la que caracterizó como *«horror et voluptas»*. Bruno, Spinoza, Goethe o Whitman heredaron su panteísmo materialista, verdadero viático para aceptar con júbilo los infinitos modos de la naturaleza. Una vez dentro, ya solo nos queda actuar, porque, cuando actuamos, la esfera infinita del universo nos escoge como punto central, haciendo posible el baile. Como dice Santayana, en *Tres poetas filósofos,* «quien vive la vida del universo no puede estar demasiado preocupado por la suya». Pero ¿cómo demonios se hace eso?

En una época me aficioné a los documentales sobre los astronautas retirados. Me fascinaba escuchar a aquellos hombres de ciencia explicar de qué modo las lejanas vistas del espacio y la colorida insignificancia de la Tierra los había dejado tocados, y trastocados. Porque casi todos se sentían iluminados y deprimidos a partes iguales. Fundaban sectas, abrazaban árboles, y en demasiadas ocasiones se iban por las ramas. Al escucharlos pensaba que, además de su amplia formación científica, todos esos astronautas deberían haber recibido una preparación filosófica y literaria que les hubiese permitido asumir con más provecho las sublimes experiencias a las que habían tenido que enfrentarse.

Lucrecio sabía que aquellos que han sido educados en concepciones idealistas o teológicas pueden ver con miedo o desesperanza un mundo puramente natural (me resisto a utilizar los términos «material» o «desencantado», que al fin y al cabo no son más que peticiones de principio). También sabía que el mundo puede resultar duro y doloroso, y que en esos momentos podemos sentirnos tentados por todo tipo de melancolías o imaginaciones. Por eso Lucrecio nos propone aguantar el tipo. ¿Cómo? Mediante la poesía, mediante la poesía sublime, que no debemos ver como un mero objeto estético o confesional, sino como un medio literario para incorporar su filosofía naturalista de la realidad, en virtud de la cual asentir con la naturaleza de las cosas, a pesar de su inmensidad aplastante e indiferente.

Dicho asentimiento no es una iluminación, sino el resultado irregular de un arduo esfuerzo o ejercicio filosófico. De ahí que Lucrecio culmine su poema con una descripción de la terrible peste que asoló Atenas. Algunos creen que ese fragmento fue interpolado o que el poema quedó truncado. A mí me parece, en cambio, que Lucrecio quiso acabar su poema ejercitando, o probando, esa mirada sublime que debía ayudarnos a encajar o a celebrar, sin fantasías, la realidad, aun cuando nos hallemos inmersos en la mayor de las desgracias, como es una peste. Para él, la verdad es que su filosofía aguante el tipo a la hora de la verdad. Esa es su piedra de toque, su ordalía filosófica.

§ *Conciudadanos de los monstruos.* ¿Cómo podemos enfrentarnos al terror ontológico que nos causa la indefinición del mundo? Según Mary Douglas, dos son las estrategias básicas que el ser humano adopta para restaurar el orden que siente amenazado por las realidades que considera impuras. De un lado, se halla la violencia (que es, desgraciadamente, el recurso más habitual). Con ella buscamos devolver a «su lugar» o, en caso de que eso no sea posible, negar o eliminar la realidad disruptora. La violencia es una señora de la limpieza..., de la limpieza étnica. La segunda estrategia (más alegre, por ser más creadora) consiste en sacralizar la impureza.

Se trata de dotar de un prestigio especial a las anomalías y a las abominaciones, a las que se convertiría en símbolos de la ciega fertilidad de la naturaleza, con el objetivo de volverlas potencialmente buenas. Douglas compara este reciclaje simbólico con la transformación en abono de las malas hierbas y los excrementos, y anota que este tipo de procesos suelen emplearse con frecuencia en los ritos de renovación y de fertilidad. Nada que ver con el culto a las cenizas, que corta la rueda de la renovación física, circular e inmanente, para imponer otra de tipo metafísico, trascendente y vertical. En sus *Ensayos,* Montaigne nos enseña cómo transformar la violencia idealista que suele desatarse contra las impurezas del mundo en su sacralización realista. Se trata de frecuentar la variedad del mundo, lo que incluye también (o sobre todo, pues es en los escorzos donde se admira mejor la belleza de un cuerpo) aquello que parece subvertirla.

¿Y qué podría hacerlo, si todo forma parte de la naturaleza, y la naturaleza incluye todas las posibilidades, incluso aquellas que nosotros consideramos monstruosas? *Naturalia non sunt turpia.* Las cosas naturales no son sucias. Lo dijo Crates el cínico. Pero no se refería solo a las funciones corporales, que asumía sin escándalo; sino también al hecho de que todo lo que existe, incluido lo que algunos llaman «monstruos», es natural, y como tal debe ser aceptado. Su maestro, Diógenes, dijo ser ciudadano del mundo. Eso significaba también que era conciudadano de todos los monstruos, y que todos eran tan fértiles como Lope de Vega, al que Cervantes llamó, con herida admiración, «monstruo de naturaleza».

Acostumbrémonos, pues, a mirar a los monstruos, y especialmente al monstruo que está dentro de nosotros mismos. Del verbo latino *monstrare,* 'mostrar', los *monstra* son las cosas dignas de ser vistas. Pero no bajo la carpa de los circos sino sobre las gradas del mundo. Bajo esa perspectiva, ni la infinitud ni la indefinición de la naturaleza nos parecerá un panorama monstruoso, caótico y absurdo, sino el infinito efecto de la infinita causa. Lo dijo Bruno, y lo quemaron por ello. Lo dijo Vanini, y lo quemaron también. Lo susurró antes Montaigne, lo disfrazó después Spinoza. Pero a los mercaderes del miedo no les interesa que incorporemos esta perspectiva, porque su poder emana justamente de nuestro temor.

§ *Asunción del límite.* La potencia del mundo nos asusta, es normal. Pero ¿y si dejásemos de entender el universo como una realidad exterior y opuesta al ser humano para pasar a verlo como una extensión del mismo? Nietzsche no entendía el *amor fati,* o amor al destino, en términos de resignación. Se trataba de identificarse y asumir como propias las fuerzas cósmicas. Eso exige, claro está, una dolorosa ascesis de algunas de nuestras categorías familiares, y la subsiguiente incorporación de una nueva perspectiva sublime. Es una liberación que en un principio puede parecer opresiva. Pero debemos aprender a volar encadenados. ¿Cómo?

Habla Kant de una paloma que, al notar la resistencia del aire en sus alas, pensó que en el vacío volaría más deprisa, cuando lo cierto es que en el vacío es imposible volar, porque la resistencia del aire no es solo el límite de nuestro vuelo sino también su condición de posibilidad. El despliegue de la propia vida exige un doble trabajo de reconocimiento y asunción de los límites, que serían, como diría Calderón, «escalas de aire».

La aceptación de los límites fue un tema fundamental en la antigua filosofía griega, donde el «conócete a ti mismo» no debe ser entendido como una exhortación a la introspección psicoanalítica sino como una recomendación a aceptar los límites consustanciales a la condición humana. Antes de entrar a ver al dios, el peregrino debía asumir su carácter humano, esto es, limitado, mediante una genuflexión, o humillación, que lo descargase de todo pecado de *hybris.*

La observación del cielo estrellado, que parece querer aplastarnos; la ascensión a las montañas, que nos muestran nuestras preocupaciones cotidianas desde una distancia aleccionadora; o el viaje por un mundo ancho y ajeno, que nos lleva a sentir en nuestra propia piel, que, tal y como decía Cervantes, «más sabe el tonto en su casa que el sabio en la ajena», son algunas de las experiencias con las que el ser humano ha buscado recordarse, a través de la admirada observación de la infinitud y la variedad del mundo, su pequeñez como individuo y como especie.

Por eso, para Alain Badiou, «la felicidad es saber gozar de forma finita lo infinito».

§ *Derecho de autoindeterminación.* Pico della Mirandola celebró la incipiente libertad del individuo moderno en un hermoso mito que deberíamos contarles cada noche a nuestros hijos. Tras crear el mundo, los dioses decidieron concederle a cada animal un atributo específico. Hicieron valiente al león, cobarde a la oveja y astuto al zorro (el cuento no decía nada del oso hormiguero). Cuando le llegó el turno al ser humano, ya no quedaba ningún atributo libre. Decidieron, entonces, dárselos todos; solo que en potencia, de modo que fuese cada individuo el que escogiese con sus propios actos aquello que quería llegar a ser.

Según Pico della Mirandola, la dignidad del ser humano reside, precisamente, en su indeterminación. A diferencia de los animales y de los dioses, ningún individuo está condenado a ser lo que es por nacimiento, sino que tiene la libertad de elegir su identidad. Y ese es el fundamento de su dignidad.

Este derecho de indeterminación, que es también un deber de autoindeterminación (pues, a diferencia de Felipe II, sí que hemos venido a luchar contra las circunstancias), ha sido el pilar del credo humanista, cuyo primer verso podría ser el célebre *dictum* de Cervantes según el cual «el hombre es hijo de sus propias obras». Pero este *dogma de fe* del humanismo no debe ser solo creído sino también practicado, y no solo de forma individual sino también de forma colectiva. Pues debemos defenderlo mediante políticas sociales y educativas que nos aligeren de los condicionamientos de la pobreza o la ignorancia, para que seamos realmente nosotros quienes nos podamos determinar. A más justicia, más libertad.

Y es que el miedo al carácter indefinido del mundo, o a la indefinición de nuestra cosmovisión, no es una cuestión meramente filosófica, sino también social, puesto que se alimenta, en buena medida, del sufrimiento de las personas. El carácter injusto y descontrolado de los procesos de modernización o globalización tiende a generar grupos de desheredados que ven en todos esos cambios la causa de su sufrimiento. Por eso, para vencer el miedo a la indefinición del mundo, además del esfuerzo existencial, filosófico y poético, es necesario reducir el sufrimiento y la injusticia. Porque la verdadera monstruosidad del mundo no radica en la ausencia de fronteras esenciales, trazadas por el dedo de fuego de Dios, sino, simplemente, en que haya injusticia y dolor.

No sospechaba Malcolm X que, además de política, estaba haciendo ontología cuando dijo: «*The ballot or the bullet.*»

2.3. TEMOR Y TEMBLOR

> ... se cargó a la cuenta de la Divinidad lo que era claramente el efecto de una administración injusta y violenta.
>
> HOLBACH, *El contagio sagrado*

§ *Teologías religiosas y teologías políticas*. Sería ingenuo pensar que la secularización de las sociedades occidentales supuso el fin del miedo a los dioses. Dios es como la luz de una estrella, que, después de haber explotado, seguirá hechizándonos durante algunos miles de años más. No me refiero solo al hecho de que la religión siga jugando en nuestros días un papel cultural y político importante. Hablo de otros dioses. De esos otros dioses que llamaré, con Spinoza, teológico-políticos. Son dioses que nacieron del trasvase simbólico que se produjo durante la era moderna desde el ámbito de la religión al de la política. Son los dioses de la nación, de la raza y de la ideología.

En este nuevo pesebre proliferaron los símbolos y los rituales, más o menos llamativos, de apariencia política pero de fondo teológico. Existe una continuidad radical entre el himno religioso y el nacional, entre el santo y el prócer, entre el mártir y el soldado desconocido, entre la Iglesia y el Estado, entre la procesión y la manifestación, y entre el sermón y el discurso. En el mismo instante en que Dios salía por la puerta de la Ilustración, volvía a entrar por la ventana del Romanticismo.

La teología y la teología-política tienen una raíz común que nos resignaremos a llamar idealismo o platonismo. En cierta ocasión un niño le preguntó a un sacerdote: «Padre, si hay *más allá*, ¿hay menos aquí?» Esa es la tensión básica entre el «realismo» y el «idealismo». El idealismo sería creer en la existencia de algún tipo de «realidad ideal», entendida como más real, perfecta, digna y deseable que la «realidad real», a la que nos llevaría a despreciar al revelársenos como un simulacro confuso y falaz. La hierba del mundo de las ideas siempre nos parecerá más verde (y menos llena de bichos) que la de la realidad, que acabaremos descuidando hasta que en la hierba alta puedan ocultarse los tigres. Las comparaciones son odiosas. Por eso lo ideal es quedarse con lo real.

Los nuevos dioses también desprecian el mundo sublunar de la realidad social e individual. Sus ideales nacionales, raciales o ideológicos se hallan en el mundo supralunar, inmutable, intangible y ontológicamente superior, al que hay que llegar escapando del *anus mundi* sublunar, donde reptan como gusanos las sociedades mezcladas, cambiantes y proliferantes que no se pliegan a sus definiciones ideales. Esa sucia realidad es la *faeces mundi*, la hez del mundo, una especie de precipitado ontológico formado por los individuos, complejos, mutables y libres, que se resisten a ser divididos en grupos homogéneos y enemigos.

Como Orlando furioso, debemos subir hasta la Luna a recuperar nuestra cordura, que salta entusiasmada en los cráteres de las ideas. Nuestra misión: arrastrarla mal que le pese a la Tierra. «¿Quién subirá por mí, señora, al cielo / a devolverme mi perdido ingenio?»

§ *Idealismo banal.* El rechazo idealista del mundo surge de una experiencia o intuición muy básica. Y no del todo falsa, si bien suele exagerarse en perjuicio de la vida. En demasiadas ocasiones, nuestros instintos y apetitos físicos se desbocan y nos provocan todo tipo de sufrimientos y frustraciones. No hace falta ser Platón, ni Plotino, para sentir esos deseos descontrolados como una cadena o cárcel de lo que ellos llamaron alma, y que nosotros podemos llamar, simplemente, voluntad o libertad. Es el debate medieval entre el «alma» y el «cuerpo». Y es un debate que decae velozmente de la cordialidad al insulto. Como tantos otros...

Esta escisión se produce también en el ámbito sentimental, donde las pasiones nos vuelven sujetos *pasivos* de fuerzas que consideramos humillantemente ajenas, aunque nazcan de nuestro interior. Cervantes escenificó dicha escisión poniendo como sujeto de muchas de sus frases no al personaje en cuestión sino la pasión que le dominaba. En cierto momento, dice, refiriéndose a Sancho, que «el miedo lo hizo salir corriendo». Sentir la propia libertad disminuida es una experiencia extremadamente desagradable, y no es extraño que la formación de las personas pase por aprender a controlar, cuando no a renunciar en parte, el mundo inestable de los impulsos y las pasiones. Cuando los padres tratan de enseñar a sus hijos a dominar su compulsividad, no lo hacen porque consideren que lo corporal sea pecado, sino porque desean que sus hijos sean libres, y saben que eso pasa por que no sean esclavos no solo de los demás sino tampoco de sí mismos.

El problema reside en que esta tensión, que podría ser asumida de una forma sana, como un diálogo o armonía entre dos componentes trágicos o disonantes, pero igualmente necesarios, suele verse exagerada, polarizada, hipostasiada y secuestrada por parte de algunas filosofías, y de demasiadas religiones, que tienden a erigir lo material (corporal, pasional o social) en el abyecto símbolo del mal, y lo espiritual (no ya la voluntad y la libertad, sino la incorporalidad o la pureza, esto es, la mera negación de lo material) en la etérea encarnación del bien. Pero eso es matar al perro para acabar con la rabia.

Fue Platón (ese Antonio López de lo ideal) quien, siguiendo a los pitagóricos, estableció que el cuerpo era la cárcel del alma. Es la *ensomatosis,* que es un término que suena merecidamente a enfermedad. Le seguirá Plotino, del que Porfirio dijo que «se avergonzaba de tener un cuerpo», y la patrística cristiana, que es la más larga de las notas al pie de las obras de Platón; igual que el kantismo, el idealismo y el estructuralismo, que expandieron a todos los ámbitos la tarea de negar la corporalidad, individual o histórica, transformada en un incordio para las estructuras universales... A veces pienso que toda nuestra desgracia procede de lo bien que escribía Platón. ¡Quién pudiese escribir como Platón y pensar como Aristóteles! Y, ya puestos, como Epicuro.

Las metáforas no son un mero adorno, sino que son estructurales, y estructurantes, en nuestros modos de concebir la existencia. Por eso las metáforas que ven el cuerpo –físico o social– como una cárcel de la que se debe escapar o como un caballo al que se debe domar no son inocuas. Sus efectos desrealizadores son de lo más reales, pues nos exhortan a vivir de espaldas al mundo, en general, y a nuestro cuerpo, en particular, con los ojos puestos en el cielo, como los sapos. Parece que hemos salido de la caverna de Platón para dar en el mundo de las ideas, aérea madriguera en la que ese asustadizo mamífero que llamamos hombre se obliga a vivir encerrado para no tener que enfrentarse a lo real.

Pero ideal significa que no existe.

§ *Tu quoque?* En una de las cámaras del búnker idealista habita la religión. Antes que Feuerbach, Lucrecio estableció que el hombre fabrica con el barro de sus miedos a ese amigo imaginario que llamamos dios, y que en vez de protegernos, nos acaba haciendo *bullying.* Como dijo Henri Estienne: «*Primus in orbe deos fecit timor*». Lo primero que Dios creó en el mundo fue el miedo. Las primeras fantasías teológicas fueron relativamente naturales y sencillas, aunque también podían ser muy crueles. Díganselo a Ifigenia. Pero no fue hasta que las tres religiones del libro respiraron el gas nitroso del platonismo que el evangelio de la negación de lo real se propagó por todo el mundo. Fue entonces cuando Dios se mudó al «más allá», que es un no lugar ideal liberado de todos los limitantes atributos del mundo real, incluido el de la existencia. Se trata de la otra cara –la cara oculta– del argumento ontológico de san Anselmo según el cual si la idea de Dios es perfecta, y uno de los atributos necesarios de la perfección es la existencia, entonces Dios existe necesariamente. Por la misma regla de tres, como la realidad es imperfecta, y un atributo característico de la imperfección es no existir plenamente, entonces la realidad no existe realmente. Por eso Dios no puede tener nada que ver con la realidad, sino que nos observa y espera desde el más allá. Pero, como decía Holbach, ¿qué hace Dios en el cielo? Esperar a su gente. ¿Y qué hace su gente en la tierra? Esperar a Dios. Sea como sea, para *este* cristianismo lo único que debemos hacer es renunciar al burdo espejismo de la realidad. Vivir es un viaje para el que no hacían falta alforjas.

El Evangelio de Juan presenta a Satán como «el príncipe de este mundo», a la vez que dice que Jesús «no es de este mundo», y que «el mundo le odia». Pablo de Tarso subirá la apuesta, llamando a Satán «dios de este mundo». Y aunque Juan y Pablo se referían solo a aquellas partes del mundo que consideraban impregnadas por el mal, a lo largo de la Edad Media los teólogos acabaron equiparando la parte con el todo. Así es como la realidad se transformó en el imperio del demonio. Al lado de este cuento de Hades, el mito de Cthulhu es un cuento de hadas.

De este modo, una vivencia muy real y muy natural como es la tensión entre la voluntad y la realidad se convirtió en una oposición entre lo espiritual y lo corporal. Tensión que acabó siendo exagerada, hipostasiada y teologizada, y de la que se desgajaron concepciones, vivencias y políticas debilitantes o enfermas, que negaban una parte consustancial de la vida, en lugar de buscar una cierta armonía con ella.

En su *Imitación de Cristo,* Tomás Kempis se imagina a Cristo diciéndole al hombre: «Hijo, nunca te sientas seguro en esta vida», «estás entre enemigos», «busca la auténtica paz en el Cielo, no en la Tierra», «no en los seres humanos ni en las demás criaturas, sino en Dios solo». No es extraño que nuestro amado Nervo exclamase aquello:

¡Oh Kempis, Kempis, asceta yermo,
pálido asceta, qué mal me hiciste!
¡Ha muchos años que estoy enfermo,
y es por el libro que tú escribiste!

§ *El mismo perro con la misma garrapata.* La capacidad de adaptación del idealismo, como la de las cucarachas, es enorme. Así que, tras la revolución copernicana, y la subsiguiente abolición de la cesura ontológica, que distinguía entre la esfera de lo sublunar y la de lo supralunar, tras la asunción de que las mismas leyes físicas rigen en todo el universo, tras Gassendi, tras Darwin, tras Comte, tras Nietzsche..., el idealismo sigue moviendo la pata en el contenedor de los ensueños.

Las religiones tradicionales siguen indiferentes su camino. Igual que en la Edad Media añadieron sin problemas novenas y décimas esferas, purgatorios, potencias y motores inmóviles, en la Edad Moderna han continuado fieles al mandamiento de odiar la vida. No tienen nada que envidiarles las espiritualidades *new age,* que, aunque dicen buscar la serenidad, la aceptación, el equilibrio o la felicidad, esconden verdaderas pulsiones mortificadoras, pues fomentan la culpabilidad (somos responsables, por incuria, de lo que nos sucede), la vergüenza (no somos tal y como deberíamos ser), el fatalismo (debemos aprender a aceptar lo que nos pesa) y el odio a la materialidad del cuerpo personal (ascesis gimnásticas, tabús dietéticos) y a la del cuerpo social (rechazo de la pluralidad social ruidosa, dinámica y mezclada, a través del puritanismo identitario y del idealismo consumista). Es el *contemptu mundi*, que es lo único que parece eterno en toda esta historia. La misma garrapata de siempre sobre el mismo perro de siempre.

§ *Lo que les das a los hombres, se lo quitas a Dios.* Es lo que le dijo Lutero a Erasmo, por considerar que este se dejaba deslizar complacientemente por la pendiente secularizadora del humanismo (mil doscientos años antes san Jerónimo había soñado que un ángel lo enviaba al infierno tras gritarle: «¡Mientes, eres ciceroniano, allá donde está tu tesoro, está tu corazón»). ¿Qué temía Lutero? ¿Acaso su Dios se alimentaba, como los dioses grecorromanos, del humo de los sacrificios? Hablaré de miedo metafísico para referirme al temor de que la descreencia de los hombres suponga un vaciamiento ontológico de la realidad. Como las religiones transfieren el significado y el valor del mundo a la caja fuerte del cielo, verdadero paraíso fiscal, libre de los impuestos de lo real, temen que la secularización del mundo dé al traste con su inversión.

Por eso Pascal, que no sufrió, como afirma Harold Bloom, una indigestión de los *Ensayos* de Montaigne sino, antes bien, una reacción alérgica, temía que el señor de la Montaña, como lo llamaba Quevedo (que inició, mas no acabó, su traducción, a la que pensaba llamar *Que nada se sabe),* hubiese desencantado el mundo, cuando lo que hizo fue reencantar la vida. Por eso la primera parte de los *Pensamientos,* admonitoriamente titulada «De la miseria del hombre sin Dios», se compone, en buena medida, de la reescritura de numerosos pasajes de los *Ensayos,* ligeramente modificados para que la visión de ese mundo humanizado resulte absurda, fútil, impotente, triste y, sobre todo, *effroyable.* He aquí el origen del nihilismo, he aquí también el origen de la literatura de terror.

§ *Nada te turbe.* Hay ambulancias que llegan tan deprisa que no frenan a tiempo y atropellan al enfermo. Del mismo modo, el dios que debía proteger nuestro *conatus* ha acabado reduciendo nuestra capacidad para sobrevivir y expandirnos. Buena parte de las muertes violentas que han tenido lugar en la historia han sido provocadas por esas mismas ficciones teológicas (y teológico-políticas) que habían de salvarnos. En otras ocasiones, los miedos que genera la religión nos impiden llevar a cabo las acciones necesarias para garantizar nuestra propia supervivencia.

El miedo moral conlleva un retraimiento del propio ser, que tiene como consecuencia una reducción de las ideas o acciones originales, creadoras, vivas y, por lo tanto, arriesgadas, lo que produce una languidez vital, triste e impotente. Se le suma la enfermedad de los escrúpulos. Necesitado de una certeza que nunca logrará alcanzar, el creyente asustado escudriñará en su interior una y otra vez, dejándolo todo, en virtud del principio de Heisenberg, hecho un verdadero desastre. ¿Creo sinceramente? ¿Creo por costumbre? ¿Mi fervor solo busca satisfacer mi vanidad? ¿Podría hacer más? Así es como Torquato Tasso dio con sus huesos en el hospicio de Sant'Anna, donde lo visitó Montaigne, en 1581. ¡¿De qué pudieron hablar el hombre más escéptico y el hombre más dogmático de aquel momento?! Esa es una obra de teatro que me gustaría escribir.

¿Y el amor por la vida? ¿No resulta sospechoso? ¿La mera existencia de un mundo amable no encierra una refutación de los trasmundos ideales? Largo me lo fiáis. Será mejor odiar el mundo, desconfiar de él, despreciarlo, mortificarlo, enfriarlo. Es lo que piensan los puritanos religiosos, nacionales y políticos. Para ellos, el sexo, el descanso o el baile son una forma de degradación, de alienación o de falta de compromiso. ¿Cómo vamos a ser felices hasta que lleguemos al paraíso celestial, social o nacional? Pero, como decía Emma Goldman, si no se puede bailar, no es mi revolución.

§ *¡Nacionalistas, todos!* Así que también el miedo a los dioses teológico-políticos, y a sus sacerdotes multiformes, disminuye nuestra vida. El primero de estos avatares fue el nacionalismo. Dice Bakunin, en sus *Cartas sobre el patriotismo,* que el nacionalismo es un idealismo político consistente en despreciar el mundo real, cuya dignidad es transferida, en forma de promesa, a un futuro ideal; lo cual «no es ni menos absurdo, ni menos pernicioso, ni menos hipócrita que el idealismo de la religión, del cual no es nada más que una forma diferente, la expresión o la aplicación terrestre o mundana». Todo ello le lleva a considerar que «el Estado» es «el hermano menor de la Iglesia, y el patriotismo, esa virtud y ese culto del Estado, no es otra cosa que un reflejo del culto divino».

A pesar de la referencia al Estado, obligada en un anarquista, no voy a centrarme exclusivamente en los nacionalismos con Estado. No hace falta un aparato político para que un nacionalismo niegue la realidad. Y hoy en día hay nacionalismos sin Estado que poseen poderes paraestatales mayores que los de cualquier Estado del siglo XIX. Considerar nacionalistas a unos y a los otros no, como intentan hacer algunos de los abanderados del «patriotismo constitucional», sería lo mismo que decir que, en la España del siglo XV, los católicos eran religiosos y los judíos ateos. En resumen, como dijo con franqueza un célebre nacionalista: «¡Nacionalistas, todos!»

§ *Miedo nacional.* Los nacionalistas siempre están asustados. Unos temen que su país se rompa. Otros temen que su nación no se constituya. Todos temen que el tiempo los desgaste. Nadie mira afuera. La frontera es una cornisa estrecha. Lo importante es no mirar abajo, donde se agolpan los peatones de la historia para ver cómo nos descalabramos. La realidad se divide entre lo propio y lo ajeno. Lo propio corresponde a un ideal nacional, que niega o demoniza todos aquellos aspectos interiores que no se adaptan a él. Están ahí, sí, pero no son verdaderamente propios. Lo ajeno, en cambio, es considerado la antítesis del ideal, y posee sus enclaves dentro de la patria (son los colonos, los traidores, los viscosos, los tibios). La realidad es una gran equivocación.

El nacionalista tiende a ver los demás países, especialmente los países vecinos, como una amenaza. El menú es variado: narcisismo de las diferencias mínimas, actitudes pasivoagresivas, indigestión de *café con leche,* miedo a una invasión más o menos sutil... Estos terrores suelen traducirse en acciones políticas concretas, como el aislacionismo económico, el proteccionismo cultural o el boicot comercial. En general, se busca reducir al máximo el contacto con la exterioridad (también con la exterioridad interior, que es negada, como en las mejores familias). Se demoniza el mestizaje y la exogamia, se cierra el canon literario, se domestican los viajes, que pasan por peregrinajes de confirmación tópica o de añoranza y reconciliación nacional. Se politiza el deporte, se hooliganiza la política. Se teme lo peor. Se alega legítima defensa.

§ *Nostalgia de la eternidad.* El idealismo nacionalista no solo se aparta del mundo en términos espaciales sino también en términos temporales, pues se representa el ideal como algo inmutable. Por eso siente miedo y asco ante al carácter cambiante de la realidad, que, con sus constantes metamorfosis, le recuerda que su ideal no pertenece al mundo supralunar de lo divino y eterno (ni al mundo sublunar del nacimiento y la corrupción), sino al cosmos fluctuante que nunca se hunde. *Fluctuat nec mergitur.* No es extraño, pues, que el idealista sienta nostalgia de la eternidad. La concibe como una especie de momento inicial en el que las marionetas de la historia estaban guardadas, cada una en su caja, esperando a que empezase la función. El argumento es tan bueno, tan tan bueno, que es solo un detalle que sea falso.

La nostalgia de la eternidad desea la abolición del tiempo. Aunque habla mucho de historia, el nacionalista la odia, porque en la historia nada es, y todo cambia. Porque aquello con lo que el nacionalista realmente sueña es con detener la historia. Por eso evita ciertas experiencias que considera propiciatorias del cambio, y vota por políticas de reversión histórica, que operen una apocatástasis que devuelva *las cosas a su sitio,* y las mantenga allí congeladas, como *si no hubiese pasado nada.* Desean, pues, una historia devuelta y detenida, libre de la mezcla que llaman suciedad y del cambio que llaman decadencia. Una historia, en fin, exenta del precio de ser real. Para ellos, *Las metamorfosis* de Ovidio son *La metamorfosis* de Kafka.

Sueñan, en fin, con salirse del río de Heráclito, donde no solo cambian las aguas sino también los peces. Olvidan que los peces de la historia no pueden vivir fuera de la corriente del tiempo, pues en la eternidad no corre el oxígeno de lo real. Por eso las sociedades tentadas por el idealismo nacionalista saltan y se convulsionan en las orillas del tiempo, que sigue su curso sin ellos.

§ *Independizarse del nacionalismo.* A veces el miedo nacional responde a conflictos reales, como es el caso de los territorios colonizados o poscolonizados. En estos contextos, las pulsiones idealistas, que tientan a todos los grupos, parecen verse «confirmadas» por la realidad. Eso hace que su nacionalismo sea más intenso y fatal, y esa es una más de las heridas que el colonialismo les inflige. Lo cierto es que el refuerzo de su idealismo añade a su sufrimiento real otro que deberían poder ahorrarse, ya que temerán por la desaparición de no sé qué esencia nacional, sufrirán al rechazar partes de sí mismas que considerarán impuras, y renunciarán a la pluralidad del mundo. Padres e hijos se llamarán traidores. Las sobremesas serán tensas o triviales (o tensamente tribales). La autocensura campará a sus anchas. Los artistas se folclorizarán. La tristeza lo cubrirá todo, y la alegría será sospechosa. La conquista de un país supone un doble crimen, real y metafísico, ya que no solo le inflige un sufrimiento físico y psicológico, sino que lo condena, además, a ser nacionalista. Por eso, aun cuando los territorios colonizados logren independizarse, no serán plenamente independientes hasta que logren independizarse del nacionalismo.

§ *Miedos políticos.* El idealista político también vive muerto de miedo. Los «dioses» teológico-políticos no reclaman una existencia trascendente, en el sentido estricto del término. Pero sí prometen un cierto «más allá», ideal o utópico, en aras del cual deben ser sacrificadas parcelas importantes del «aquí y ahora», que son los puntos cardinales de lo real. Es la eterna historia de la Caperucita Roja: un cuento de niños cuyo único objetivo es sembrar el terror.

El idealista ideológico tiembla ante la sola idea de verse apartado del cuerpo místico de la unidad política. El problema es que, para seguir perteneciendo a ese cuerpo ideal, necesita renunciar a su cuerpo real. Cosa que puede hacer por las buenas o por las malas, pero nunca de forma indolora. Toda identidad es mestiza en un sentido profundo. No se trata solo de que la historia, y antes la prehistoria, que es una baraja de bar, nos hayan mezclado a todos una y otra vez.

Nuestro mestizaje responde al hecho de que toda identidad es el resultado de tensiones irresolubles entre elementos colectivos e individuales, heredados y recreados, igualadores y diferenciales, etc. Pero el miedo a no encajar en nuestras fantasías idealistas suele llevarnos a violentar esa complejidad, poniendo (entonces sí) nuestra identidad en peligro. La expulsión puede tener lugar en esta vida, en la que nunca faltan ideólogos, políticos, vecinos o internautas que nos tachen de traidores o de tibios. Aunque también puede tener lugar en la otra vida, mediante el escarnio o la *damnatio memoriae*. El recuerdo y el olvido son lo que queda del infierno y el paraíso después de Dios.

La política también goza del miedo metafísico. La descreencia en la realidad superior de la nación, la clase o la raza amenaza con provocar un vaciamiento ontológico de la realidad. En virtud de aquel trasvase simbólico desde el ámbito de la religión al de la política, esta se vio ungida por significados trascendentes que iban más allá del mero debate público razonado. Nació, entonces, el alma política, que debía ser protegida y apartada de las tentaciones de un mundo concebido como un lugar impuro y tentador, y de los engaños de un demonio identificado tanto con los enemigos del grupo como con abstracciones como la alienación, la aculturación o el olvido. Además, la clase, el partido o la raza se erigieron en cuerpos místicos fuera de los cuales los miembros habían de caer en una especie de nada ontológica, en la que nuestra alma política había de vagar por los siglos de los siglos.

§ *Si Dios ha muerto, todo vale... dinero.* Para el capitalismo, la vida es una causa colateral. Pero no hablo del capitalismo o del neoliberalismo como una simple opción política, sino del economicismo y el productivismo como lógica social y existencial (del que también participaron los países comunistas, y en el que hoy estamos todos metidos). Es una «cultura», una «antropología», casi casi una «cosmovisión». Y, a pesar de su apariencia secular y vitalista, está poseído por las mismas pulsiones negadoras que las religiones medievales, los nacionalismos exasperados y las ideologías idealistas.

Lo cierto es que el economicismo ha impregnado tan profundamente nuestras prácticas sociales y existenciales que todos lo aceptamos, o lo soportamos, como algo necesario y natural. Podemos votar a la izquierda o a la derecha, pero no podemos salirnos de la lógica de la rentabilidad, en la que subyace el miedo de la desconexión, o despido, de una sociedad concebida como una gran empresa. Antes te quemaban, ahora te despiden (en inglés suena más o menos igual: *You're fired!*). El miedo al despido, al *despido social,* ha logrado desactivar todos los demás lazos, transformando la sociedad en un conjunto de individuos que viven en agónica competencia, solos, asustados y enfermos, tratando de escapar de la muerte civil. Nuestra existencia se resume en nuestra vida laboral, y nuestra alma, en nuestro *curriculum vitae.* La convivencia se ha transformado en una permanente comparación y competencia con los éxitos y los fracasos de los demás, que nos sirven de aliciente o de aviso.

La economización de la existencia, que conlleva inevitablemente su precarización, lo ha invadido todo con su miedo irracional. Hay madres y padres que no tienen tiempo de jugar con unos hijos a los que sobrecargan de actividades extraescolares con el objetivo de hacerlos competitivos el día de mañana; hay gobiernos municipales de izquierda que aumentan y adelantan el juego de luces navideñas con el objetivo de aumentar el consumo; hay jóvenes que renuncian a su vocación artística o política para estudiar una carrera con salidas en un mundo en el que se dice que nadie sabe cuáles serán los trabajos del mañana.

Despreciamos todos aquellos aspectos del mundo y de la existencia que no nos parecen rentables, y aquellos que admitimos como necesarios los vivimos con mala conciencia y miedo. Nos falta poco para avergonzarnos, como Plotino, por tener cuerpo. Y es que la cárcel del alma, que hoy es nuestra marca personal, sigue siendo nuestro cuerpo despreciable. Solo que este ya no se identifica con la lujuria, la gula o la ira, sino con lo inútil y lo ocioso, que es también lo humano, que es despreciado sistemáticamente. Nuestra actividad espiritual constante consiste en vendernos, día a día, con el objetivo de aumentar nuestro valor económico, laboral o social. El éxito y el fracaso, lo rentable y lo deficitario, han formado una soteriología teológico-política tan opresiva o más que las anteriores.

La vida es la bolsa. El odio a la realidad se expresa en *Me gustas*. Las auditorías a nuestra empresa unipersonal son constantes. Cada vez que miramos el móvil, consultamos nuestra cotización social. Somos brokers. Pero hagamos lo que hagamos estamos vendidos...

No es extraño, pues, que vivamos con miedo a que se devalúe nuestra alma contante y sonante. El fracaso, el descanso, la lectura, el sueño, la siesta, lo lúdico o la enfermedad conforman la *faeces mundi* de la que debemos deshacernos para merecer entrar en el empíreo del éxito. Las torturas del infierno son la obesidad, la precariedad, la enfermedad y el fracaso. Estos pecados seculares han dado lugar a un ascetismo 2.0, que ha cambiado los rezos y la eucaristía por el café y el estrés.

Son increíbles los esfuerzos que invertimos para lograr el objetivo de ser deseados o aceptados no tanto por el deseo de gozar del placer o del amor de los demás como por el miedo de sufrir el rechazo, que vemos como un signo de nuestra condena. Puro Max Weber. Toda vía de redención pasa, sospechosamente, por la negación del propio cuerpo: dieta, gimnasia, batidos proteínicos, operaciones estéticas. Los gimnasios son verdaderos eremitorios, cuyas pantallas de plasma nos muestran la idea platónica en aras de la cual debemos castigar nuestros cuerpos. Algunos alegarán que se trata de una celebración hedonista del propio cuerpo. Pero todos esos esfuerzos suelen verse acompañados por pasiones tristes, como la vergüenza, la culpa, el complejo y el autoodio. Sin contar el tiempo, la vejez o la muerte, que son mancuernas que nadie puede levantar.

El miedo social no nos lleva a rechazar solo el cuerpo físico sino también el cuerpo social. Las vivencias humanas más profundas, como el amor por los hijos, la amistad, el deseo de reconocimiento o el placer de gratuidad (que para los griegos –bueno, para los filósofos griegos– era la característica fundamental de las acciones que nos realizan como seres humanos), son un lastre que debemos aprender a soltar (sin importarnos, además, si cae sobre nuestra propia cabeza). Todo aquello que nos impida producir o manufacturar nuestra propia vida en mercancía debe ser apartado. Tratamos, pues, de reducir, bajo el insidioso concepto de «tiempo de calidad», el tiempo improductivo que pasamos con nuestros hijos, familiares y amigos. Y al mismo tiempo nos encerramos en el baño para poder seguir monitorizando y gestionando nuestra marca personal. *¡Ahora salgo!*

Incluso la vida espiritual es una rémora para la productividad. Nuestro interior ha sido colonizado progresivamente por un mundo laboral que nos exige una disponibilidad y una movilidad totales. Hay libros de automotivación que son verdaderos manuales de ascetismo, en los que se nos muestra cómo reducir, poco a poco, las tentaciones de la gratuidad. Hay cursillos, seminarios y talleres que no se diferencian mucho de los antiguos retiros espirituales y de las confesiones públicas. Las biografías de los grandes magnates, con sus hazañas de renuncia, sacrificio y fe, son la *Leyenda áurea* y la *Imitación de Cristo* de nuestra época.

Diógenes el Cínico le pidió a Alejandro Magno que se apartase, pues le tapaba el sol. Para un filósofo cínico, tomar el sol es un ejercicio cosmopolita, esto es, cosmicista, que tiene como objetivo, mediante un contacto íntimo y libre con un astro, redimensionar los asuntos o problemas humanos, al reubicarlos sobre el trasfondo del cosmos. La propuesta de Alejandro es vista por Diógenes como una tentación que busca apartarlo de esa conexión íntima con *el mundo*. Rechaza ese *otro mundo* hecho de cálculos, de intereses, de preocupaciones y, sobre todo, de miedos.

Nosotros nos hemos levantado y hemos seguido a Alejandro. Hemos cambiado la reposada libertad de Diógenes por la angustiada ambición de Damocles, cuya espada cuelga del cabello del miedo: del miedo a fracasar, del miedo a decepcionar, del miedo a ser excluido. Todo ello en virtud de un «más allá» falsamente secular en aras del cual estamos dispuestos a sacrificarlo todo. Cuerpo, familia, amigos y libertad. Pero no me gusta el tono apocalíptico que están tomando estas páginas. Son tiempos difíciles, sí, pero no más que otros, sino solo de forma diferente. La codicia, el interés y el cálculo han existido en todas las épocas. Según cuenta Ovidio en el libro IV de sus *Tristes*, su padre trató de convencerle de que estudiase leyes y desistiese de su deseo de ser poeta. «¡Homero murió pobre!», le gritaba. Pero él no se dejó asustar.

§ *Creer en el mundo*. Dice Alain que la fe en Dios es la duda del mundo, mientras que la duda de Dios es la fe en el mundo. Medio siglo más tarde, Deleuze dijo, en una entrevista que me descubrió Marina Garcés: «Creer en el mundo es lo que más falta nos hace.» En ambos casos nos hallamos ante la misma propuesta: invertir el idealismo. Porque lo que necesitamos no es creer en el otro mundo, perfecto y divino, ni en sus promesas trascendentes de salvación, sino creer en que este mundo es el único que existe, y que solo en él puede darse la única salvación, inmanente, imperfecta y humana, a la que podemos aspirar.

Creer en el mundo no es aceptar la realidad pasivamente. No es decir «esto es lo que hay», «no hay alternativa», «otro mundo no es posible». Al fin y al cabo, el mundo también incluye las potencialidades transformadoras o creativas. No solo las semillas, los brotes y los frutos pertenecen a este mundo, sino también los árboles y los frutos que aquellos ocultan como una promesa. Y hay que liberarlos (solo las fresas guardan sus semillas en el exterior). Como dice Paul Éluard, «hay otros mundos, pero están en este». Así que no solo debemos luchar contra el idealismo sino también contra el falso realismo que considera que no hay más leña que la que arde (y que suele hallarse en las chimeneas de los poderosos). El problema es que las potencias que contiene la realidad son invisibles para aquellos que no saben verlas. Lo cual sucede, en buena medida, porque su idealismo, que no cree en la realidad, se las oculta. Para ellos todo es imposible en el reino de este mundo. Así que ser realista pasa, nuevamente, por pedir «lo imposible».

Creer en el mundo es resistir a las sirenas del idealismo para aceptar el juego de posibilidades que nos ofrece la realidad. Olvidemos, pues, el paraíso celestial de la religión y el paraíso terrenal de las utopías nacionales y políticas, y cultivemos ese «jardín imperfecto» del que hablaba Montaigne en sus *Ensayos*. Esa es la gran transvaloración de los valores, la única que puede librarnos del miedo a los dioses. Cultivemos nuestro jardín de fresas salvajes.

§ *Entrar afuera.* Distingo, con Luc Ferry, dos actitudes básicas en lo que respecta a nuestras relaciones con la realidad. La primera busca amar la realidad más que tratar de transformarla, y se relaciona con esos momentos de gracia y serenidad en los que nos sentimos parte de un todo armónico y benévolo. La segunda consiste en transformar el mundo más que en tratar de amarlo, y se relaciona con los momentos de desaprobación, indignación o desesperación respecto de una realidad que nos parece demasiado pobre, decepcionante o injusta. Ambas actitudes han sido sistematizadas y racionalizadas por los filósofos: Epicteto, Lucrecio, Séneca, Spinoza o Nietzsche buscaron el asentimiento del mundo; Platón, Kant o Marx se inclinaron más por transformarlo. ¿Quién tiene razón? Hay personas y circunstancias más propensas a una actitud que a la otra, y cada una tiene sus buenas razones. Como decía Sor Juana, hay razón para tanto que no hay razón para nada. Y, además, ¿por qué íbamos a renunciar a una de estas dos formas de creer en la realidad? ¿Acaso se camina mejor con una sola pierna? Aunque hay quien piensa que nadie camina más recto que el que cojea de las dos.

Cerrarse al mundo es negarse a conocerlo y a vivirlo plenamente. El asentimiento plenario de lo real no significa, claro está, serlo todo y saberlo todo, sino recorrerlo libre, azarosa y gozosamente, sin desatender a ninguna llamada ni a ninguna perspectiva. A eso se refería, quizá, Coleridge cuando afirmó que Shakespeare era *«myriad minded»*, en el sentido de que tenía una mente miriádica, o múltiple, capaz de admirar la infinita variedad y extensión del mundo, sin sentir la imperiosa necesidad de ordenarlo o decidirse.

Vivir el mundo con plenitud tampoco significa vivirlo todo con la máxima intensidad (una categoría que también ha sido capturada por el capitalismo), sino intuir y gozar dentro de los límites que nos han sido asignados (lo que incluye también la vejez, las responsabilidades familiares, los límites físicos o económicos) la infinita variedad del mundo. A eso debía de referirse Spinoza cuando afirmaba que tanto más perfecta es nuestra existencia cuantos más modos de la sustancia infinita experimentemos.

El miedo reduce la superficie de nuestro ser que entra en contacto con el mundo. Será cuestión de abrir puertas y ventanas para que la luz y el aire ventilen la madriguera en la que nos enterramos en vida. Para ello, Emerson se había impuesto la regla de hacer cada día al menos una cosa que le diese miedo. Pensar por cuenta propia, decir lo que se siente, negarse a hacer algo, pedir perdón, entrar afuera, salirse adentro, seguir escribiendo.

3. Odiseo *antitheos*

He leído todos los libros morales de Aristóteles. Con ellos, tal o cual vez me he vuelto quizá más docto, pero no mejor...

PETRARCA,
Sobre mi ignorancia y sobre la de muchos otros, 1368

§ *La buena vida buena.* Veamos, ahora, de qué modo el miedo nos impide acceder a una existencia plena, esto es, a una «buena vida buena». El término es feo, pero capta bien la duplicidad del tema. La «buena vida» designaría la vida feliz, y la «vida buena», la vida bondadosa. De lo primero se ocuparía la «ética», de lo segundo, la «moral». Estrictamente hablando, ambos términos significan lo mismo en griego y en latín. No obstante, recurro al término griego «ética» para hablar de la reflexión acerca de la felicidad y los modos de alcanzarla, puesto que las filosofías helenistas fueron fundamentalmente eudaimonistas (lo que significa que tenían como principal objetivo alcanzar la felicidad). Utilizaré, en cambio, el término latino «moral» para referirme a la reflexión sobre el concepto y la práctica del bien, ya que el latín fue adoptado como lengua sagrada por el cristianismo, que le dio más importancia a este tipo de cuestiones.

Por mi parte, creo, con Epicuro y Holbach, que los dos ámbitos están inextricablemente conectados. La felicidad y la bondad serían las dos piernas sobre las que camina la buena vida buena. Unos filósofos cojean de la pierna izquierda, otros, de la derecha, aunque la mayoría coindicen en que las dos son necesarias para andar. (En la realidad, todos nos arrastramos por las zarzas de vete-tú-a-saber-cómo.)

En la primera parte de este capítulo pensaré de qué modo el miedo obstruye las principales vías de acceso a la felicidad, pues bloquea el placer, merma la alegría, entorpece la libertad, perturba la serenidad, interrumpe la contemplación y empobrece la identidad. Y en la segunda veré de qué forma el miedo impide la bondad, al hacernos desconfiados, egoístas, interesados y crueles.

3.1. HEDONISMO DESENCADENADO

> Lo que es el agua, lo enseña la sed.
>
> EMILY DICKINSON

§ *Los enemigos del placer.* Si imaginamos la felicidad como un palacio con muchas puertas, para algunos (no pocos) el placer es una puerta menor, o incluso ilícita. Esto se debe, en parte, a que la impronta idealista (platónica, cristiana, kantiana, hegeliana e incluso capitalista, pues creo, con Chesterton, que el capitalismo es un idealismo) nos ha acostumbrado a entenderlo como una cuestión meramente corporal y, por lo tanto, negativa o sacrificable. Unos consideran que el placer es una experiencia efímera que se agota en su propia consecución. Un terreno arenoso sobre el cual no puede edificarse una felicidad duradera. Otros afirman que el hecho de que dependa de causas exteriores, inmanejables o inalcanzables por nuestra propia voluntad es fuente de grandes insatisfacciones. Y todos coinciden en que el placer puede verse acompañado por consecuencias negativas, tanto en el plano físico como en el psicológico. Como siempre, hay una parte de verdad y nueve de mentira. Según Juan Carlos Onetti, no hay peor mentira que aquella que cuenta todos los hechos sin respetar el alma de los mismos. Al fin y al cabo, la suma de dos medias verdades nunca dará lugar a una verdad entera.

La representación del placer como una experiencia limitada, efímera, heterónoma y ambivalente fue la base de su demonización. Los platónicos y los estoicos asociaron la búsqueda de los placeres a un materialismo burdo y animal. El cristianismo la vio como una tentación demoníaca. Todos prometían construir una vía alternativa con la que alcanzar una felicidad más duradera, autónoma y completa. Y muchos dijeron cosas realmente interesantes, de las que me gustaría hablar a continuación. No obstante, resulta necesario repensar el placer. Sigamos, pues, la senda de losetas amarillas.

§ *Epicuro, Epicuro, por qué nos has abandonado.* En cierta ocasión Umberto Eco se imaginó que un arqueólogo del futuro hallaba un único resto de nuestra civilización. Se trataba de un pequeño papel arrugado en el que podían leerse los versos: «cuando calienta el sol aquí en la playa, / siento vibrar tu cuerpo cerca de mí». Eco se preguntaba qué idea podría hacerse de nosotros aquel arqueólogo del futuro a partir de aquel trozo de papel. Algo semejante nos pasa a nosotros con la idea de placer, que es una ánfora rota y dispersada por el tiempo.

Uno de los primeros en defender el placer, en la estela de Demócrito y Aristipo, fue Epicuro, para el que «ningún placer es en sí mismo un mal, si bien las causas que producen algunos de ellos conllevan más perturbaciones que placeres». Resulta, pues, necesario trabajar la materia prima del placer para producir una felicidad duradera. Para ello debemos conocerlo en profundidad, liberarlo de sus sambenitos y construir una administración del goce que nos permita maximizar sus beneficios y disminuir sus costes.

No viene al caso exponer la doctrina epicúrea (a pesar de que la considero la gran filosofía olvidada, y el verdadero núcleo filosófico, junto al escepticismo, de la tradición humanística e ilustrada). Aun así, resumiré su teoría del placer, pues puede servirnos para comprender mejor de qué modo el miedo bloquea el placer y aumenta el displacer.

§ *Anatomía del placer*. Rápidamente. Cuando hablamos de «placer», no nos referimos solo a los placeres corporales sino también a los espirituales (o, si se prefiere, psicológicos, en el sentido griego del término). El atomismo de Demócrito, que se halla en la base del epicureísmo, considera que el alma y el cuerpo comparten una misma naturaleza material. El cuerpo estaría formado por una unión más numerosa y compacta de átomos, y el alma, por otra más rarificada y fluida. El alma es corporal, o el cuerpo, espiritual. No importa, todo son átomos que se mezclan en el vacío... Lo que sí importa es que, en los dos extremos del continuo (que nos resignamos a llamar «cuerpo» y «alma»), rigen las mismas leyes naturales. Por eso, si los placeres existen, existen tanto para el cuerpo como para el alma, y además resultan igualmente naturales, legítimos y complementarios.

Los placeres del alma y del cuerpo son naturales porque responden a una misma lógica. El placer surge cuando se recompone el equilibrio existente entre los átomos. De un lado, comer, beber, abrigarse, reposar, orinar o copular son actividades corporales placenteras, porque restablecen la materia o energía faltante (o eliminan la sobrante). Del otro, la filosofía, la amistad, la libertad o la contemplación son actividades espirituales placenteras, porque activan y equilibran los flujos materiales *espirituales,* más fluidos, rápidos y sutiles, pero no por eso menos naturales.

Los placeres del alma y del cuerpo también son complementarios. El placer espiritual genera o intensifica el placer físico. Dicen que no hay mejor salsa que el hambre. Pero la amistad y la conversación filosófica pueden convertir en un banquete real un trozo de queso y un poco de vino. Es la consagración epicúrea. También el erotismo y el amor completan y multiplican el placer sexual. El placer físico dota de peso y realidad al placer espiritual. La buena comida une aún más a los amigos. El sexo realza el amor. El descanso y el paseo elevan el pensamiento filosófico. En resumen, la relación va en los dos sentidos. Por eso podemos hablar de dieta espiritual: ingerir buenos libros, masticarlos mediante la conversación, ejercitarlos con las pesas de la acción. La poesía sería glucosa; la filosofía, proteína; la fibra, novela. Por su parte, el cuerpo también presenta estados espirituales, alegres o tristes. Cuántas veces nos sentimos tristes o impotentes, y en verdad estamos cansados o enfermos; mientras que de la salud, del reposo, del ejercicio o del sexo emanan sentimientos de potencia, alegría u orgullo.

Finalmente, los placeres espirituales y corporales son igualmente legítimos. ¿Cómo considerar a los primeros superiores si son esencialmente iguales a los segundos? Ambos son necesarios, aunque solo sea porque se retroalimentan entre ellos. Ni el cuerpo es una cárcel para el alma, ni el alma es una cárcel para el cuerpo, sino que son dos hermanos siameses que viven o mueren juntos. Solo podemos afirmar que un placer es superior a otro si involucra un mayor número de ámbitos, cuya interrelación aumentaría, a su vez, su intensidad y amplitud. Son más placenteros los placeres compuestos o armónicos, como los que combinan la amistad, la conversación filosófica, la buena comida y el humor (y también el sexo).

Siguiendo a Horacio y a Timón, Gregorio de Nisa equiparó a los epicúreos con los cerdos. La comparación tenía su miga, pues el cerdo era, en su opinión, un animal al que *le falta* una vértebra, lo cual le impide alzar la cabeza para contemplar el cielo, condenándolo a vivir con la nariz hundida en la tierra. Los caballos sabios de Cyrano de Bergerac dirán que es a los hombres a los que *les sobra* una vértebra, lo cual les lleva a apartar la mirada de la buena madre tierra para rebuscar ingratamente en las tinieblas del cielo. Pero ¿por qué escoger entre dos tortícolis? Miremos en todas direcciones. ¿Acaso nuestra tierra no se halla en el cielo de otras tierras, y lo que es, para nosotros, el cielo no está, a su vez, repleto de tierras? El universo es una fiesta infinita en la que la pista de baile está en todas partes y el guardarropas en ninguna.

§ *La música del cuerpo.* Los placeres también pueden ser activos o pasivos. Los placeres activos surgen del cumplimiento efectivo de nuestros deseos. ¿Tengo sed? Bebo. ¿Estoy cansado? Duermo. ¿Me siento solo? Converso con un amigo. ¿Siento curiosidad? Estudio. Los placeres pasivos, en cambio, consisten en la ausencia de sufrimiento: no sentir hambre o sed, no sufrir empacho o resaca, no sentirse solo o invadido. En demasiadas ocasiones estos placeres nos pasan inadvertidos. Como nos pasa con los divinos tesoros de la juventud y la fuerza, solo los apreciamos cuando los perdemos. Canguilhem decía que la salud es el silencio del cuerpo. Quizá también deberíamos aprender a escuchar su música. Una vez leí que una mujer, sorda de nacimiento, tras recuperar o más bien adquirir el oído gracias a una operación, dijo sentirse extrañada de que las nubes no hiciesen ruido al chocar. Qué maravilla, con el sentido del oído había adquirido también el de la escucha. Que es, precisamente, el sentido del que carecemos todos, pues no somos capaces de sentir el placer negativo que es simplemente estar sano y no tener preocupaciones excesivas.

En general, el epicureísmo busca pasar entre la Escila del exceso y la Caribdis de la mortificación. Por eso, según Epicuro, «también en la moderación hay un término medio, y quien no da con él es víctima de un error parecido al de quien se excede por desenfreno». No obstante, parece que el epicureísmo griego les dio más importancia a los placeres pasivos, poniendo el énfasis en la prevención del dolor, mientras que el romano, con Ovidio, Horacio y Lucrecio a la cabeza (aunque podríamos añadir a Montaigne, que fue más romano que francés), buscó los placeres activos.

§ *El ratón del campo y el ratón de la ciudad.* Tengo miedo de alargarme con esta introducción, pero como el objetivo es escribir sin miedo, voy a decir lo que creo que debo decir al respecto, y luego, si acaso, ya lo cortaré. (No lo he cortado.) Sigo, pues. Para los epicúreos resulta esencial saber distinguir entre los placeres naturales y los placeres artificiales. Son placeres naturales aquellos que están relacionados con nuestras necesidades básicas de supervivencia. Y, como el alma y el cuerpo forman un continuo, resultan tan importantes los placeres que brotan del cumplimiento de nuestra supervivencia física como aquellos que emanan de nuestra vivencia espiritual. La amistad, la filosofía, el arte o el juego son modos de protección, exploración o sublimación igualmente naturales. Y esto es algo que olvidamos demasiado a menudo.

Luego están los placeres artificiales. Son aquellos que resultan del cumplimiento de deseos insaciables y perjudiciales, como la codicia, la vanidad, el lujo o el honor. Son deseos que nos excitan y debilitan, lo que deriva en enfermedades físicas y espirituales, como la ansiedad, el miedo, la soledad o la maldad. Los epicúreos solían asociar este tipo de placeres a las civilizaciones urbanas y decadentes, y exhortaban a librarse de ellos retornando a un modo de vida sencilla y natural. Pero dejemos a un lado este tipo de fantasías neorrurales, que suelen proliferar en las épocas de crisis. Lo interesante es ver que, para los epicúreos, los placeres artificiales son falsos placeres, basados en falsos valores, de todos los cuales nos debemos librar.

Contra el deseo de riquezas, Epicuro dice: «Nada es suficiente para quien lo suficiente es poco.» «¿Quieres ser rico? Pues no te afanes en aumentar tus bienes sino en disminuir tu codicia»; y frente al deseo de poder o de honores públicos: «El sabio no se esforzará en dominar el arte de la retórica y no intervendrá en política ni querrá ser rey.» Incluso el amor pasional, obsesivo, idealista y celoso, que conlleva extraordinarios sufrimientos, debe ser combatido, tal y como nos enseña Ovidio en su *Arte de amar* y en sus *Remedios contra el amor*.

Nota mental. Los anuncios publicitarios, los gurús empresariales y, en general, el capitalismo tardío buscan excitar los deseos no naturales. De ahí que nuestro pobre hedonismo tardocapitalista no redunde en un aumento del placer, ni de la felicidad, sino más bien en una intensificación del sufrimiento en general y del miedo en particular. Es un placer placebo.

§ *La administración del goce*. El placer es un recurso escaso, y en ocasiones costoso. Por eso es necesario elaborar una «cierta administración del goce», tal y como la llama Montaigne en el más epicúreo de sus ensayos, titulado «De la experiencia». El algoritmo epicúreo se llama *phrónesis*, un término que se tradujo, primero, como «prudencia», y que aquí me resigno a llamar «racionalidad práctica». La *phrónesis* sería aquel tipo de racionalidad que utilizamos no para comprender el mundo, sino para maximizar el placer y minimizar el dolor. No es, pues, una virtud teórica sino práctica (o, en todo caso, su actividad teórica está subordinada a sus fines prácticos). En su *Carta a Meneceo*, Epicuro la describe como «la razón atenta, capaz de encontrar en toda circunstancia los motivos de lo que hay que elegir y de lo que hay que evitar, y de rechazar las vanas opiniones, de donde proviene la mayor confusión de las almas».

Las consideraciones de la *phrónesis* son múltiples. Suele priorizar la calidad sobre la cantidad de los placeres. Prefiere los placeres compuestos, como, por ejemplo, un «banquete», en el que la comida, la amistad, la serenidad, la naturaleza y la conversación filosófica se acompañan y se refuerzan. Comer juntos es retroalimentarse, nunca mejor dicho. A veces debe elegir entre la mera prevención y el goce activo. Lo que siempre tiene claro es que los placeres artificiales son perniciosos y deben ser reducidos o evitados. Pero no es una ciencia exacta ni un manual de instrucciones. Las decisiones se toman *pros ton kairon,* esto es, según la ocasión, y el algoritmo hedonista se construye mediante ensayo y error. Y este es uno de los significados profundos del título de la obra de Montaigne, que eran ejercicios, probaturas, reflexiones, experimentos y, en fin, *ensayos,* que tenían como objetivo elaborar una ética hedonista (que buscaba la felicidad entendida como optimización de los placeres) mediante una metodología empírica (que pretendía hallar esa forma de vida a partir del análisis y la experimentación de una existencia concreta).

§ *El miedo, al fin.* Si he hablado tanto del epicureísmo es porque es la filosofía que más se ocupó del miedo, por la sencilla razón de que lo consideraban el primer escollo del placer. El miedo, como el Can Cerbero o como la Hidra, tiene varias cabezas. Según el *tetraphármakos* epicúreo, al menos tiene cuatro: el miedo a los dioses, el miedo a la muerte, el miedo al dolor y el miedo al fracaso en la búsqueda de la felicidad. Pero sea cual sea la cabeza que nos muerda, el efecto es siempre el mismo: la *anhedonia* o la ausencia de placer. Porque, ahora que conocemos las ramificaciones del miedo, sabemos que no solo el miedo al peligro inminente sino también la ansiedad, la timidez, la vergüenza o la sumisión nos impiden sentir todos los placeres corporales y espirituales, activos y pasivos, sobre los que se apoya la torre de Pisa de la vida.

§ *Tántalo en fugitiva fuente de oro.* Entre el deseo y el placer media el abismo del miedo. Quien no lo salta, languidece en la orilla de la frustración, junto a las almas en pena de lo callado, lo evitado, lo abandonado, lo concedido o lo postergado. En muchas ocasiones, esa parálisis adopta todo tipo de formas y justificaciones.

El miedo puede, asimismo, disfrazarse de indiferencia. La persona asustada se parece a la zorra de la fábula, que decía que las uvas estaban verdes; esto es, prefiere denigrar el objeto de su deseo que sentirse impotente o indigno. «El amor es una cursilería.» «Escribir no es más que mirarse el ombligo.» «Los seres humanos son tan miserables que no merecen nuestra ayuda.» Pero detrás de esa altiva indiferencia, a veces irónica, a veces cínica, se esconde un alma asustada.

Platón llamaba *chorismós,* esto es, 'abismo', a la insalvable distancia que media entre lo ideal y lo real. El miedo es un idealista. Prefiere instalarse en la cómoda perfección de la idea en potencia que saltar al abismo de la frustrante imperfección real. Mejor ser la cola del león de nuestras ideas imposibles que la cabeza de ratón de nuestros actos reales. San Anselmo creyó demostrar la existencia de Dios diciendo que, como era perfecto, y uno de los atributos de la perfección es existir, resultaba necesario que Dios exista. Pero la perfección es justamente lo que no existe. Como Godot, no llega. Ni se la debe esperar.

En sus *Tónicos de la voluntad,* Ramón y Cajal designa con el término «proyectismo» la tendencia a sustituir la acción concreta por una frenética ideación de proyectos sucesivamente descartados, que tienen la virtud de constituir un simulacro de la acción. No es pereza, no es dispersión, es miedo a no ser capaz de vencer o soportar las resistencias iniciales de la realidad. Al miedo le pasa con la idea como a esos perros que no encuentran el sitio perfecto para esconder sus huesos y llenan el jardín de agujeros.

Otros tienen miedo a madurar. Porque madurar es degradar la infinita posibilidad de la infancia en la modesta realización del adulto. Toda elección les cierra. Decir sí quiero es renunciar a todo lo demás. Así que cambian frecuentemente de vida o viven atormentados por todo lo que se están perdiendo. Para ellos, el acto es la desgracia de la potencia. La alternativa sin acto, su prisión.

Según el misterio de la Encarnación, el mayor sacrificio realizado por Dios no fue morir en la cruz (muchos otros hombres han muerto por sus ideas), sino encarnarse. ¡Qué sufrimiento, para un ser perfecto, infinito, omnipotente e ideal, encerrarse en un punto de carne y huesos, impotente, apasionado e insignificante, como es un hombre! Esa humillación, degradación, vaciamiento o *kenosis* fue el gran sacrificio de Dios. La persona asustada, en cambio, no es capaz de realizar ese sacrificio. Su idea no se encarna. Y esa es su condena. Como el albatros de Baudelaire, cuyas largas alas le impedían volver a alzar el vuelo, no logra llegar al cielo de lo real. La perfección es su cruz.

§ *Una tristeza inconstante.* El término «procrastinar» deriva del adverbio latino *«cras»*, que significa 'mañana'. Para Agustín de Hipona, el cuervo era el símbolo del pecado, porque su canto, *«¡cras, cras!»* (que ha dado en español el verbo «crascitar»), significa en latín: «¡mañana, mañana!». El *pecador,* como el cuervo, siempre halla excusas para postergar su reforma. Hay un bello soneto de Lope de Vega en el que el alma desatiende la llamada de Cristo, quien llama desnudo y malherido a su puerta, y acaba: «"Mañana le abriremos", respondía, / para lo mismo responder mañana.» Luego es un eufemismo de nunca.

También el miedo nos lleva a postergar la acción. Como el pastor de Horacio, que espera a que acabe de pasar el río para cruzar con sus ovejas. Su especialidad son los quebrados. A la de una, a la de dos, a la de dos y medio, a la de dos y tres cuartos... No hace falta ser Zenón para adivinar que todo ha de quedar en «nada cambia». Dice el refrán que para el cobarde siempre es pronto hasta que es tarde.

La postergación puede adoptar la forma del «preparacionismo», que consiste en dilatar los preparativos considerados necesarios para pasar a la acción. Hay niños que cogen tanta carrerilla para lanzar un penalti que acaban cayéndose en el hueco de algún árbol. Y muchos estudiantes alargan el capítulo introductorio de sus tesis para evitar el cuerpo (a cuerpo) de su trabajo (cuya brevedad justificarán, luego, por la falta de tiempo). En una carta dirigida a su hermana Emily, Charlotte Brontë acaba diciendo: «Perdona que esta carta sea tan larga, no he tenido tiempo de hacerla más corta.» Pero en la mayor parte de los casos lo que nos falta no es tiempo sino decisión.

En otras ocasiones, la postergación da lugar a un cortocircuito general que bloquea todo conato de acción, física o existencial: inicios interrumpidos, frases inacabadas, libros abandonados, promesas incumplidas. Son acciones que nacen muertas y provocan un doloroso estado de tantálica inmovilidad. La manzana ansiada es apartada por los vientos del miedo. Se lamenta Raskólnikov, en *Crimen y castigo:* «todo está al alcance del hombre y todo se le viene a las manos, solamente que el miedo hace que todo se le escape», porque lo que más teme la gente es «al primer paso, a la primera palabra».

Pero, tal y como nos enseñó Lucrecio, el miedo también puede disfrazarse de hiperactividad. El frenetismo no es más que un simulacro de actividad, puesto que lo que busca es llenarse de pequeñas tareas urgentes que le permitan evitar o postergar las grandes acciones importantes. ¿Le tienes miedo a la hoja en blanco? Siempre puedes escribir una reseña, un artículo, una ponencia, un informe. Un año de burocracia nos da menos miedo que la hora de la verdad. Dominaron a los indios con alcohol. Nosotros somos adictos a las microrrecompensas. Cada línea en el currículum es un golpe de remo más en la odisea de la precariedad laboral. Cada microtarea es una nueva excusa para no enfrentarse a la gran tarea de vivir. De este modo, la virtud de la *megalopsychia*, o magnanimidad, que designa la fuerza de emprender y persistir en el cumplimiento de grandes empresas, se transforma en lo que podemos llamar *micropsychia*, que consistiría en dispersarse voluntariamente (a pesar de nuestras lágrimas de cocodrilo) en mil tareas tan urgentes como poco importantes. El problema es que sin grandes deseos no hay grandes placeres. Y ese es, quizá, el gran límite del budismo. Aunque, ahora que lo pienso, quizá no hay un deseo mayor que el de renunciar a los deseos y alcanzar la iluminación, que había de traer el «nirvana», término que puede traducirse como 'extinción'. Pero eso suena a filosofía para dinosaurios.

Para Descartes el miedo es «una turbación y un pasmo del alma que le quita la fuerza de resistir a los males que cree próximos». Y como en ese estado es difícil decidirse, uno de los rasgos principales del miedo es la indecisión. Como el asno de Buridán, del que se dice que murió de hambre al no saber decidirse entre dos sacos de hierba ubicados a la misma distancia, la persona poseída por el miedo no sabe si debe enfrentarse, someterse o huir; y en el caso de que se decida por una de esas tres opciones, querrá y no querrá realizarla, obedecerá y querrá rebelarse, se marchará y regresará al poco tiempo. Quien lo probó, lo sabe. En el alma de la persona asustada las alternativas se equilibran y crean una dolorosa irresolución física y mental que puede llegar a alargarse durante semanas, meses o años, llegando a transformarse en un modo de ser. Por eso para Spinoza el miedo es «una tristeza inconstante».

§ *Instintos básicos.* Veamos, ahora, de qué modo el miedo nos aparta de los placeres físicos más básicos, como comer y abrigarse. En los primeros tiempos, un cazador con miedo podía llegar a morir de hambre. No emigrar a tiempo podía condenar a toda una tribu a morir de frío. En las sociedades ricas estos problemas han cambiado de forma, pero la esencia del problema sigue siendo la misma. Trabajar es cazar en diferido, y el miedo puede impedirnos encontrar trabajo... (o abandonarlo, cuando este nos quita más vida que la que el sueldo que nos proporciona nos puede devolver).

Pero aunque tengamos todas esas necesidades básicas aseguradas, el miedo puede impedirnos disfrutarlas. Para Lucrecio, la persona poseída por el miedo no encuentra placer en nada. El Arcipreste de Hita dice, en *El libro de buen amor,* que «las viandas preçiadas con miedo son agraz, / todo es amargura do mortal miedo yaz». También Montaigne afirma que los que viven subyugados «por el temor de perder sus bienes [...] ni comen ni beben con el necesario reposo». Y es que quien tiene los sentidos tensos, la mente ausente, el estómago cerrado y los miembros fríos está condenado a la anhedonia.

El temor también puede impedirnos acceder al placer sexual. El miedo al rechazo, el miedo al ridículo, el miedo a la enfermedad y, en algunos casos, el miedo al pecado nos apartan de una de las mayores fuentes de placer físico (y también emocional). Los cínicos optaron por el atajo de la masturbación. Es una opción. Aunque no debería suponer una renuncia a los demás placeres (porque eso sí que supondría un aumento de nuestra miopía...). Pero, como en las novelas de caballerías, el miedo ha colocado su espada entre nosotros y el placer. Unos evitan el trance diciendo que no han encontrado a la persona perfecta; otros lo postergan a la espera de la ocasión ideal; otros dudan sin resolverse nunca; y otros se escudan en la falta de tiempo. El resultado es siempre el mismo: la mengua del placer. Pongamos que, a pesar de la timidez y la vergüenza, hemos accedido a esa fuente. No importa, el miedo al ridículo, a las enfermedades, al embarazo o a la impotencia sabrá impedirnos disfrutar del momento.

Otro placer físico que el miedo puede hacernos desatender es el de sentir nuestra propia potencia corporal. Este tipo de placer surge de aquellas actividades que llevan nuestro cuerpo al límite, especialmente cuando se opone a la naturaleza; y suelen implicar un cierto riesgo: perderse, caerse, sufrir un infarto. Si ese temor nos vence, evitaremos esas actividades, y perderemos el acceso a una de las grandes fuentes del placer físico.

Luego está la hipocondría, que nos impide gozar del simple hecho de estar sano. El hipocondríaco ve las más graves señales en las dolencias más triviales. Y aunque un día acabará por tener razón, pues algún día morirá, no la tuvo durante todos esos días que vivió muerto de miedo. La hipocondría es la enfermedad de no gozar de que se está sano.

§ *Porque era él, porque era yo*. El miedo también envenena las fuentes del placer espiritual. Nos aparta, por ejemplo, de la amistad, que Epicuro define como «una comunidad de almas en el placer». Y es uno de los placeres espirituales más completos, puesto que nos consuela, asegura, potencia y permite acceder a la libertad. La falta de una perspectiva exterior y el narcisismo son dos obstáculos insalvables para cumplir con el precepto délfico de conocernos a nosotros mismos. Sin ese conocimiento no hay sabiduría, y la sabiduría, o *phrónesis*, es la que nos permite maximizar el placer. ¿Cómo elegir unos fines adecuados, o aumentar nuestra libertad, si ignoramos cómo somos y cuáles son nuestros límites? Solo la amistad puede ayudarnos a descubrirlo, pues entre amigos rige el pacto parresiasta, que nos obliga a decir nuestra verdad acerca del amigo y a escuchar la suya acerca de nosotros mismos por muy doloroso o incómodo que pueda resultar.

Pero la amistad no solo nos sirve para conocernos sino también para gozarnos, pues solo con el amigo podemos ser plenamente quienes somos. Nada nos inhibe en presencia del amigo. Por eso Montaigne definió su amistad con La Boétie con un simple: «Porque era él, porque era yo.» (Aunque también es cierto que «la confianza da asco», y puede suceder que esa ausencia de filtros saque lo peor de nosotros. Para los clásicos este problema quedaría resuelto en virtud del hecho de que la amistad es también el deseo de *merecer* la amistad del otro.)

La amistad, además, permite la desconexión de la mirada utilitaria, que, como los dedos de Midas, lo reduce todo a cálculo y a interés, e impide la contemplación metafísica, que es placer de dioses. Por si todo esto no fuese suficiente, la amistad también potencia los placeres físicos, como, por ejemplo, la comida, la bebida, el deporte o el descanso. ¿Cómo no iba a decir Aristóteles que, «sin amigos, nadie querría vivir, aunque tuviese todos los otros bienes»?

Pues el miedo puede apartarnos de ella. Para empezar, la timidez nos impide acercarnos a aquellas personas cuya amistad deseamos. Dice Montaigne que buscó la amistad de La Boétie porque leyó su *Discurso de la servidumbre voluntaria*. ¿Qué es lo que vio en esa obra? Valentía, vigor e instinto de libertad. Si La Boétie hubiese tenido miedo de escribir (o miedo de escribir como lo hizo), Montaigne no lo habría buscado. Platón, Aristóteles y Cicerón afirmaron que deseamos la amistad de aquel que nos parece virtuoso, esto es, valiente, sabio, resistente o justo, como si deseásemos contagiarnos a su lado de un poco de su virtud. A ese deseo de la virtud del amigo, Platón lo llama *«proton philon»*, «primer amor». Pero, para merecer la amistad deseada, debemos hacernos mejores, lo cual da lugar a una especie de «amistad platónica» (que, en el siglo XV, Marsilio Ficino degradará en «amor platónico»). De ahí que Homero diga, en la *Ilíada*, refiriéndose a Aquiles y a Patroclo, que dos amigos son «dos que caminan juntos hacia la virtud». El problema es que, si tenemos miedo de hablar o actuar ante aquel cuya amistad deseamos, este no deseará nuestra amistad. No hay mejor Celestina que la virtud.

Y aunque el azar, graciosamente, nos haya dado amigos sin que hayamos tenido que ser valientes, el miedo puede hacer que los perdamos, porque el que no se atreve a proteger al amigo lo pierde, como vimos que sucedía en la fábula de «Los dos amigos», de Esopo. También necesitamos valor para cumplir con el pacto parresiasta de decir lo que pensamos u observamos, o escuchar lo que creemos que no podremos soportar. Porque, como dice Montaigne en «De la amistad», «es necesario tener los oídos bien preparados para oírse juzgar con tanta franqueza, y como hay pocos que lo puedan sufrir sin irritarse, los que se arriesgan a emprenderlo con nosotros nos muestran un singular favor de amistad, ya que amarse sanamente es comenzar a herir y ofender para hacer servicio».

Además, la amistad se alimenta de la conversación. Pero no de una conversación cualquiera, sino de una conversación a la vez lúdica y competitiva, en la que hace falta tener valor para responder y riñones para encajar. Por eso, para Montaigne, la conversación entre amigos es algo semejante a una competición deportiva, en la que se pone a prueba, llegando a veces al límite, la resistencia y el valor de ambos: «La palabra es a medias de quien habla, a medias de aquel que escucha. Este debe prepararse para recibirla según la dirección que toma, igual que, entre los que juegan a la pelota, aquel que recibe retrocede y se prepara según ve moverse a quien le lanza el golpe y según la forma de ese golpe.»

§ *Placer de dioses.* La filosofía es uno de los mayores placeres espirituales que nos han sido concedidos. El miedo a pensar, que es un miedo invisible, y, quizá, fomentado, nos impide alcanzar el placer de esquiar fuera de pista, de sentir la potencia de nuestra inteligencia; de cuestionar, aunque sea por unos instantes, nuestros hábitos mentales; de arriesgarnos a que el otro tenga razón; de darnos cuenta de que no sabemos nada; y de conocernos a nosotros mismos. El diálogo filosófico exige, también, el coraje de hablar, de exponerse, de equivocarse y de refutar. La persona poseída por el miedo a pensar no se acercará a la filosofía, con la excusa de que es aburrida, inútil o ridícula; evitará toda lectura, conversación o experiencia filosófica; y pasará por el banquete de la vida sin haber probado uno de sus más deliciosos platos. Aunque también puede darle por ser un filosofo académico, un especialista, un teórico, un glosador, un escriba. Un cocinero que, de tanto probar las salsas, ya no tiene hambre. Un camarero que acarrea platos de un lado a otro sin atreverse a probarlos.

Pero la filosofía no es solo una cuestión de palabras. De hecho, para los cínicos la filosofía era una cuestión de todo menos de palabras. Por eso decían que el cinismo era un atajo hacia la virtud. Y es que en aquella época el discurso filosófico no era más que una herramienta al servicio de la práctica filosófica, entendida como reforma existencial mediante el ejercicio y la razón. La teoría era esclava de la práctica, y la filosofía era fundamentalmente una ejercitación existencial. Esa filosofía superior nos abre las puertas no ya del placer de pensar sino del placer de hacernos mejores. Pero para seguir esa senda hace falta valor, pues siempre es más cómodo leer y teorizar. «¡Arroja los libros!», se exhortaba Marco Aurelio. La gran tentación de la filosofía es la teoría. Y no hay más atajo que el valor.

§ *Yo sé quién soy.* El miedo también nos impide alcanzar el placer espiritual de sentir nuestra propia potencia existencial. Si hay placer en sentir la salud y la potencia del cuerpo mediante la ejercitación y la resistencia, también la hay en sentir la salud y la potencia del alma mediante el cumplimiento de grandes empresas. Aprender un idioma, conquistar una disciplina, escribir una obra, llevar a cabo una investigación, construir una familia o luchar contra una injusticia nos hacen sentir la potencia de nuestra inteligencia y de nuestra perseverancia. También es un placer lograr disminuir la distancia entre nuestra vida y aquella regla de vida que querríamos darnos, o hacer el bien, o luchar por la justicia, o ser simplemente libres. Pero sin coraje no podremos disfrutar de quienes somos, por la sencilla razón de que no habremos siquiera empezado a ser.

§ *Una guerra interior.* Terencio llamó al ser humano «*heautontimorumenos*», esto es, 'atormentador de sí mismo'. Y el miedo es uno de sus instrumentos de tortura. Porque este no solo nos aparta del placer, sino que también aumenta el sufrimiento. Sentir miedo es como estar en un cuento de Lewis Carroll. Nuestro cuerpo cambia de tamaño (contracción del estómago, sensación de pequeñez respecto del objeto de peligro) o de temperatura (sudor frío, temblores, sofoco). Cierto, son preparativos para la acción. Pero cuando el miedo es tan intenso que impide el salto, el displacer corporal se enquista, provocando un doloroso estado de agarrotamiento. La energía corporal movilizada por el miedo que no halla salida refluye hacia dentro y se traduce en contracturas, indigestiones, tics o insomnios. El filósofo Alain ve el miedo y la ansiedad como una guerra civil en la que el cuerpo se desgarra por dentro. Es la turbación de los tímidos, que se estrangulan a sí mismos con movimientos incoherentes, reiteradamente iniciados y detenidos.

Cuando esa situación se alarga en el tiempo, se condensa en ansiedad, angustia, preocupación. La intensidad del sufrimiento se reduce, es cierto, pero, a la larga, sus consecuencias son más perjudiciales, puesto que suele tener todo tipo de efectos físicos o psicológicos. Aunque no se trata de patologizarlo todo, la reducción de la propia potencia vital es un efecto suficiente para tomárselo en serio. Además, buscando liberar de algún modo la tensión reprimida, se cae en comportamientos compulsivos, de corte compensatorio, cuando no directamente autodestructivos. Son simulacros de la acción. A pesar del alivio momentáneo y del placer puntual que pueden proporcionarnos, no tardan en pasarnos su factura (empacho, resaca, adicción, ruina), a la que suman el IVA de la triste sensación de impotencia, medio física, medio espiritual, de no ser dueños de nuestras acciones.

«Recuerda que la puerta siempre está abierta», decía Epicteto, quien veía en el suicidio un último recurso, libre y legítimo. Pero el miedo es una ventana a la que da vértigo asomarse. Según Montaigne, «el número de gentes a quienes el miedo ha hecho ahorcarse, ahogarse y cometer otros actos de desesperación nos enseña que es más importuno o insoportable que la misma muerte». El miedo, ese gran profeta.

§ *Atra cura*. El alma también es cuerpo (cuerpo rarificado), y el miedo también la afecta, con otras tantas perturbaciones, disminuciones y parálisis. A veces es el pinchazo de la espuela, que sirve para ponernos en acción. Pero cuando la espuela se transforma en una lanza, podemos quedarnos clavados en el sitio. Entonces el miedo se independiza de su objeto inicial (en el caso de que fuera real), para alimentarse a sí mismo. Cuando el caballo de la acción le teme más a los gritos del jinete que a sus perseguidores, su carrera se vuelve errática o se reduce a dar saltos.

No ser capaz de actuar para perseguir lo que deseamos o para afrontar lo que tememos provoca una dolorosa frustración. Las palabras no dichas por vergüenza, los proyectos abandonados al primer obstáculo, las ilusiones postergadas, los deseos reprimidos, los viajes cancelados y las amistades perdidas, o no conquistadas, se acumulan en el fondo de nuestra alma, y dejan un poso de frustración fermentada que nos agria. Como decía Carl Jung, «la vida no vivida es una enfermedad de la que se puede morir». No es la nostalgia de lo no vivido, es el dolor de lo no hecho. Porque no son las circunstancias las que nos han impedido hacerlo, sino nuestro apocamiento. En ese humus de frustración hunde sus raíces nuestro sentimiento de indignidad.

Cada deseo encierra una promesa, no la de alcanzarlo (pues hay muchos factores que no dependen de nosotros), sino la de perseguirlo con todas nuestras fuerzas. Cuando no lo hacemos, nos sentimos indignos y avergonzados, como si hubiésemos decepcionado al mundo. En cambio, aunque no lo consigamos, si sentimos que hemos hecho todo lo que estaba en nuestras manos, nos resulta más fácil hacer el duelo del fracaso. Realmente, lo prometido es deuda.

La vergüenza deriva fácilmente en hostilidad. Nuestro discurso interior pasa de ser exhortativo («venga», «vamos», «atrévete», «¿a qué esperas?», «¿de qué tienes miedo»?) a ser despreciativo («debería darte vergüenza», «no eres nadie», «eres un cobarde»). Si el objeto del miedo es exterior a nosotros mismos, como cuando somos sometidos por algún tipo de amenaza o maltrato, la dignidad se transforma en masoquismo. Sentimos que merecemos el maltrato contra el que no hemos sido capaces de enfrentarnos. Es nuestro castigo. Y eso refuerza nuestra sumisión. A veces, toda esa frustración y hostilidad refluye hacia el exterior y da lugar a un sadismo compensatorio. Muchos trabajadores sumisos y apocados se transforman, de camino a casa, en un supervillano doméstico. Por otra parte, cuántos maltratadores son unos grandísimos cobardes fuera de su área de dominio doméstico, económico o laboral.

Luego está la ansiedad, la angustia o la inquietud, que son las musas de la más triste de las epopeyas. El objeto del miedo suele ser concreto y objetivo, mientras que el de la ansiedad tiende a ser indefinido y subjetivo. «*Atra cura*», negra ansiedad, la llama Horacio, y se la imagina sentada en la grupa del mismo caballo que el jinete espolea para huir de ella. Para Agustín de Hipona, esta surge de la lejanía de Dios, pues este es la única garantía contra la muerte: «Inquieto está mi corazón hasta que descanse en Ti.» Tomás de Aquino la hace surgir del «*recessus*», esto es, de la dejación del hombre que, al comprender la infinita distancia que media entre él y Dios, se siente insignificante y vano, mota de polvo que flota en el vacío interestelar, suspendido entre el fin más deseado y la culpable carencia de medios. Siempre el abismo, siempre el *chorismós*.

No quiero hablar ahora de la tristeza (en verdad no querría hablar nunca de la tristeza), pues me ocuparé de ella más adelante, y porque creo, con Spinoza, que la filosofía no es una meditación sobre la muerte, sino sobre la vida. Baste decir que del miedo surge la tristeza de sentir disminuidas nuestra libertad y nuestra fuerza. Podemos decir, con Spinoza, que el miedo es la más triste de las pasiones, porque, sin ofrecer ningún tipo de contrapartida, como sí lo hacen, por ejemplo, el odio o la ira (que al menos movilizan nuestra energía, aunque sea en una dirección equivocada), es la que más reduce nuestra sensación de potencia. En las primeras líneas de su *Manual*, Epicteto recomienda distinguir entre aquellas cosas que dependen de nosotros y aquellas que no, para pasar, a continuación, a ocuparnos exclusivamente de las primeras. La gran estrategia del miedo es reducir al máximo el conjunto de las cosas que dependen de nosotros, evitando, a la vez, adoptar una actitud *estoica* de aceptación o asentimiento. De un lado, sentimos que no podemos hacer nada al respecto; del otro sentimos que es absolutamente necesario hacerlo. Atados a la noria de los impulsos abortados, nos quedamos petrificados por fuera y disueltos por dentro.

§ *La voluptuosidad del miedo.* Una vez perdí a mi hijo mediano y, tras media hora de angustia absoluta, lo encontré. La sensación de alivio y de alegría fue tan intensa que parecía haberme transformado en profundidad. No estaba solo contento de haberlo encontrado, me sentía plenamente reconciliado con el mundo en general y con mi vida en particular. Al cabo de unas horas aquella sensación desapareció, claro está, y esa noche pensé que alguien podría jugar a perder a posta a su hijo para sentir esa sensación una y otra vez.

El miedo sabe alternar los sufrimientos que nos inflige con los placeres negativos del alivio o la tregua. La liberación, casual o buscada, del miedo genera una sensación tan placentera que puede resultar adictiva. La ansiedad laboral engancha, no solo por sus microrrecompensas sino también por sus microalivios. Pero estar enganchado a la tregua, y no a la paz, nos lleva a la larga a desear más guerra. Las víctimas de maltrato también pueden llegar a sentir que la ausencia de castigo es la máxima recompensa a la que pueden aspirar. Son las cartas marcadas del miedo.

Solo un conocimiento en profundidad de la noción de placer y un ejercicio filosófico que nos enseñe a maximizarlo nos permitirán sustituir el miedo por los placeres, corporales o espirituales. Porque el miedo es una niebla que no se puede atacar sino solo dispersar con el viento del deseo. Del deseo tal y como lo entiende Spinoza.

3.2. SPINOZA SIN ESPINAS

> Abre la puerta de tu alma y sal a respirar al lado de afuera. Puedes abrir con un suspiro la puerta que haya cerrado el huracán.
>
> HUIDOBRO, *Altazor*

§ *El campanario en el pantano.* La demonización del epicureísmo y de la noción de placer ha sido uno de los mayores lastres de la historia de la filosofía y la política. En todas partes se nota la ausencia ubicua de Epicuro. Obstruido, el río de la filosofía se vio obligado a buscar otros caminos y a regar otros valles. Así, la incapacidad de seguir manejando el concepto de «placer» llevó a algunos pensadores a desarrollar el concepto sustitutorio de «alegría», que entenderé, con Spinoza, como el placer que genera el ejercicio de nuestras potencias (que otros llaman virtudes). No hay mal que por bien no venga.

La verdad es que la idea de la alegría como reconocimiento en la acción de la propia potencia no es muy diferente de la de placer. Casi todos los placeres son el resultado de un acto de conquista o de conservación, y no solo son placenteros en sí, sino que también nos hacen sentir el alcance de nuestra potencia. En este sentido Aristóteles dijo que los placeres son los signos de las potencias.

Seguimos, pues, hablando de placer. Y, en buena medida, todo lo que Montaigne, Spinoza, Gassendi, Bergson o Nietzsche dijeron sobre la alegría no deja de ser un intento, más o menos consciente, de recuperar el hedonismo epicúreo. Veamos si hay nidos en el campanario del epicureísmo que sobresale del pantano de la filosofía. Y también de qué modo la serpiente del miedo devora sus huevos.

§ *La alegría de estar triste.* No hablo de la euforia, que suele ser fugaz, y puede ser agotadora, sino de un contentamiento que, como diría Montaigne, aumenta a medida que avanza. Confundir alegría y euforia es habitual, y ha desanimado a muchos filósofos a hablar de la primera. Luego están la literatura de autoayuda y su positivismo tóxico, que amenazan con dejarnos sin palabras, y nos apagan con su felicidad zigomática. La tristeza, en cambio, tiene más glamour. Victor Hugo decía que la melancolía es la alegría de estar triste. Nuestra cultura es melancólica. Lo cual es normal, pues, como sabía Spinoza, la tristeza es impotencia, y la impotencia es la forma de dominio más barata y duradera. ¿Por qué no iba, pues, a estetizarla? La libertad es el punto medio entre la *happycracia* y la *deprecracia*.

Luego está Seneca, que considera que «no debemos otorgarle ningún derecho, ni a la tristeza, ni al temor, ni a la ambición, ni a los restantes afectos desordenados»; si bien no lo hace para perseguir la alegría, sino porque «se hallan fuera de nosotros los objetos que los excitan», lo cual pone en peligro la imperturbabilidad e independencia del sabio. Séneca también dice que «quien vive sin tristeza es feliz», pero esa felicidad se parece más a la contención y a la renuncia de los budistas que a la expansión y a la entrega del que siente sus potencias colmadas y quiere seguir sintiéndolo.

§ *Spinoza sin espinas.* La alegría es una especie de placer al cubo, pues es a la vez un placer físico y espiritual, activo y pasivo, personal y colectivo. La alegría parece colmar de forma absoluta nuestro deseo, que Spinoza define como la forma humana del *conatus,* esto es, la doble pulsión por conservar y ampliar la vida. La alegría es el signo de que ese fin último de la vida está siendo logrado, mientras que la tristeza es el signo de lo contrario. ¿Qué hacer?

En el último de sus *Ensayos,* titulado «De la experiencia», Montaigne resumió su filosofía en los siguientes términos: «Hay que extender la alegría y eliminar tanto como se pueda la tristeza.» Para lograr dicho objetivo resulta necesario conocer nuestra propia naturaleza, sobre todo nuestras potencias y deseos, así como la naturaleza de los placeres y de la propia realidad, con sus aperturas y resistencias. Luego es necesario ejercitar nuestra *phrónesis* y disponer nuestra vida del modo más alegre posible.

Ese proyecto será el que herede Spinoza, *more cartesiano,* pero con un espíritu montaigneano (que pudo haber asimilado a través del *De la sabiduría* de Pierre Charron). Fue este «maestro de alegría», según lo llamó Alain, quien reconstruyó el templo de la ética. No lo fundó sobre las columnas salomónicas del Bien y del Mal, entendidos como principios metafísicos o mandamientos divinos, sino sobre la accidentada tierra viva de la naturaleza humana. El objetivo no era, pues, cumplir con el Bien con mayúsculas, sino perseguir lo bueno con minúsculas; esto es, lo que aumenta la alegría y disminuye la tristeza. Se trataba de regresar, más acá del Bien y del Mal, a lo bueno y a lo malo, o, como propone Christian Snoey, de regresar a las grandes palabras después de que hayan pasado por las minúsculas (un poco como en *Los viajes de Gulliver,* de Jonathan Swift).

La fuerza de gravedad de este nuevo sistema se llamaba *conatus.* Ya hablamos de él. Recordemos, simplemente, que Spinoza lo definió como el esfuerzo que cada cosa realiza no solo para protegerse sino también para incrementar su poder vital. Es una pista de baile en la que abundan las piruetas y los pisotones. Cuando estos encuentros aumentan nuestro poder de existir, nos sentimos elevados por un sentimiento de alegría, mientras que cuando disminuyen nuestra capacidad de actuar, nos sentimos invadidos por un sentimiento de tristeza. La alegría es, pues, el paso de una menor a una mayor perfección, porque cuanto más aumentan nuestras potencias, más perfectos somos, ya que nuestro cumplimiento o acabamiento es tener el poder de expandirnos.

Cuando un niño aprende a caminar, ríe o palmea. Para nosotros andar es una obviedad (por eso Chesterton habló de «las ventajas de romperse una pierna»), pero para un bebé es un incremento gigantesco de su potencia. La alegría es el estado natural de los niños, porque el aumento de su potencia es veloz y constante. Luego la curva del aprendizaje, esto es, de la alegría, decae, si bien podemos experimentar sensaciones semejantes gracias al estudio, la filosofía, la amistad, la creación o la acción política. No me gusta idealizar a los niños, que tienen tanto de pequeño príncipe como de señor de las moscas. Pero sí que veo en la niñez la alegría de los comienzos, pues pasar de cero a uno es infinitamente más estimulante que pasar de mil a mil uno.

§ *Pasiones tristes, pasiones alegres.* Spinoza distingue entre las pasiones alegres, que aumentan, potencian o secundan la vida, y las pasiones tristes, que la disminuyen, incapacitan o empobrecen. Antes de que un especialista en Spinoza frunza el ceño añadiré que una cosa son las pasiones, que no dependen totalmente de nosotros, y otra los afectos, que son producidos y dirigidos por nuestro propio esfuerzo racional.

Las pasiones alegres son *pasivas,* y están muy bien, pero son algo inseguras, pues van y vienen a merced de las circunstancias. Son la fortuna, la suerte o el honor. Los afectos alegres, en cambio, son activos, y son la base más segura sobre la que fundar una felicidad duradera, pues suponen un aumento real de nuestro poder de existir. Son la admiración, la amistad, la confianza, el perdón, la tolerancia o el entusiasmo.

Los afectos son mejores, cierto. Pero tampoco se trata de rechazar los regalos de la fortuna, a condición de que no nos reblandezcan, provocando así una mengua de nuestra potencia. Lo cortés no quita lo valiente. Muy otra cosa son las falsas pasiones alegres, como, por ejemplo, la codicia o la ambición, cuya alegría es falaz, porque el dinero o el poder no aumentan realmente nuestra potencia, ya que, a la larga, nos quitan con una mano lo que nos dan con la otra. Nuestras posesiones nos poseen; nuestro poder nos somete. Es la coz de Amaltea.

Toda la ética spinoziana consiste, pues, en evitar los «afectos tristes», como el odio, la envidia, la vergüenza, la tristeza, la melancolía, el arrepentimiento, la desesperación, la decepción, la venganza, el sometimiento y, como vamos a ver a continuación, el miedo, y fomentar los «afectos alegres», como el orgullo, la seguridad, la admiración, la confianza, la risa, la curiosidad, el reconocimiento, la creatividad, la esperanza, la misericordia o la alabanza.

Una vida feliz sería aquella en la que dominan los afectos alegres, y una infeliz, aquella en la que dominan las pasiones tristes. No se trata, claro está, de caer en la trampa del positivismo tóxico, que, a la vez que nos llena de «pasiones tristes», como la culpa, la vergüenza o el fatalismo, invisibiliza y sutiliza el poder.

Dicho esto, el objetivo de todos nuestros esfuerzos debería ser la verdadera «felicidad», o «beatitud», que es como Spinoza llama a la alegría duradera a la que solo podemos acercarnos transformando nuestras pasiones tristes en afectos alegres. Ese estado utópico es como el norte magnético. Nunca podremos clavar en él nuestra bandera, pero nos sirve para orientarnos. Spinoza lo sabe. Y se contenta con cerrar su *Ética* con un comprensivo: *«omnia praeclara tam difficilia quam rara sint*», esto es, «todo lo excelso es tan difícil como raro». Al fin y al cabo, ¿ser demasiado duros con nosotros mismos no sería una pasión triste?

En todo caso, el objetivo de la ética de la alegría no es la felicidad, entendida como un premio, que se otorga al finalizar la carrera. Muchos deportistas dicen que podrían no competir pero que no soportarían no entrenar. Ni juicio final ni podio de ganadores. Tampoco es una felicidad capitalista, que funcione por objetivos. No emana de los resultados sino de la mera alegría de ejercitar nuestras potencias. Por eso, para Spinoza, «la felicidad no es el premio de la virtud sino la virtud misma».

§ *El campo de lo posible.* ¿Por qué Nietzsche escribía como si ladrase? Porque su padre era un pastor alemán. El chiste es mío, y también es cierto en parte, pues Nietzsche se ocupó más de ser anticristiano que de ser filósofo, y eso lastra toda su obra con un tono demoníaco que puede resultar desorientador. También aquí notamos la ausencia ubicua de Epicuro, quien no tuvo problemas en aceptar a los dioses como animales de compañía para que los sacerdotes no le impidiesen seguir jugando.

En todo caso, Nietzsche también concibe la alegría en términos inmanentes. No es la alegría trascendente propia del cristianismo, concedida graciosamente por Dios, sino aquello que es beneficioso para la vida. Así lo afirma en el apartado segundo de *El Anticristo:* «¿Qué es bueno? Todo lo que acrecienta en el hombre el sentimiento de poder, la voluntad de poder, el poder mismo. ¿Qué es malo? Todo lo que proviene de la debilidad. ¿Qué es alegría? La conciencia de que se *acrecienta* el poder; que queda superada una resistencia.»

Nietzsche pretende pasar entre las teologías de la tristeza, que demonizan los deseos y optan por la mortificación, y las filosofías de la negación, como la de Schopenhauer o el budismo, que optan por quemar el bosque de la vida para acabar con las ortigas del sufrimiento. Es en este punto donde irá más allá de Spinoza, pues su idea de la alegría pasa por asumir y aceptar la totalidad de la vida, incluido el padecimiento.

La *Lust* o alegría perfecta es un sí incondicional a la vida, pues no es mera resignación, sino un consentimiento plenario. Rilke decía: «¿Quién habla de victorias? Sobreponerse es todo.» Pongámonos encima, añade Nietzsche, y deslicémonos en equilibrio inestable sobre el devenir. Para lograrlo, hace falta práctica. En el célebre párrafo 341 de *La ciencia jovial*, Nietzsche retoma un ejercicio de asentimiento que solían practicar los estoicos y los epicúreos (y que recupera Borges en «La biblioteca de Babel»). Se trata del «eterno retorno». Si realmente amamos la vida, si consentimos con ella, estaremos dispuestos a repetirla, sin modificación alguna, una y otra vez.

Otra figura fundamental en la historia de la alegría fue Henri Bergson, quien afirmó, en *La evolución creadora*, que esta es el signo de que el fin último de la vida, que es la creación, está siendo logrado; mientras que la tristeza es el signo de que se nos está escapando. Esta frase es un acorde mayor. En ella resuena Aristóteles, que afirmaba que los placeres son los signos de las potencias; Spinoza, que consideraba que la alegría acompaña el incremento de la potencia vital; y Nietzsche, que incluyó dentro de las potencias fundamentales la capacidad de encajar las resistencias del mundo, y vio en la creación artística el paradigma de todas las demás.

Para Bergson, la alegría es hija del esfuerzo y el esfuerzo hijo de la resistencia. Como dice en *La energía creadora*: «el pensamiento que es solo pensamiento, la obra de arte que es solo proyecto, el poema que es solo sueño no han necesitado de ningún trabajo aún; es la realización material del poema en palabras, la concepción artística en estatua o en cuadro lo que exige un esfuerzo», un esfuerzo que es «más precioso que la obra en la que ha desembocado, porque, gracias a él, ha sacado de sí más de lo que tenía, alzándose por encima de sí mismo». ¿No oís a Píndaro cantar: «Oh, alma mía, no aspires a lo inmortal, pero agota todo el campo de lo posible»?

§ *La más triste de las pasiones tristes.* Vuelvo al miedo. Y repito (puesto que la repetición desde diferentes ángulos es útil para la incorporación de las ideas), que, para Spinoza, el miedo es la más triste de las pasiones tristes. ¿Por qué? Porque «revela una falta de conocimiento y una impotencia del alma», lo cual reduce, a su vez, nuestra potencia de obrar y de ser. Según Nietzsche, el miedo a la muerte brota del miedo a la vida, y, como odiamos todo aquello que nos da miedo, en ese miedo a la muerte se encierra un odio a la vida. Por esa razón, para el loco de Turín, el miedo debe ser sustituido, no por cualquier valor, sino por el valor de afirmar la vida. Pongámosle ese cascabel al gato.

Cuenta el mito que Hércules tuvo que elegir entre el camino del esfuerzo, o *ponos,* y el del placer, o *hedoné.* La imagen de Hércules *philophonos,* esto es 'amigo del esfuerzo', es poderosa, pero me desagradada que se llame *hedoné* al camino fácil. Es el viejo motivo de la «Y pitagórica», en la que el trazo grueso de la letra simboliza la senda fácil y el fino la difícil. Spinoza se imaginó otra disyuntiva más interesante todavía. Es la que opone el miedo a la muerte y el amor a la vida. También Albert Einstein, que decía creer en el dios de Spinoza, decía: «Todos tenemos dos elecciones: estar llenos de miedo o estar llenos de amor.» Olfateemos, pues, como el perro de Crisipo, las dos sendas de esta bifurcación.

Según Spinoza, las pasiones tristes no deben ser atacadas frontalmente sino sustituidas por afectos alegres. Para la tradición religiosa, el bien es la abstinencia del mal. Se habla mucho de amor, pero domina la abstinencia y el odio. Resulta significativo que no exista un buen antónimo para el verbo «pecar». Solo hay algunas lentas perífrasis como «hacer el bien» o «abstenerse de hacer el mal». Spinoza nos propone una ética menos ascética y más activa. Al fin y al cabo, ¿cómo luchar contra lo que es pura negatividad? ¿Cómo tratar de no sentir miedo? ¿Cómo dejar de odiar? Es abrir un paraguas frente al vendaval.

Tampoco le interesó mucho analizar los procesos mediante los cuales las pasiones tristes nos invaden (y en los que yo quizá me he extendido demasiado). Puede que esa tarea le resultase sospechosa, por parecerse demasiado a una negación de la negación, o por ocultar, quizá, una postergación de la verdadera acción afirmativa. No se trata, claro está, de atacar al psicoanálisis (para empezar, porque no es la única forma de introspección posible). Se trata solo de tener en cuenta que hay usos útiles y usos perjudiciales de la introspección para la vida. Y que existe la posibilidad de que el miedo nos suma en un estado de introspección impotente, no muy diferente al estado del que precisamente deseamos salir.

Spinoza fue una especie de conductista barroco. Su plan era sustituir, mediante un plan de acción dirigido por la razón: la envidia por la admiración, el odio por la amistad, la desconfianza por la confianza, el miedo por el valor. Nada que ver con la autoayuda, ese *spin-off* de Spinoza.

§ *En el país del miedo.* En su *Historia del miedo en Occidente,* Jean Delumeau hace referencia a un test psicológico infantil. El niño debe describir mediante frases y dibujos cómo se imagina «el país del miedo» y «el país de la alegría». A continuación, sus descripciones son agrupadas en diversos binomios, como agresión y defensa, inseguridad y seguridad, abandono y compañía, o muerte y vida. El resultado es un mapa de la batalla homérica entre el Imperio romano del miedo y la aldea gala de la alegría.

¿Cómo orientarse en esta batalla? En sus textos acerca de la «pulsión de muerte», Freud distingue entre aquellas pulsiones tanáticas que se refieren a nosotros mismos, aquellas que se refieren a las demás personas y aquellas que se refieren al mundo. Esos serán nuestros puntos cardinales. Distingo, pues, entre las pasiones tristes que nos tienen a nosotros mismos como objeto (el autoodio, la vergüenza, la culpabilidad o la desconfianza), aquellas que tienen como objeto a los demás (el odio, la envidia, los celos o la sumisión) y aquellas que tienen como objeto el mundo (el odio, el asco, la desesperanza, la inquietud o la obsesión).

No existen, claro está, las pasiones tristes puras. Todas ellas se entremezclan. Siempre habrá algo de miedo en todas las pasiones tristes y siempre habrá algo de todas las pasiones tristes en el miedo. Quien siente miedo siente envidia del que se atreve, odio hacia lo que teme, irritación contra sí mismo, vergüenza por no ser más osado y tristeza por ver su potencia disminuida. Por otra parte, el que siente envidia teme ver en el otro reflejada su propia mediocridad, el que siente odio teme que aquello que odia lo perjudique o eclipse, el que siente vergüenza teme que el mundo descubra la indignidad que se atribuye y el que siente tristeza teme no ser capaz de salir nunca de ese estado. El miedo es, pues, una amalgama de pasiones tristes, que nos sume en la más profunda de las impotencias.

§ *El monstruo en el espejo.* ¿De qué modo el miedo alimenta las pasiones tristes referidas a nosotros mismos? El miedo es el alfa y omega de la impotencia. Es el uróboros que nos enseña a morder nuestra propia carne. Su primera dentellada se llama autoodio.

Tememos no ser o no llegar a ser lo suficientemente buenos o dignos. Y el mero hecho de temerlo nos hace sentirnos malos o indignos. Del miedo al autoodio hay un mal paso. Y el autoodio es seguido, como una sombra, por un cúmulo de pulsiones autodestructivas o masoquistas. ¿Su objetivo? Castigarnos mediante el sometimiento, o la destrucción, por parte de otra persona, grupo o idea, por nuestra indignidad, librarnos de ser nosotros mismos o participar vicariamente de una potencia superior. Como tememos ser alguien que no puede, tratamos de *no ser* en otro ser más poderoso. Nos saciamos con las migas de su poder. El alivio es efímero y superficial, pues aumenta nuestra sensación de impotencia e indignidad. Lo cual, además, nos llevará a buscar mayores dosis de sumisión.

Pero el autoodio también se relaciona con pulsiones destructivas o sádicas, que buscan compensar nuestra sensación de impotencia o indignidad mediante la sumisión o el perjuicio de los que están por debajo de nosotros en la cadena trófica de la voluntad de poder. Pero ¿qué consuelo podemos extraer de someter a alguien más débil que nosotros? Ninguno, pues no es el signo de una verdadera potencia. Además, el sadismo nos devuelve una falsa imagen de nosotros mismos, pues ninguno de nuestros súbditos se siente obligado a decirnos la verdad, lo cual supone una disminución de nuestra potencia de conocimiento, y de todas aquellas que se alimentan de ella. Finalmente, el sádico también vive en la inquietud y la paranoia, ya que la gente temida es odiada, de modo que no podemos esperar nada bueno de aquellos a los que sometemos. Todo lo cual nos lleva a vivir a la defensiva, aislados y asustados. Dar miedo es una forma debilitante de sentirse poderoso.

La amalgama sadomasoquista, que puede adoptar formas muy diversas, desde el que se somete en el trabajo a un jefe injusto, para luego en casa convertirse en un tirano; hasta el dictador que oprime a un país, a la vez que se humilla ante Dios o la nación. Sea como sea, el miedo afirma el nudo tirando de los dos extremos de la cuerda. Tememos ser castigados por aquellos que nos dominan. Tememos la venganza de aquellos a los que dominamos. Tememos no ser lo suficientemente dignos a nuestros ojos. Tememos no arrastrarnos lo bastante como para poder ser subsumidos por un poder superior. El miedo es el motor inmóvil del autoodio.

§ *Ciudadano de Diógenes.* ¿Qué afecto alegre se opone al autoodio? Unos hablan de «amor propio», otros de «amor de sí». Personalmente, prefiero hablar de «amistad de sí» o «amistad hacia uno mismo». Me pasa lo mismo con el término «filosofía», que prefiero traducir como «amistad (o búsqueda de la amistad) de la sabiduría». (Al fin y al cabo, el verbo griego *«philein»* no designaba tanto el amor pasional, que expresaba el término *«eros»,* sino otro tipo de amor, más sereno, que podríamos llamar amistad, como prueba, quizá, que el término *philos* significase 'amigo' y no 'amante'.)

Decir que la filosofía es el «amor a la sabiduría», además de ser cursi, puede dar lugar a malentendidos. El amor sugiere una relación jerárquica, idealizadora, sacrificial, posesiva y fusional. Es cierto que una de las grandes propuestas de las teorías feministas pasa por escribir un nuevo *Libro del buen amor.* Y es una vía que debemos explorar. Mientras tanto, la filosofía no puede seguir siendo vista como un arrobado temblor ante la *belle dame sans merci* de la Sabiduría. ¿No es suficiente decir que la filosofía es el deseo de frecuentar a aquellos autores, textos o amigos que admiramos, con el deseo de merecer su intimidad, su comunicación y su respeto?

La amistad es la casa de los afectos alegres, ya que es una relación más realista, más horizontal, más libre, y también más política, que el amor. Por eso prefiero hablar de «amistad por uno mismo» que de «amor propio». En su epístola I, 18, Horacio le recomienda a su amigo Lolio Máximo que piense e investigue qué es lo que puede ayudarle a ganarse su propia amistad: *«quid te tibi reddat amicum».* He ahí un proyecto tan importante como el *«sapere aude»*, que fue otra de las perlas que Horacio le regaló a su amigo Lolio.

La «amistad por uno mismo» implica un deseo de frecuentarse en soledad, mediante la lectura o la reflexión; una aspiración a merecer esa frecuentación, puesto que el que no se siente orgulloso de sí mismo prefiere evitarse; y, por último, una exigencia de sinceridad, o *parresía*, que nos permita cumplir con el precepto délfico de conocernos a nosotros mismos. En resumen, frente al amor propio, idealista, obnubilado, ausente y severo, la amistad de sí, realista, horizontal, cercana y tolerante. *Porque era yo, porque era yo.* Sigo.

Erasmo descubrió, en su *Elogio de la locura,* la importancia de esa amistad de sí (o «amor propio», si mi argumento no ha sido convincente). La llamó *«philautia».* Y aunque es cierto que en un principio la critica, en tanto que narcisismo, acaba considerándola, en su versión alegre, como uno de los pilares de la vida misma. Ciertamente, la amistad de sí debe ser contada entre las pasiones alegres, puesto que moviliza nuestro esfuerzo para hacernos merecedores de nuestro propio aprecio, nos hace sentirnos dignos y poderosos cuando lo merecemos, nos ofrece un mayor autoconocimiento y nos dota de un mayor grado de autonomía respecto de las opiniones ajenas y las exigencias sociales interiorizadas.

Una de las mujeres que convivieron y estudiaron con Epicuro se llamaba Nikidion, que es el diminutivo de Niké y significa 'pequeña victoria'. Es un nombre sublime para un filósofo epicúreo. Pues de eso se trata, de pequeñas victorias contra el miedo. Y nada mejor para lograrlas que ese amistoso desdoblamiento interior. Porque nuestro *daimon* (¿a qué otra cosa puede apuntar ese misterioso término sino a la amistad de sí?) no solo nos detiene por las calles, como le sucedía a Sócrates, sino que también nos acompaña y estimula en nuestra guerra de guerrillas contra el miedo. Nuestro *daimon* parresiasta se burlará de nosotros cuando nos sintamos tentados por el miedo a los dioses y nos recordará quiénes decidimos ser cuando nos asusten los falsos valores.

Para expresar la admiración que sentía por su maestro, y el grado en que había incorporado su doctrina, Crates decía que era «ciudadano de Diógenes». La amistad también es una pequeña polis interior.

§ *¿Tú puedes?* La desconfianza es una sensación generalizada de impotencia. A veces se disfraza de autoconocimiento. Pero su dictamen no suele surgir de una evaluación objetiva de las propias capacidades, sino del miedo, que es una lente de aumento. La inseguridad puede hacer que una persona que está perfectamente capacitada para conducir, actuar, escribir o luchar, se salga de la carretera, se quede en blanco o desfallezca.

Este escrúpulo de impotencia nace y se alimenta del miedo, igual que las plantas brotan y crecen de la tierra. El miedo al dolor de las heridas provocadas por el accidente o la lucha, el miedo a la burla de los espectadores o de los lectores, y, en general, el miedo al fracaso en aquellas empresas en las que hemos cifrado (quizás erróneamente) nuestra felicidad, identidad o dignidad, aumentan el efecto incapacitante de la inseguridad. Aunque es probable que, liberados de esos miedos añadidos, la inseguridad disminuyese, si no hasta desaparecer, sí hasta hacerse más manejable.

No se trata de embebecerse con un falso poder, ni de embarcarse en tareas destinadas al fracaso, sino de no renunciar a la *megalopsychia* o magnanimidad, esto es, a la virtud de imponerse altas metas y perseverar en su consecución. Son los «sueños altos» de los que hablaba Antonio Colinas. Un exceso de humildad habría desanimado al joven Balzac o al joven Galdós cuando decidieron emprender sus grandes proyectos novelísticos. Lo que se proponían era excesivo, sobre todo en aquel momento, pero si no lo hubiesen emprendido, nunca lo habrían podido hacer. Hagámosle caso a Nietzsche y cortémosles el cuello a los pavos reales modestos. Emerson escribió bellas páginas al respecto.

Recordemos, para acabar, que la desconfianza puede verse reforzada por el miedo a los dioses. El pecado de orgullo es el pecado del diablo. Ceniza sobre nuestras cabezas. Vanidad de vanidades. Existe una humildad religiosa, que, yendo más allá de la asunción prudencial de nuestros límites, se ceba en humillar, negar y reprimir nuestra potencia. Nos sentimos tan insignificantes e indefensos que sentimos que no podríamos hacer nada, ni siquiera existir, sin la ayuda de Dios.

§ *Nuestro guía en el desfiladero.* De niño le pregunté a un sacerdote qué era la fe. Me respondió que era sentarte a la mesa sin pensar que tu madre había echado veneno en la sopa. (No creo que Mafalda hubiese entendido el símil.) Lo que me importa señalar es que la confianza también es un modo de relacionarse con lo desconocido. En un hermoso romance en el que resume la doctrina escéptica, Sor Juana Inés de la Cruz sueña con una escuela en cuyas aulas se enseñe a ignorar mejor. Es la santa ignorancia de Nicolás de Cusa, la *moria* de Erasmo.

No sabemos quiénes somos realmente. No sabemos cuánto tiempo nos queda. No sabemos si podemos hacer realmente lo que nos hemos propuesto. Ni siquiera sabemos si tiene sentido hacerlo. Pero aun así lo hacemos. Porque confiamos en que podemos hacerlo. Y es, en buena medida, porque confiamos por lo que lo hacemos. El resto es ruido.

Y no importa lo que resulte, porque sabemos, con Spinoza, que la alegría no surge de la obtención de unos resultados, sino del ejercicio de nuestras potencias. Para Montaigne, la vida es como la caza. Su fin, esto es, su gozo, no radica en obtener un conejo, que podemos comprar fácilmente en el mercado, sino en esforzarnos por atraparlo. Confiamos en que haremos todo lo que esté en nuestras manos, no en que nos tocará una buena mano.

La confianza en la propia potencia es alegre y contrarresta ese retraimiento que provoca la sensación de impotencia, que puede llevarnos a abandonar una acción aun antes de haberla empezado. La desconfianza puede hacer que una persona perfectamente capacitada para escribir o actuar se bloquee y no logre engarzar dos palabras sobre el papel. La confianza hará que esa persona se ponga en movimiento. E incluso puede hacer que la persona que en ese momento carece de la preparación o la disposición para hacerlo ponga en movimiento unas energías que lo preparen o dispongan efectivamente. La confianza es, pues, un modo de producir nuevas posibilidades. Es una enzima que cataliza un deseo vago en un esfuerzo concreto. Es el pozo de petróleo en el desierto de la nada. Como la fe, su prima religiosa, la confianza es devota del misterio de la creación.

La confianza es también el convencimiento de que el esfuerzo valdrá la pena. Es una fuerza ciega que nos lleva a seguir esforzándonos aun cuando no veamos en el horizonte un resultado seguro ni específico. Cortázar decía que no tenía una teoría o una idea de lo que debía hacer, pero que, cuando se ponía a escribir, encontraba un camino. Para Pascal, lo último que se averigua es por dónde se debía empezar. En la jungla de la realidad, las sendas se abren a golpe de machete. La confianza es el mango. El esfuerzo, la hoja. Esta hoja también.

La confianza implica también la virtud estoica de desentenderse de aquello que no depende de nosotros para ocuparse de aquello que sí lo hace, confiando en que la parte que nos corresponde se cumpla, y esperando que la que le corresponde al mundo sea concedida, puesto que, como pensaban los antiguos, los dioses aman a los valientes. Pero no hay seguridad. Es un derroche de energía, no una inversión calculada.

La confianza es una fuerza que se alimenta a sí misma. Una especie de círculo virtuoso parecido a una bola de nieve rodando montaña abajo. El mero hecho de atrevernos y esforzarnos confiadamente hace que afloren unas energías que o desconocíamos o no existían, lo cual, a su vez, hace que aumente nuestra confianza en que vale la pena perseverar.

Sumida en sus alegres pensamientos, la confianza no atiende a los aspavientos del miedo. Camina por el desfiladero sin mirar hacia abajo con la misma tranquilidad con que caminaría sobre una cuerda extendida en el suelo. Al fin y al cabo, ¿qué diferencia hay?

§ *Soltar a un ruiseñor.* Frente a la pasión triste de la indignidad está el afecto alegre de la inocencia. La inocencia no gasta energías en investigarse, juzgarse o condenarse, sino que, con un alegre desconocimiento de sí misma, considera que no ha podido hacer nada tan grave como para negarse toda dignidad. No es la tentación de la inocencia, no es el cinismo, no es la indiferencia. Es un estado moral activo. Si somos capaces de sentirnos así es que somos inocentes, porque nadie realmente culpable puede sentir esa ligereza. No hacen falta más pruebas.

La inocencia no es generosa solo con nosotros sino también con los demás. Considera que, en el fondo, todos hemos sido engañados o tentados por un mundo difícil y complejo, y que no nos merecemos ser condenados (y aún menos por toda la eternidad), sino, en todo caso, compadecidos. Este gracioso perdón que debemos saber dar y recibir nos libra de la sensación de indignidad. No hay condenación. Lo que ocurre es que las cosas son complicadas. Pero nada está perdido de una vez para siempre. La vida puede ser siempre reformada. En cualquier momento. Como dice Epicuro, nunca se es demasiado viejo ni demasiado joven para alcanzar la salud del alma. Lo cual tiene un efecto alegre, puesto que movilizará nuestras fuerzas una y otra vez, pues podemos caer una y mil veces, y aun así nunca dejaremos de ser inocentes. ¿Cómo no iba a dedicarle Diógenes de Enoanda un gigantesco muro de piedra en el que hizo grabar su doctrina y sus cartas? Aquel muro se elevaba frente al mercado de su ciudad para recordarles a los atareados hombres que la virtud está al alcance de nuestra mano, *procheiron*. Si bien, demasiado tacaños con nosotros mismos, no somos capaces de abrir la mano para alcanzarla.

La inocencia también es alegre porque nos libera del pasado. Para la inocencia, los errores cometidos no son signos de un pecado original. No son signos de una fatalidad. Perdona los primeros errores, a los que considera fallos de principiante, necesarios para aprender y madurar. También perdona los últimos, porque a todas las épocas de la vida llegamos siendo novatos, de modo que es normal que sigamos equivocándonos. La vida no es una flecha lanzada con buena o mala puntería desde el origen (curiosamente, uno de los significados etimológicos de «pecado» parece ser 'errar el tiro'), sino un topo que cava un túnel bajo tierra. Y los túneles que hayamos tenido que abandonar, por culpa de una roca o de una raíz, pueden servirnos como almacenes de comida, como cámaras de aire o como refugios frente a las inundaciones y los desprendimientos. Para la inocencia no hay mal que por bien no venga.

Podemos imaginar la inocencia como una especie de Atticus Finch que no solo perdona nuestros errores sino que nos defiende de todas las acusaciones, religiosas, misántropas, políticas o nihilistas, que quieren colgarnos en la horca del fuste torcido de la humanidad o de la decadencia generalizada. El inocente no se deja contaminar por este tipo de insidias. La carga de la prueba está en el tejado del juzgado, y lo desploma. Como el protagonista del Lazarillo, no hace caso del *caso*. No le abre al sacerdote, no escucha a Yago, y avanza confiando en la inocencia del devenir.

No es extraño que Nietzsche tomase al niño como una de las especies del superhombre. ¿Alguien ha visto a un niño sentirse culpable por perder el tiempo, por dormir hasta tarde, por calcar un dibujo o por plagiar un cuento? Su inocencia acompaña y eleva su alegría, porque le permite ejercitar sus potencias sin ningún tipo de restricción. Otra cosa es que, desde edad muy temprana, el niño empiece a ser domesticado, y la fuerza de gravedad de esa amalgama de fantasías, dogmas, supersticiones y prejuicios que algunos llaman principio de realidad lo arrastre desde el cielo de la ingrávida inocencia al lodazal de la culpabilidad impotente. «Altazor, ¿por qué perdiste tu primera serenidad?»

La inocencia nos permite repeler la tristeza ambiente, que no deja de arrojar sobre nosotros todo tipo de dudas, reproches, acusaciones y calumnias. Gracias a ella evitamos colaborar con nuestros jueces. Esto nos permite poner en movimiento nuestra energía, sin escrúpulos, sin angustia, sin miedo a la culpa, a la decepción o al fracaso. La inocencia es una pista de sal en la que resulta imposible derrapar.

§ *Crímenes imaginarios.* La culpa no es un invento cristiano, como algunos quisieron hacernos creer. Los griegos tuvieron a las erinias y los romanos a las furias. Existe una culpa racional, que, como el dolor físico, nos informa de un peligro moral y moviliza nuestra energía en dirección contraria. La culpa es la antesala del perdón. Pero la culpa se transforma en una pasión triste cuando deja de ser un medio para ser un fin, un estado o una afirmación general acerca del ser de esa persona, que por una sola acción es condenada a todo destino. Cuando esto sucede, la culpa obstruye la capacidad necesaria para reformarnos o compensar el mal que hemos hecho mediante nuevas acciones. Así, aunque a primera vista nos parezca normal, y aun deseable, que aquel que ha hecho el mal se sienta culpable, no lo es si eso le lleva a identificarse con el mal, y a considerar que ningún esfuerzo va a poder sacarlo de su iniquidad. Una cosa es una puerta y otra muy diferente un muro. Y el muro de la culpa está revocado de miedo. Debemos saber hacer el duelo de la culpabilidad.

Son muchas las ocasiones en las que la culpabilidad no surge de una responsabilidad real sino, más bien, imaginaria. La culpa es un viejo cuento de ogros. El miedo de los padres (disfrazado de amor) tiende a sobreinterpretar errores perfectamente comprensibles en un niño o en un adolescente como una señal indeleble de maldad. Un niño ha incendiado una cortina. ¿No será un pirómano? Ha repetido curso. ¿Es carne de prisión? Esas aprensiones hacen que un error de principiante se convierta en un pecado original. Pero ¿no se reiría Ulises de nosotros si le dijésemos que toda la travesía depende del primer golpe de timón?

Otras veces la culpa nos es impuesta. En virtud de la doble conciencia, que teorizó magistralmente W. E. B. Du Bois, tendemos a vernos con los ojos de los que nos marginan. No es extraño, pues, que negros, homosexuales o mujeres teman no ser lo que se espera de ellos. Ese miedo les hace sentirse culpables. Y van por la vida pidiendo perdón.

El ser humano es como un clavo al que los golpes enderezan. Como nos duele más el absurdo que el sufrimiento, estamos dispuestos a justificar el sufrimiento, aunque sea cargándolo a nuestra cuenta. ¿Sufrimos? Es el castigo merecido de nuestra indignidad y debilidad. ¿Nos maltratan? Merecemos lo que nos pasa. Todo tiene sentido. La culpa es una de las formas del síndrome de Estocolmo. Una especie de llave moral en la que el peso de nuestra propia culpa acaba inmovilizando nuestros propios miembros. Todo por miedo a enfrentarnos al otro y a la realidad.

Los miedos religiosos suelen añadirle a la culpa capas de significado teológico que la hacen todavía más incapacitante. En sus benditas manos la culpa deja de ser un énfasis psicológico para convertirse en una marca de nacimiento o la antesala de los castigos ultraterrenos. La guinda del pastel es que el mero hecho de sentir miedo hace que nos sintamos culpables, porque vemos el valor como una virtud y la cobardía como un defecto.

El miedo sopla por todas partes, como el viento en el cabo de Buena Esperanza. Se mire por donde se mire, el miedo aumenta el poder incapacitante de la culpabilidad, que puede llegar a sumir a las personas en una aceptación pasiva de sus propias carencias e inconsciente de la inagotable capacidad redentora de la acción. Como diría Sor Juana, «por activa y por pasiva es su tormento».

§ *Ojalá se muera.* Veamos, ahora, de qué modo el miedo aumenta el efecto debilitante de las pasiones tristes que tienen como objeto a las demás personas. A la cabeza está el odio, hijo predilecto del miedo. Está en nuestra naturaleza odiar lo que tememos, porque está en nuestra naturaleza odiar lo que puede hacernos daño. Ya sea que nos pueda herir o matar, ya sea que nos pueda vencer o avergonzar. Como un bumerán, nuestro odio aumenta nuestro miedo, porque, a diferencia del amor, el odio siempre es recíproco.

La verdad es que el odio se parece mucho al amor. Cuando odiamos a alguien, pensamos constantemente en él, lo vigilamos, lo estudiamos; también hablamos permanentemente sobre él, lo criticamos, lo insultamos. Tanta pasión resulta agotadora, pues supone un desgaste de nuestra energía creadora, impone un cierto descontrol en nuestros propios pensamientos, empobrece nuestra relación con el mundo y distorsiona nuestro autoconocimiento. El odio, como el amor, es una falta de perspectiva.

El odio también se parece al amor en su capacidad para modificarnos estructuralmente. Como el pulpo se adapta a la roca, el *odiante* se mimetiza con el ser odiado, lo cual debe llevarle necesariamente a odiarse a sí mismo. Nietzsche recomendaba escoger bien a nuestros enemigos, pues tendemos a parecernos a ellos.

¿Cómo que el odio es una fuerza debilitante? ¿Acaso no nos empuja a canalizar grandes cantidades de energía a la hora de competir o luchar contra aquellos que odiamos? Es cierto, y es uno de los grandes encantos del odio. Pero es una falsa energía. Porque no crea sino que destruye; porque derrocha una energía digna de mejor causa; porque nos aísla; y porque regresa a nosotros bajo la forma de la venganza.

Además, el odio hace que nos sintamos indignos y miserables, porque implica sentimientos mezquinos y dependientes, ajenos a la grandeza y a la libertad que todos deseamos. Joan Fuster afirmó, en cierta ocasión: «Me odian, y eso no tiene importancia; pero me obligan a odiarlos, y eso sí que la tiene.»

La corte del odio es muy variada. El rencor, la venganza, la irritación o el resentimiento también distorsionan nuestro conocimiento y malbaratan nuestra energía, lo cual nos impide salir de su hechizo malsano mediante una actividad que realmente nos permita aumentar nuestra potencia. La irritación, por ejemplo, es una tensión frustrada, que surge de la incapacidad de realizar aquello que consideramos necesario para solucionar una situación incómoda o dolorosa. Esa inacción temerosa provoca una tensión reconcentrada, a la que se le añade un sentimiento de indignidad. De ahí la irritación contra uno mismo, que suele traducirse en órdenes e imprecaciones que aumentan aún más nuestra irritación. Es una espiral agresiva, en cuya base se halla el miedo.

§ *Stand by me.* Los antiguos vieron el amor como una pasión enfermiza que era mejor no contraer. Trataron de vacunarnos contra él Ovidio, con sus *Remedios contra el amor;* Diego de San Pedro, con su *Cárcel de amor;* Fernando de Rojas, con *La Celestina,* y Montaigne, con «Sobre unos versos de Virgilio». Para ellos, el amor era un espejismo que, tras esfumarse, nos deja aún más perdidos en el desierto del mundo; un nenúfar que confunde el agua con el cielo que se refleja sobre su superficie, llevándole a lanzar sus largas raíces platónicas, cristianas, provenzales y románticas hacia un ideal que fluye ajeno al limo de la realidad. Una hermosa flor sobre la que es imposible andar. Y por culpa de la cual muchos han pillado una pulmonía.

Despertó, y el dinosaurio del amor, con su larga cola de pasiones tristes, seguía allí. Porque el amor es eterno. No el de esta o aquella persona. El amor como pasión, que además es un extravío que le conviene al poder. ¿Acaso no nos aísla, debilita y acostumbra a las concepciones idealistas y jerárquicas que refuerzan nuestra sumisión? Nada que ver con la amistad.

La verdad es que no es extraño que el cristianismo medieval mostrase cierta desconfianza respecto de la idea clásica de la amistad. Esta proponía una comunidad igualitaria, una salvación en esta vida e incluso una mística sin religión. Por eso los padres de la Iglesia sustituirán la idea de *amicitia* por la de amor al prójimo, o *caritas,* que concebirán como una relación amorosa entre todos los seres humanos, sin distinción, que no surgiría de aquel *amor primero* hacia la virtud de aquellos a los que admiramos sino del mero hecho de ser hijos de Dios. Parecía una buena idea. Pero había trampa, porque de ese modo el lazo social dejaba de ser horizontal y humano, para hacerse vertical y divino, lo cual establecía una cierta separación entre los hombres, al subordinar los lazos existentes entre todos ellos al lazo de cada uno de ellos con Dios padre. De ahí que los miembros de una comunidad cristiana no sean ya amigos *(philoi)* sino hermanos *(adelphoi)*.

También el feudalismo se interesó más por el amor que por la amistad. Se interesó por la mística del amor cortés, en la que dominan el idealismo, la verticalidad, la sumisión e incluso el sacrificio, pues no se trata de un amor real entre personas reales, sino de un amor ideal que reproduce el amor que le debemos a Dios. El amor cortés era la alegoría perfecta del vínculo feudal. Nadie saluda a su señor abrazándolo como a un amigo, sino arrodillándose y besándole la mano, como a una dama provenzal a la que debemos obedecer y proteger con nuestra propia vida. Lo mismo sucederá, luego, con la nación, que se nos aparecerá como una bella dama, virgen e indefensa, cuyo honor, siempre en peligro, debemos defender como si fuésemos caballeros andantes.

Resulta, pues, necesario repensar el amor de cero. Hacerlo realista para que no se base en una idealización del objeto amado, sino en la aceptación gozosa de su ser; hacerlo activo, para que no surja del deseo de colmar una carencia, sino, como decía Spinoza, de la expresión afirmativa de la propia potencia, y hacerlo realmente potente y potenciador, porque conocer, aceptar y reforzar a aquellos a los que amamos son actividades que siempre retornarán a nosotros bajo una forma positiva. En este sentido entiendo el amor como una pasión alegre. Es cierto que, de momento, este amor se parece más a la amistad que a cualquier otra cosa. Mas no importa el nombre si gozamos del hecho.

Dicho esto, la amistad (que otros llaman amor) es un afecto alegre, ya que aumenta nuestra potencia. Como la amistad de sí, que recomendaba Horacio, la amistad de los demás permite que nos conozcamos mejor, en virtud del pacto parresiasta con el que le permitimos, y exigimos, a nuestros amigos que nos digan la verdad acerca de nosotros mismos, y nos permitimos, y exigimos, decírsela nosotros a ellos. La amistad también facilita que conozcamos mejor a los demás, ya que se basa en la frecuentación, la aceptación y el respeto del ser del otro, que solo aflora entre amigos, como decía Montaigne (cuyo libro, que busca la amistad del lector, le permite que este se lea a sí mismo). La amistad también nos permite desplegarnos mejor en el mundo, ya que, además de establecer lazos de protección y ayuda, nos estimula y nos abre. Pero no se trata solo de que la amistad pueda vencer al miedo, es que lo vence de antemano. Porque la amistad nace del valor. Del valor de tratar de ser merecedor de la amistad de las demás personas; del valor de decir y escuchar las verdades que hemos de escuchar y de decir; del valor de ayudar al amigo en caso de dificultades; del valor de ser nosotros mismos en presencia de los demás; del valor, en fin, que hemos de demostrar para que los demás deseen nuestra amistad. La amistad también impediría el miedo, pues, entre los amigos, los celos, la envidia y la vergüenza, que son modos del temor, se transforman en confianza, emulación y apertura. Las aventuras de Tom Sawyer y Huckleberry Finn son dos grandes epopeyas de la amistad. En virtud de su poder conector, los tres protagonistas no reconocen ningún tipo de frontera social o racial, y unidos superan el miedo de abrirse al mundo exterior. Dos tipos de enemigos les rondan a Tom, a Huck y a Jim: de un lado, los ladrones, los contrabandistas y la policía; del otro, los adultos, que olvidaron la amistad, y viven solos y asustados, pintando de blanco las negras vallas de sus categorías.

§ *Tierra, trágame.* La vergüenza nace del miedo de verse burlado o escarnecido. Este temor nos impide poner en juego algunas de nuestras potencias fundamentales. El tímido se queda sin hablar, sin actuar, sin conocer, sin pensar, sin escribir, sin cantar o sin bailar. Piensa que los demás están esperando a que se equivoque. (Como si no estuviesen ocupados en pensar que él está esperando a que ellos se equivoquen.) Ese tribunal es tan imaginario como el del apocalipsis, pero sus sentencias nunca dejan de cumplirse. Básicamente porque el verdugo y el reo son la misma persona, pues el miedo lo sume en un mutismo doloroso y en una pasividad frustrante que lo lleva a odiarse a sí mismo. Se mataría.

Pero la vergüenza no bloquea nuestra potencia para actuar solo ante los demás sino también ante nosotros mismos. Todos nos miramos con la mirada con la que creemos (muchas veces de forma equivocada) que nos miran los demás. Por eso ni siquiera en nuestros pensamientos somos sinceros. Como decía Francisco López de Villalobos: «Pienso que mi pensamiento no piensa que pienso yo.» Para más inri, también es habitual sentir vergüenza de sentir vergüenza, lo que aumenta todavía más nuestra confusión y sentimiento de impotencia.

La vergüenza puede verse intensificada por otros miedos más generales, como, por ejemplo, el miedo a los dioses o a la tradición, que llevarían el temor al escarnio social a un nivel superior. ¡Dios te ve! ¡Eres una vergüenza para tu país! ¡Serás escarnecido por las generaciones futuras! El miedo al fracaso también aumenta la presión que la vergüenza ejerce sobre nosotros. No pasaré esa entrevista de trabajo, no podré ser actor, no llegaré a ser nadie. Así es como el miedo, en sus muy diversas formas, aumenta el poder debilitante de la vergüenza.

Me parece que he repetido demasiadas veces la palabra «vergüenza» en este apartado. ¡Qué vergüenza! Bueno, mejor una vez rojo que mil colorado.

§ *Antitheos.* Frente a la vergüenza está el orgullo, que es la exultación de sentirse y mostrarse merecedor de la admiración y la amistad de los demás. Decimos que dicha pasión es alegre porque tiende a iniciar acciones y a mantener proyectos. El que desea sentirse orgulloso se forzará a hablar a pesar de la timidez, a escribir a pesar del bloqueo y a actuar a pesar del miedo. El resultado de estas acciones aumentará su orgullo y su deseo de seguir sintiéndolo, lo cual le llevará a su vez, en una especie de círculo virtuoso, a realizar nuevos esfuerzos, llegando a descubrir capacidades y energías que nunca sospechó que poseyera.

«Cuando las fuerzas te fallen, que te salve el orgullo», decía Nietzsche. Para el orgullo ningún fracaso es definitivo, pues se considera merecedor de aquello que el mundo o las circunstancias le niegan, si bien nunca de forma absoluta, porque de nada podemos estar más orgullosos que de tener fuerzas para volver a levantarnos después de haber caído. Por así decirlo, todo proyecto persigue dos objetivos: el objetivo externo, que busca un resultado concreto, y el objetivo interno, consistente en tratar de hacer todo lo posible por conseguirlo. Solo este segundo objetivo depende de nosotros, y por eso su cumplimiento tiene valor independientemente del resultado alcanzado. Alguien puede lograr sus objetivos tras haberse rendido (gracias a un golpe de suerte, por ejemplo); y alguien puede no haber logrado su objetivo externo y aun así haber perseverado (lo cual es uno de los temas preferidos de la epopeya). Solo la realización de ese valor, independiente de todo resultado, merece ser llamado «triunfo». Es el solo *invictus*. Y en este sentido Roberto Bolaño me parece un autor épico.

Más aún, el orgullo puede liberarnos del miedo a los dioses o a la tradición, pues se alza como una afirmación autónoma que no necesita de ninguna confirmación teológica o trascendente. No es extraño que muchas culturas y religiones hayan considerado el orgullo como el peor de los pecados capitales. Es el pecado de *hybris* de Faetón, de Ícaro, de Ixión o de Prometeo. También es el pecado de Odiseo, al que Homero llama *«antitheos»*, esto es, 'competidor de los dioses'. Es el orgullo de Lucifer, pero también el de los niños que se levantan contra sus padres o el de los pueblos que se alzan contra los tiranos. ¡Ceniza sobre vuestras cabezas!

A la vez, el olvido de los propios límites —de los límites naturales, no de los límites que nos impone la sumisión— no puede traer nada bueno. No hablo, pues, del malditismo romántico, voluntarista y autodestructor. Hablo de otro tipo de orgullo, más realista, que no surgiría del triunfo imposible sobre los límites, sino de la capacidad para combatirlos con fuerza y encajarlos con entereza.

Pero el orgullo no es solo un acto moral o psicológico sino también cognoscitivo. Es una especie de inventario de todo aquello bueno que somos o tenemos. El miedo tiende a tener en cuenta solo aquellos hechos que *prueban* su debilidad, pero olvida sus fuerzas, que suelen ser mucho más numerosas de lo que él piensa. No ser conscientes de nuestras valentías nos hace sentir cobardes, lo cual nos inhibirá o bloqueará aún más.

La orgullosa toma de conciencia de ese iceberg de coraje puede ayudar a movilizar al resto de las tropas. Spinoza llamó «humanidad» al ánimo que evita estimarse en más de lo justo (cayendo en la «soberbia») y en menos de lo justo (decayendo en la «abyección»). El orgullo es a la vez el medio para romper con ese desequilibrio en nuestro autoconocimiento y el resultado por haberlo conseguido. No se trata de engañarnos con falsas virtudes, ni de negar nuestras debilidades, sino de ver ambas dimensiones, con la convicción de que acabará ganando la valentía si logramos ponerla al frente del batallón. Que conste que no me gustan las metáforas bélicas.

Al miedo le gusta disfrazarse de falsa humildad, de falsa modestia, de falso sentido común. Ese mal consejero nos susurra al oído todo tipo de motivos para renunciar al orgullo y, lo que es peor, a las acciones que puedan llevarnos hasta él: «¿quién eres tú para pretender algo?», «nunca llegarás a nada», «ya se ha escrito demasiado». Son los *logismoi* del miedo. Esta falsa humildad no busca una asunción de nuestros límites sino que los exagera, disminuyendo lo que somos e impidiendo lo que podríamos ser. El miedo es como Radio Luxemburg, la radio con la que los nazis buscaban que sus enemigos creyesen, mediante falsas noticias, que sus fuerzas eran pocas y la derrota estaba cerca.

Toda acción creadora es un acto de grandeza, de presunción, e incluso de locura, como intuyó Erasmo. Toda acción, desde tener un hijo hasta decir una palabra (esta misma palabra también), puede ser saboteada por una sensación de vanidad y absurdo que solo se puede resistir con cierto punto de orgullo. Sacar una acción de la nada es un acto tan mágico como sacar un conejo de una chistera. Si las religiones fuesen coherentes, hasta en el más pequeño gesto verían un *pecado de hybris* y nos impedirían caminar. Frente a la tentación de la inanidad que nos inocula el miedo, podemos oponer un orgullo sano, dispuesto a luchar por que nos sintamos dignos y merecedores de la magia de crear. Seamos *antitheos* y compitamos con los dioses.

§ *Orfeos laterales*. El corredor que mira hacia atrás por temor a ser alcanzado pierde velocidad y contribuye a incrementar las posibilidades de acabar tropezándose. También la envidia reduce nuestra potencia, pues nos distrae de lo que hacemos y alimenta nuestra propia inseguridad con la contemplación resentida de las potencias ajenas. El envidioso gasta una energía digna de mejor causa en controlar, estudiar y evaluar lo que hacen los demás. Mirar a los lados es su perdición. Es un Orfeo lateral.

La envidia está relacionada con el miedo a ser menos capaz, digno o apreciado que los demás. En tanto que hermanastra del terror, la envidia distorsiona nuestro conocimiento de las cosas. Como dice Bertrand Russell, la envidia «consiste en no ver nunca las cosas tal como son, sino en relación con otras». Sus juicios son arriesgados, cuando no delirantes, puesto que comparan situaciones incomparables, ya que toda persona, situación o valor son relativos a contextos muy diferentes, y en muchas ocasiones insondablemente personales. Si fuésemos capaces de conocer con cierta objetividad el destino de aquellos a los que envidiamos quizá nos sorprendería ver que no es tan ventajoso como solemos pensar. A lo mejor envidiamos al prisionero de un espejismo. A lo mejor nuestro desierto es una playa. Como dicen los franceses (con los que siempre nos comparamos): «*Comparaison n'est pas raison.*»

Y es que la envidia también nos impide conocernos, ya sea porque nuestra mirada se centra exclusivamente en la persona que envidiamos, ya sea porque nuestro orgullo herido evita nuestras propias miradas. Conocerse a sí mismo no es un tópico filosófico, es el mejor camino para aumentar nuestra potencia. El objetivo de conocer los propios límites y defectos no es sumirse en la culpa y la resignación, sino adaptar mejor nuestros proyectos a nuestros medios y nuestros medios a nuestros proyectos para lograr, de ese modo, un despliegue óptimo de nuestra energía.

La envidia no solo supone un obstáculo cognoscitivo sino también ético y metafísico, puesto que el pensamiento comparativo nos impide conectar con el presente («este día es hermoso, pero la primavera es más bella en Sicilia»), consentir con la vida («tengo razones para ser feliz, pero otros tienen más») o captar la maravilla de que las cosas simplemente sean («el valor de todo es su precio relativo»). Todo lo cual disminuye nuestra potencia, puesto que desatender el instante y disentir con el mundo nos condena a todo tipo de distracciones y vacilaciones debilitantes.

§ *Variaciones Gould*. El afecto alegre opuesto a la envidia es la admiración, que es la capacidad de ver en el otro aquello que deseamos para nosotros. Se trata, pues, de una forma de autoconocimiento que nos permite aquilatar nuestras fuerzas y reconocer una dirección. Lo cierto es que nada moviliza más nuestras potencias que el deseo de emulación.

(¡Quiero tocar como Glenn Gould!) Otras veces las redirige en una dirección más provechosa. (¡Nunca tocaré como Glenn Gould! Bueno, no importa, quizá puedo ser un buen director, un buen compositor, un buen profesor, o alguien que disfruta mucho de la música.) Así es como lo que la envidia nos quitaba con una mano, pues le concedía al otro una superioridad, al transformarse en admiración nos lo devuelve con la otra en términos de autoconocimiento y energía. ¡Gracias, Glenn Gould!

La admiración exige una aceptación, a veces dolorosa, pero a la larga benéfica, de los propios límites. Sustraerse a esa dura ascesis necesaria resulta perjudicial. El escritor o escritora que, por miedo a verse aplastado, decide evitar o denigrar a los grandes clásicos, está renunciando a una frecuentación que podría resultarle beneficiosa. El miedo a que el reconocimiento de los demás revele nuestra insuficiencia o impotencia suele llevarnos a escudarnos en la envidia y en el odio, lo cual nos hace gastar unas preciosas energías que podríamos haber dedicado a emularlos.

Habla Nietzsche de un vigilante de tumbas que siguió custodiando el sepulcro cuya guardia se le había encomendado aun después de haber descubierto que estaba vacío. Ciertamente, el influjo vitalizador de la admiración y la emulación puede ayudarnos a superar el temor a tener que renunciar o a cambiar de proyecto existencial o artístico. Es mejor hacer el duelo del idealismo pronto y buscar un proyecto mejor adaptado a las propias energías o capacidades. Debemos saber parar a tiempo, si no queremos dilapidar nuestras energías, como les sucede a los corredores de bolsa que no se atreven a vender sus acciones cuando su precio está bajando. En esos cambios hay algo ciego y azaroso. Cervantes no se imaginaba que iba a pasar de ser un dramaturgo pasable a ser un novelista insuperable. También Rousseau pasó de ser mal músico a buen filósofo, y Bolaño de mal poeta a buen prosista. Con las ruinas de un mal templo podemos construir un buen palacio. Decía Sancho Panza: «la derrota es el botín de las almas bien nacidas». No hay garantías de que ese botín sea el definitivo y no nos esperen más derrotas, pero *«le vent se lève..., il faut tenter de vivre»*. Claro que la admiración no es una cuestión exclusivamente artística, sino también existencial o política. Nada más sano que admirar y emular la alegría o la energía de una persona, o la efervescencia cultural, política o económica de un país.

§ *Ideas de mundo.* Spinoza nos propone superar el odio al mundo buscando su amistad. Por amistad del mundo entiendo la frecuentación cordial de la realidad, en cuya desordenada variedad no deberíamos ver (solo) un caos absurdo, sino (también) una fiesta arrebatadora. La amistad del mundo es alegre, porque esa actitud de recepción y apertura aumenta nuestros conocimientos, posibilidades y energías. Siempre podremos más si conocemos y frecuentamos el mundo, que si lo ignoramos y nos apartamos de él. Tal y como decía más arriba, un amigo no es solo alguien al que no se teme, sino también alguien junto al que el miedo desaparece. Por eso, lo contrario del miedo no es la valentía sino la amistad. ¿Y qué mejor amigo que el mundo? ¿Qué podemos temer a su lado?

Pero ¿de qué modo se logra esa amistad? Las dos vías más transitadas por los filósofos han sido la frecuentación de la naturaleza y el trato con la mayor diversidad posible de formas humanas de vida y de pensamiento. De un lado, la persona que busca la frecuentación de la naturaleza, logrando sobreponerse al rechazo o al miedo que puedan despertar en ella los insectos, el cansancio, la lluvia, las fieras, la soledad o la desubicación, se hace merecedora de la amistad de la naturaleza. No se trata de personalizarla e imaginarla como una especie de divinidad que pueda brindarnos una «amistad» en términos humanos. No se trata de abrazar árboles (especialmente si manan resina). Lo que sucede, simplemente, es que del trato frecuente con la naturaleza surge un mayor conocimiento del mundo y de nosotros mismos, un aumento de nuestras fuerzas físicas y espirituales, un incremento de nuestra confianza, y el hábito de superar el cansancio, la soledad, el absurdo, el miedo o la infinitud.

Existe toda una tradición de ejercicios filosóficos de asunción de la naturaleza, que va desde los baños de sol de Diógenes el Perro y las *Cuestiones naturales* de Séneca, hasta el *Aleph* de Borges y los poemas de Zurita o Inger Christensen, pasando por Marco Aurelio, Montaigne, Goethe o Nietzsche. La sigue Walt Whitman en sus *Días ejemplares de América*, que pueden tomarse como un conjunto de ejercicios preparatorios de *Hojas de hierba:* escuchar el sonido de los animales («Abejorros», «Notas de la codorniz»), contemplar el cielo («El cielo. Los días y las noches»), observar la orilla del mar («Un día de invierno a orillas del mar»), desnudarse en la naturaleza («Un baño de sol. Desnudez») o sentarse junto a un arroyo («El manantial y el arroyo»).

La otra vía era experimentar la mayor variedad posible de formas humanas de vida y de pensamiento. Esto puede hacerse observando, viajando, conversando, leyendo o, como sugiere Emerson (y toda la tradición literaria estadounidense, de Melville a Palahniuk, pasando por Louisa May Alcott y Bukowski), teniendo múltiples oficios, puesto que cada profesión nos ofrece una intimidad diferente con el mundo. El carpintero conoce las entrañas de la madera, y el marinero las vetas del mar. También se puede viajar. Viajar estrecha nuestros lazos con el mundo. Cada idioma desconocido, cada idea sorprendente, cada costumbre desusada y cada experiencia insólita es, como diría Spinoza, un nuevo modo de la infinita sustancia. Cuantos más modos experimentemos, más cerca estaremos del mundo en su totalidad, aunque siempre será una parte infinitesimal. Además, esa intimidad disminuirá nuestros miedos y aumentará nuestra potencia de vida, porque de los viajes y de las expectativas surgen nuevas posibilidades de actuar, de colaborar o de refugiarse.

La amistad del mundo también se gana conversando con una gran variedad de personas. Cada una, con sus ideas, sentimientos y experiencias particulares, supone una modulación diferente del mundo. Sus temas y obsesiones, por separado, son prisiones, pero, en conjunto, forman una fiesta multitudinaria, en cuyo techo gira la bola de espejos de la vida. Esa fusión celebratoria no solo diversificará nuestras fuentes de placer sino que establecerá complicidades, apoyos y alianzas que aumentarán nuestra potencia.

Montaigne se obligaba a pasear sus ideas. Cada día, tras escoger, entre los libros (o sobre las vigas) de su biblioteca, una idea que le pareciese estimulante, salía al exterior para ponerla en juego mediante conversaciones, discusiones u observaciones. Campesinos y nobles, hombres y mujeres, protestantes y católicos, animales, paisajes, inscripciones, edificios. Incluso sus enfermedades y accidentes, como su caída del caballo, que casi le costó la vida. Todo le servía para ampliar y practicar lo leído. Por eso, cuando regresaba a su torre y se sentaba a escribir sus ideas, estas habían ganado no solo en profundidad sino también en intimidad con el exterior. Hay personas de mundo. Montaigne poseía, además, *ideas de mundo*.

Horacio también buscó esa forma de amistad. En sus poemas usa constantemente el vocativo, aplicándolo a todas las realidades del mundo. Pero no lo hace de una forma meramente poética, sino muy real. Les habla a todas las cosas, porque desea su amistad: a una estatua, a una ánfora de vino, al sol, a la ciudad, a su cuerpo... No se trata de antropomorfizar el mundo, ni de abrazar árboles (ni de dejar de hacerlo si a uno le sienta bien). Desear la amistad del mundo es desear frecuentarlo para contagiarse de sus virtudes, esto es, de sus potencias: resistencia, continuidad, expansión y fuerza. Porque todas las cosas encierran virtudes admirables de las que podemos aprender: nos hablan a su manera, nos socorren, nos necesitan, y contribuyen, si sabemos acogerlas, a aumentar nuestra propia potencia. Se dice que lo que no nos mata nos hace más fuertes. Lo cual también incluye todo aquello que nos parece, por inadvertencia, indiferente. El mundo es un animal del que se aprovecha todo.

§ *Desagraviar a Pangloss*. Tengo un amigo que dice que un optimista es una persona mal informada. La confianza en el mundo no es optimismo. Es algo más parecido al viejo argumento kantiano según el cual, si actuamos como si existiera el progreso, entonces nuestras acciones serán de tal tipo que puede que hagan que la historia progrese. Los giros de este círculo virtuoso son los que harían avanzar la máquina. No es, pues, una afirmación dogmática acerca de la naturaleza de la realidad, o una profecía acerca de lo que va a pasar, sino una afirmación performativa, que, por el mero hecho de ser afirmada (y creída), aumenta las posibilidades de que aquello que afirma llegue a ser cierto, sin que ello suponga, evidentemente, una garantía absoluta. Es el «como si», el *Als Ob*, de Vaihinger.

Frente a la desconfianza en el mundo, que suele traducirse en una ansiedad debilitante, la confianza en él nos ofrece una serenidad que, aunque al final pueda revelarse equivocada, es beneficiosa desde el primer momento, y contribuye, de ese modo, a coronar nuestros esfuerzos. A nivel corporal, esa confianza nos libra de las heridas de la ansiedad, nos permite dormir mejor, digerir mejor, responder mejor; lo cual siempre resultará beneficioso. Y a nivel psicológico nos da una mayor claridad de pensamiento, seguridad de acción y, sobre todo, derroche de fuerzas. Así es como las buenas perspectivas generan nuevas energías.

Para el miedo, la realidad es una resistencia absoluta ante la cual no podemos nada. Para la confianza, es un lugar favorable a nuestros esfuerzos, a condición de que estos sean apropiados a nuestra naturaleza. Lo que está en discusión no es, como en las alegorías medievales, si el mundo es un lugar miserable o no. No hablamos del llanto de Heráclito ni de la risa de Demócrito. La cuestión es que el miedo crea aquello que teme, infundiéndonos un desánimo triste, mientras que la confianza crea lo que desea, al liberar y movilizar nuestra energía. Desde un punto de vista cognoscitivo, ambas posiciones son igualmente incontrastables; desde una perspectiva pragmática, la segunda es mejor. Como dice Sor Juana en su romance escéptico:

> No es saber, saber hacer
> discursos sutiles, vanos;
> que el saber consiste solo
> en elegir lo más sano.

La persona que confía en la realidad se abre a ella, y toda apertura genera cierta benevolencia. La amistad con el mundo y la confianza en el mundo están estrechamente conectadas. Al fin y al cabo, solo una cierta intimidad con la realidad puede permitirnos escoger y diseñar nuestros esfuerzos de forma acorde a las circunstancias, y solo cuando eso sucede confiamos en que podrán llegar a buen puerto. El fantasioso confía en sus sueños, no en el mundo. Para confiar en que el mundo va a sernos favorable, debemos haber aceptado antes sus condiciones. Es el salto de fe, el salto de aquella fe filosófica en el mundo de la que hablaba Deleuze.

§ *Desconocida raíz común.* El asco es un miedo al contagio. La intolerancia es un asco ontológico. Sentimos asco ante un cuerpo o un plato de comida pudriéndose. Sentimos intolerancia ante la disolución de las categorías que ordenaban nuestro mundo. Son como los dos cuernos del toro. Están separados pero comparten una raíz común. El miedo a la muerte.

Tanto el asco como la intolerancia nos debilitan, pues nos llevan a apartarnos y a aislarnos. De la misma manera, el rechazo físico y espiritual que provocan respecto del mundo nos impide explorarlo, descubrirlo, experimentarlo, conocerlo, recorrerlo o dominarlo. Su efecto general es reducir nuestra capacidad para conseguir todo tipo de recursos, alimenticios, sentimentales, sociales o intelectuales. La persona que no soporta probar alimentos nuevos o siente un asco excesivo frente a la suciedad nunca comerá fuera, no viajará, no hará amigos nuevos, y no será capaz de escuchar nuevas ideas. Preferirá vivir encerrado en rutinas de protección que le permitan controlar y vigilar en lugar de observar e intercambiar.

La intolerancia es el asco espiritual que sentimos hacia todo aquello que representa alguna diferencia o desviación respecto de nuestra idea de normalidad. Esta repulsión también nos inflige una pérdida de potencia, puesto que genera actitudes de prevención, puritanismo, negación o inmovilismo. Actitudes que nos impiden experimentar, a nivel individual y colectivo, nuevas formas de acción o de vida; convivir, comprender y encajar los cambios; y defender solo lo que realmente vale la pena.

Cuanto más intenso sea nuestro miedo, más profundos serán nuestro asco y nuestra intolerancia. Pues al intolerante no le irritan las costumbres de los extranjeros, de los diferentes o de los subversivos por razones exclusivamente «morales». Le irritan porque teme que los cambios que esas personas propician o representan supongan una amenaza para su supervivencia física, social, cultural o identitaria. El miedo a la muerte intensifica la intolerancia, y la intolerancia aumenta el miedo a la muerte, porque cada vez más cosas nos dan cada vez más miedo. Es un círculo vicioso que solo podremos romper si sustituimos el miedo a la muerte por el amor (o amistad) a la vida. Con todas sus consecuencias.

En 1856, Thoreau visitó a Whitman, acompañado de Bronson Alcott (el padre de Louisa May Alcott, la autora de *Mujercitas*). El encuentro fue decepcionante. Los dos grandes escritores se ignoraron como dos icebergs que se cruzan en la noche. Pero hay un detalle que no puedo dejar de comentar. En el centro de la habitación había un orinal con heces. Sabemos por sus diarios que Whitman se ejercitaba en superar el asco. Su concepción de la vida y la muerte como los dos dientes fundamentales de la rueda de la naturaleza le llevaba a esforzarse por aceptar todas las formas de descomposición y degradación. Finalmente, los dos poetas sí protagonizaron una gran escena, pues asistieron frente a aquel orinal al espectáculo de la naturaleza girando sobre sí misma. Aquella otra *faeces mundi* era la piedra de Sísifo que, tras haber llegado al fondo de la sima de la descomposición, volvería a subir muy pronto transformada en insectos, en abono, en tierra y en hojas de hierba. Porque hasta ese orinal también llegaba la desconocida raíz común. A Ovidio se le olvidó cantar las metamorfosis de las heces.

§ *Aire.* Frente a la pasión triste del asco y la intolerancia, que dificultan nuestro contacto y, por lo tanto, nuestra amistad con el mundo, se opone la pasión alegre de la tolerancia. No hablo de la tolerancia como de un valor metafísico que participa del «Bien» con mayúsculas, entendido como una forma de cumplir un mandamiento divino o trascendente, sino como algo «bueno», esto es, como algo que favorece nuestro *conatus* o deseo. El término «tolerancia» incluye la raíz indoeuropea *«tel»*, que se halla también en el «Atlas», 'portador del mundo', de los griegos. En latín *«tolerare»* significa 'aguantar' o 'soportar'. Así que, en su origen, la tolerancia no consiste en aceptar la libertad de ser o actuar del mundo (¿qué sentido tendría eso?) sino en soportar o aguantar sus aspectos más incómodos o desagradables. «*Res no és mesquí*», nada es mezquino, decía el poeta Joan Salvat-Papasseit.

Se puede desarrollar, mediante una exposición progresiva, una cierta tolerancia al veneno, al alcohol, al cansancio o al dolor. Mejor aún es desarrollar una tolerancia al mundo: a sus olores, sabores, presencias o experiencias, que, aunque en un principio puedan parecernos desagradables, su frecuentación puede hacérnoslas tolerables y, en ocasiones, amables. «*Je ne méprise rien*», decía Leibniz, del que Spinoza nunca se fió.

La tolerancia propicia el consentimiento con el mundo, y a la vez se alimenta de él. Es como la nube que llueve sobre el mismo mar del que emanó. Sin el amor por el recién nacido o por el padre envejecido no soportaríamos limpiar sus heces, y, sin la excitación sexual, las mucosas, los líquidos, los sabores y los olores corporales nos resultarían repulsivos. De forma semejante, si sentimos amor y deseo por el mundo, sus dimensiones más desagradables, y por lo tanto más temibles, podrían resultarnos aceptables, si no deliciosas. Pero para eso hace falta abrirse valerosamente al mundo. Lo que Nietzsche llama, en *El viajero y su sombra*, «la gran trinidad de la alegría»: la serenidad, la grandeza, el sol. No palabras, no píxeles, sino *things, things, things*.

La tolerancia es una pasión alegre, porque nos permite conocer la realidad de forma más completa, colaborar con el mundo de forma más plena y establecer más y más intensos lazos con las demás personas. Todo lo cual redunda en un mayor despliegue de nuestra potencia de vida. Uno de los ingredientes más deliciosos de los cuentos infantiles es el proceso en virtud del cual el protagonista traba una serie de amistades que acabarán socorriéndole llegado el momento. A los niños les encanta sentir de qué modo esas alianzas aumentan de forma insospechada sus posibilidades de salir sanos y salvos de esa aventura. Al menos en este punto podríamos hacer caso a Bruno Schulz, quien nos propuso «madurar hacia la infancia».

Por otra parte, la tolerancia reduce la intensidad de nuestros rechazos. A mayor tolerancia, menos conflictividad y violencia, y, por lo tanto, menos miedo e impotencia. Cuántos problemas surgen de sobrerreacciones alérgicas que podrían haberse evitado con solo tragar lentamente un poco de saliva.

Como vimos, el miedo a ser infectado, manchado o perjudicado, ya sea a nivel corporal, mental, social o identitario, se halla en el origen de la intolerancia, y nos aparta del mundo. El gigante Anteo solo era invencible mientras tocaba la tierra, pues de ese modo su madre, Gea, le transmitía su poder. Hércules lo venció estrangulándolo mientras lo sostenía sobre sus hombros. El miedo nos levanta con los brazos del asco y de la intolerancia, sustrayéndonos de las inmensas reservas de energías que el mundo guarda para el que se atreve a vivir en contacto con él.

Un modo de apartarse del mundo es fijarse en uno solo de sus aspectos. De forma general, el «apasionado» sufre de una cierta monomanía que le impide relacionarse de forma diversa y fluida con el mundo. Viendo solo el dinero o el poder, el avaricioso o el ambicioso se niegan el acceso a otras fuentes de energía que quizá a ellos les parezcan despreciables, pero cuya falta, a la larga, los acabará debilitando. Pues la amistad, el conocimiento, la libertad, el arte o la bondad no son vagos valores morales que nuestra cultura grecorromanojudeocristianaanglosajonaubuntu ha divinizado, sino verdaderas fuentes de apoyo, ayuda, placer, estímulo o confianza; esto es, de potencia de vida.

La apertura tolerante a la infinita variedad del mundo previene o deshace la monomanía de las pasiones en general y del miedo en particular. No sirve de nada decirle a un obsesivo que no piense en lo que le obsesiona, porque nosotros mismos le estaremos recordando qué es aquello que le obsesiona; no sirve de nada asegurarle a un paranoico que no le siguen, porque considerará que nosotros mismos tratamos de colaborar con los que se ocultan, tratando de convencerle de que baje la guardia; y tampoco sirve de nada que le demos a una persona triste mil razones para vivir, porque el hecho de que él no sea capaz de verlas o apreciarlas, y nosotros sí, lo sumirá todavía más en su depresión. Digamos lo que digamos, dirán «más a mi favor», aunque vaya en su contra.

Y es que el obsesivo, el paranoico, el deprimido y el asustado no necesitan razones (menos aún si estas están relacionadas con su monomanía), porque las pasiones son capaces de girar cualquier argumento en su beneficio, que es nuestro perjuicio. Lo que necesitan, como dice Chesterton en *Ortodoxia*, es aire, esto es, variedad, multiplicidad, movimiento, cambio y apertura. Como el agua o el aire, que limpian porque fluyen, la conversación, el paseo, el cambio, la distracción o la lectura, en definitiva la apertura a la variedad del mundo, nos liberan de la monomanía de la pasión, y nos devuelven el contacto con las muy diversas fuentes de energía que nos rodean.

Un suicida abre la ventana, se sube al alféizar y descubre que todo lo que le faltaba eran unas buenas vistas y un poco de aire fresco. A Bertrand Russell le salvaron las ganas de aprender un poco más de matemáticas, que son un paisaje no menos sublime y aireado. Dos mil años antes, pseudo-Longino afirmó, en *De lo sublime*, que «la naturaleza nos ha traído a la vida y al mundo, como a un enorme espectáculo, para erigirnos en espectadores de todo lo que en ella ocurre». No sabemos qué es la naturaleza, no tenemos noticia de que tenga voluntad alguna, tampoco parece probable que el ser humano haya recibido una atención preferencial por parte de esa naturaleza que desconocemos y que no parece tener voluntad alguna... Pero gracias al viento que entra por todos los agujeros de esa frase la niebla de sus conceptos se disipa y queda lo único importante, que es el aire, la apertura. Las palabras no importan, porque, como decía Monet, para ver, debemos olvidar el nombre de las cosas que estamos viendo.

§ *Los anillos de la boa.* Al miedo le gusta disfrazarse de tristeza. «No me siento con ánimos.» «Total para qué.» «Dejadme, no estoy para historias.» Cada suspiro es una excusa. La melancolía es el círculo de tiza al que no pueden entrar la vergüenza o la culpa que sentiríamos si reconociésemos que lo que tenemos es miedo. El que tiene pánico escénico puede convencerse de que está enfermo para no tener que actuar. El que tiene miedo a vivir se impone una profunda tristeza con el objetivo de justificarse ante sí mismo y los demás. El problema no es que esté triste. Estar triste es un derecho inalienable. El problema, precisamente, es que no está triste, o al menos no por eso que supuestamente lo aflige, sino que se inventa esa tristeza para no enfrentarse a su miedo. Y eso sí que es triste.

La melancolía es como la boa *constrictor,* que a cada nueva exhalación de su presa aprieta un poco más sus anillos, reduciendo paulatinamente la cantidad de aire que esta puede inhalar, hasta asfixiarla totalmente. Spinoza la define como «una tristeza que afecta a todas las partes del cuerpo, y por tanto, del alma, de modo que supone una disminución total de la potencia de existir y de obrar del hombre». El melancólico no solo se siente vencido por las resistencias de la realidad, sino que su mismo *conatus* o deseo ha sido prácticamente aniquilado. Cuando eso sucede, la tristeza ha llegado a su máximo nivel, pues, mientras haya frustración, todavía hay resistencia.

Con el permiso de Spinoza, hay una tristeza «buena». Es aquella que nos informa de que algo va mal y nos insta a solucionarlo. La melancolía no. La melancolía se instala en un estado de dejación, hasta el punto de que su único y paradójico esfuerzo es tratar de permanecer en ese estado: no dejarse animar, no dejarse seducir, no dejarse afectar por los seres que lo rodean ni por el mundo que lo llama. La melancolía es la potencia vuelta contra sí misma. La alegría trabajando para la tristeza. Es el *conatus* de la melancolía. Si la tristeza es el basurero del alma, la melancolía son las calles de Nápoles en plena huelga de basuras.

Una forma habitual de esa potencia oscura es la queja. Mas no la queja que busca informar de un sufrimiento o solucionar un problema, sino la queja pasiva, vacía y constante. Es el goteo del grifo, que ni limpia ni sacia. Es la queja del intelectual melancólico, que no tiene *gracia*. Es más bien un humor negro, que es lo que significa precisamente ese término en griego. Es un runrún que nos debilita, pues gasta la poca energía que nos queda en convencernos de la inanidad de todo esfuerzo; deforma nuestra visión de la realidad, magnificando los aspectos negativos, a la vez que oculta los positivos; y nos aísla, pues es un instinto natural, en todo aquel que no esté poseído por la melancolía, el evitar aquello que lo entristece y buscar aquello que lo alegra. Es la melancolía *constrictor*.

§ *Curb your enthusiasm*. Frente a la pasión triste de la melancolía, se halla el afecto alegre del entusiasmo. No hablo del entusiasmo contra el que nos prevenían los ilustrados, especialmente Shaftesbury y Voltaire. Para ellos, el entusiasta era el fanático: Clément, el asesino de Enrique III; Ravaillac, el asesino de Enrique IV; Garasse, el jesuita que respiraba sapos y culebras. Nada les convenía más que la etimología del término: creían estar poseídos por Dios. Tampoco hablo del entusiasmo que nos enseñó a ver Remedios Zafra, y que es la nueva servidumbre voluntaria de los que queríamos ser artistas, escritores, editores o periodistas (yo también pasé mis buenos doce años de esclavitud). Hablo de un entusiasmo que ni baja del cielo ni nos levanta la camisa; un entusiasmo que brota de la tierra y nos expande en todas las direcciones.

Si la alegría era el indicio de que una de nuestras potencias se está ejercitando y aumentando, el entusiasmo es la alegría de sentir que todas nuestras potencias aumentan de forma general. *Ecce signum!* Pero el entusiasmo no es solo un signo sino también una causa. Es un clima propicio. La persona entusiasmada puede olvidarse de comer y tiende a despertarse antes de que suene el despertador, pero no por falta de apetito o por insomnio, sino porque tiene ganas de continuar la tarea que la naturaleza le obligó a abandonar. La persona entusiasmada siempre encuentra tiempo, energías y razones para emprender o continuar sus tareas y proyectos; no suele gastar energía en lamentar lo que no ha hecho, ni se queja por lo que no le dejaron hacer; no critica ni envidia lo que hacen los demás. Hace todo lo que puede, y por eso siempre puede un poco más de lo que podía.

Libre de las pasiones tristes, sumida en un estado de feliz concentración, la persona entusiasmada no se da por aludida ante las resistencias, indiferencias o burlas del mundo, sino que continúa, impulsada por su propio movimiento, como la bola de nieve o el cuerpo del esquiador. El entusiasmo busca energías allá donde la melancolía solo encuentra obstáculos, logrando de ese modo crear algo de la nada, lo cual concuerda de otro modo con su significado etimológico: está poseído por el espíritu creador de los dioses. Está en estado de gracia.

Robinson no se recuperó de la tristeza y el miedo hasta que dejó de llorar frente al mar y le embargó el entusiasmo de transformar su isla desierta en su propio reino junto al mar. Dejó de buscar barcos a lo lejos. Dejó de temer que llegasen los caníbales. Y de espaldas al océano de la esperanza y el miedo, a los que Teognis llamó, con razón, *poderosos daimones,* se dejó llevar por la alegría de estar haciendo algo. (Otra cosa es que, tal y como nos enseñó a ver Michel Tournier en *Viernes o la vida salvaje,* una forma estupenda de hacer algo es no hacer nada que tenga un sentido meramente productivo, lo cual no impide que a veces tengamos que hacer lo que no queremos hacer para poder hacer lo que queremos hacer.)

Cuando un niño está mucho tiempo callado, le preguntamos: «¿Qué haces?» Y no nos damos cuenta de que somos el ángel de la espada de fuego que viene a expulsarlo del paraíso de la acción. «Altazor, ¿qué ángel malo se paró en la puerta de tu sonrisa con la espada en la mano?»

El gran peligro del entusiasmo es la tentación de la «potencia» (no ya la de Spinoza, sino la de Aristóteles), que es una especie de borrachera de posibilidades y proyectos que es tan agradable como adictiva. Porque cuando el paladar se habitúa a su intenso sabor puede encontrar insípida o decepcionante la acción real. Nos volvemos, entonces, incapaces de encajar el paso de la poesía de los inicios a la prosa de la continuación. Cuando esto sucede, pasamos de una alegría «en potencia» a otra alegría «en potencia», sin lograr realizar sin embargo acto alguno. Resulta gracioso que, en francés, *«potence»* signifique tanto 'potencia' como 'horca'. No hay verdadero entusiasmo en la alegría de la potencia sino solo en la del acto, esto es, la acción. Y paso al siguiente apartado, que hace demasiado tiempo que se balancea en la horca de lo potencial.

§ *Et pourquoi pas?* Veamos ahora de qué modo el miedo aumenta el efecto incapacitante de las pasiones tristes que se refieren no ya a nosotros mismos sino al mundo en general. Empecemos con el odio al mundo, bajo el cual subyace una cierta pulsión nihilista, que tiende a negar el valor o el sentido de todas las cosas. Esa atracción por la nada se agazapa en la insidiosa pregunta: «¿Por qué el ser y no antes bien la nada?» Suele decirse que es la pregunta metafísica por excelencia. Pero me resisto a aceptarlo, porque la metafísica es la desconexión de la mirada utilitaria, con el objetivo de ver, o admirar, la maravilla de las maravillas, que es como Aristóteles llama al mero hecho de que las cosas sean. Preguntarse, en cambio, *por qué* o *para qué* el mundo es arrojar sobre este la fría luz de la utilidad, que bloquea toda experiencia metafísica. ¿Por qué poner la carga de la prueba en la realidad? ¿Por qué lanzar la pelota del sentido sobre el tejado del ser? ¿Por qué escuchar al Yago del nihilismo y no hacer caso omiso del «caso», como Lázaro de Tormes, o como Montaigne, quien admiraba a los romanos porque cuando regresaban de un viaje enviaban a un mensajero antes para que sus esposas pudiesen *disponerlo* todo? Mejor no saber demasiado. Dejemos estar al ser. Para mí la pregunta metafísica por excelencia es la que se hace Robert Desnos cuando habla de seres imposibles y luego se pregunta afirmando: *«et pourquoi pas?»*, «¿y por qué no?».

No verle algún sentido al mundo, a la naturaleza, a los hombres o al arte no es el mejor punto de partida para poner en movimiento nuestras fuerzas. ¿Para qué conocer un mundo absurdo? ¿Para qué recorrerlo? ¿Para qué mejorarlo o aumentarlo, ayudando al que sufre, participando en política o creando una obra artística, si total todo queda en nada y es igual? ¿Si nada es, para qué cambiarlo? La realidad sería como el supermercado de aquel chiste ruso en el que un hombre pregunta si tienen calcetines y le responden: «No, camarada, aquí es donde no tenemos zapatos, donde no tienen calcetines es en el piso de arriba.» La duda sobre el sentido o la bondad de la vida es como un cadáver flotando en el pozo de la existencia. Es, quizá, la única duda que no nos podemos permitir, pues nos resta toda la energía, a la vez que infecta el mundo de vanidad.

Muchos autores románticos flirtearon con el nihilismo, sin advertir, quizá, su virtud desmovilizadora. El caso más flagrante fue el de Nietzsche, cuya doctrina del asentimiento aceptaba los argumentos negadores de la vida, contra los que luego se rebelaba, si bien antes había dejado que fuese la tristeza la que escogiese las armas del duelo. También Homero echaba de vez en cuando una cabezada.

El problema de las cabezadas es que pueden causar un accidente en cadena. Y no fueron pocos los que toparon con la tentación del nihilismo, disfrazada de lucidez. Paul Valéry (o Monsieur Teste) afirmó, en *Esbozo de una serpiente,* que la existencia es una broma o «un defecto en la pureza del No Ser». Contra todos ellos, quizá también contra sí mismo, Nietzsche sostuvo: «Sobre la vida, en todas las épocas los muy sabios han juzgado igual: *no vale nada...* Siempre y en todas partes se ha oído de su boca el mismo sonido, un sonido lleno de duda, lleno de melancolía, lleno de cansancio de la vida, lleno de oposición a la vida.» También es posible que el nihilismo fuese estetizado y fomentado con el objetivo de desactivar las pulsiones revolucionarias de la Ilustración. Pero hay que saber cambiar las luces largas de la lucidez para no deslumbrar a los camiones que vienen en el otro sentido, que es también el de la vida.

¿De qué modo el miedo aumenta el carácter debilitante de esta duda acerca del sentido del mundo? Para empezar, el miedo nos lleva a desvalorizar el mundo, con el objeto de reducir el peligro o la vergüenza de no atreverse. ¿Para qué arriesgarse a actuar si todo es vano? ¿Para qué escribir un libro si todos los libros son malos, si todos los lectores son ignorantes, si todo acabará siendo roído por los ratones? No seré yo quien vierta el sudor de mi frente a los ríos de tinta que se lleva el tiempo. Estaban verdes, decía la zorra. En otras ocasiones, el nihilismo es el premio de consolación que aceptamos a cambio de no participar en la carrera. No estamos siendo cobardes sino lúcidos. Y así nos lucimos.

El miedo a la muerte también alimenta el odio al mundo. Es una tentación despreciar o desvalorizar la vida como un medio para aliviar el miedo a la muerte, pues nos hace sentir que esa vida que tanto tememos perder en realidad ya está perdida. ¿Qué más da perder una mentira o una apariencia? Morir es despertar. *Mors imago veritatis*. Según Borges, el miedo a la muerte que sentía Macedonio Fernández no solo «lo indujo a negar el yo, para que no hubiera un yo que muriera», sino también a cuestionar la realidad, mediante el idealismo. Quizá en nuestra vida cotidiana no sea muy habitual parapetarse detrás de la metafísica, como Macedonio, pero sí podemos adoptar una postura distante, cínica, irónica o desvalorizadora, con el objetivo de reducir la ansiedad que nos provoca «el aguijón invisible».

Claro que este tipo de argumentos son ambivalentes, como la espada de los escépticos, y podemos cogerlos tanto por la hoja como por la empuñadura. Hay en Montaigne –siempre Montaigne– el esbozo de un nihilismo alegre. Este consiste en pensar que, si todo va a quedar en nada, no hay razón por la cual debamos tenerle miedo a hacer cualquier cosa. O, al menos, a *ensayarlo*. Frente al «si Dios no existe, todo vale» (que en verdad es un «nada vale» o un «todo vale... dinero»), Montaigne dice *«Il n'en est rien»*, esto es, «todo es nada», así que haz lo que más deseas, atrévete a todo, puesto que, a fin de cuentas, no pasa nada. *Et pourquoi pas?*

§ *Tom y Jerry y la metafísica.* Desconfiar del mundo es sentir que este siempre logrará que todos nuestros esfuerzos fracasen. La desconfianza puede disfrazarse de prudencia, de humildad o de sentido común. Ciertamente, la realidad es una inmensa resistencia a la que nunca podremos vencer de forma absoluta. Nuestra vida es un punto (en su sentido original, un instante). Y los puntos son inextensos, insignificantes. Pero eso es solo una parte de la verdad. Si los puntos fuesen realmente inextensos, ninguna línea existiría. No hablo de las líneas ideales de la geometría (no quiero enfadar a Alan Sokal), sino de las líneas reales del horizonte, de las casas, de la historia o de la acción. Nuestras vidas cuentan en la granulada composición del mundo. Además, son algo mientras no son nada, y ese algo lo es todo para nosotros, igual que lo es todo el tablero para el que juega una partida. ¿Qué más necesitamos?

La desconfianza construida con la madera podrida de la falsa lucidez es el caballo de Troya del nihilismo, que oculta en su vientre los soldados de la impotencia y la opresión. Es Pascal poniendo el pie en la puerta mientras dice: «Tiene un minuto para hablar del Señor.» Es cierto que el ser humano es una nada aplastada por dos infinitos. Pero de las uvas prensadas sale el vino. Y de nuestros días, una vida. Somos impotentes respecto a las resistencias del todo, es cierto. Pero también somos todopoderosos respecto a la nada de la insignificancia. Es uno de los convenientes de haber nacido. Deberíamos desescribir a Pascal, a Cioran y a Houellebecq, igual que ellos desescribieron a Lucrecio, a Montaigne y a Diderot. Deberíamos mirar con telescopio a la nada y con microscopio al todo.

El miedo no solo genera la desconfianza, sino que también la alimenta. El temor despierta una pulsión dogmática. Necesitamos saber qué puede pasar, queremos certezas de qué no va a suceder. De ahí, ya lo vimos, las comprobaciones del celoso. De ahí las pruebas del hipocondríaco. Pero esa búsqueda está condenada al fracaso, ya sea porque la certeza absoluta no existe (el riesgo cero, la apuesta segura), ya sea porque, aunque sea posible alcanzar un cierto nivel de certeza (una prueba médica más fiable, una crítica favorable, la enésima comprobación de que no nos han engañado), a nuestro miedo nunca le parecerá suficiente y no tardará en exigir una nueva dosis de seguridad.

Como vimos, para Lucrecio el miedo a la muerte es el origen de la hiperactividad de los seres humanos, que buscan acallar el rumor del río del tiempo con el barullo de la ocupación, la ambición o la guerra. Avanzamos inclinados hacia delante como el patinador de Thoreau, que lo fía todo a la velocidad para que la grieta en el hielo no le alcance. Vivimos como el fugitivo, que corre en zigzag para evitar las balas de su enemigo. Cualquier cosa menos quedarnos quietos y oír el crujido de la rama sobre la que nos hallamos. Pero no corremos para llegar a algún sitio, sino para huir de todos. Es una velocidad desconfiada que nos impide pensar, descansar, planear, ser o estar. Y eso, a la larga, nos agota y desanima. De acuerdo, el mundo nos acabará matando, pero, mientras tanto, nos deja hacer. La vida es el rato en que el gato juega con el ratón. ¿Por qué no jugamos nosotros con él? Nos queda mucho que aprender de *Tom y Jerry*.

3.3. LA ATARAXIA DESATADA

... cuando os pido que ganéis dinero y tengáis una habitación propia, os pido que viváis en presencia de la realidad.

VIRGINIA WOOLF, *Una habitación propia*

§ *Totus in antithesis.* No todos los filósofos identificaron la felicidad con el placer o la potencia. Muchos otros la vincularon con la serenidad. No tiene demasiado sentido preguntarse quién tiene razón. Casi todas las teorías éticas son complementarias. Sus diferencias son sobre todo de ángulo, de énfasis o de método. Y esas diferencias dependen, en muchas ocasiones, de apremios circunstanciales. ¿Tiendes a la melancolía? La alegría es la felicidad. ¿Eres una persona ansiosa? La felicidad es la calma. ¿Te sientes débil? No hay nada como la potencia. Dime tu ética y te diré cuál es tu mal.

Es muy probable que una misma persona, a lo largo de su vida, necesite echar mano de propuestas éticas diferentes. En los ensayos de Montaigne se ve una cierta modulación desde el escepticismo, para el que el bien supremo era la *ataraxia* o serenidad, hacia el epicureísmo, que se fijaba más en el placer. Pero ambas filosofías son compatibles, como defendieron Demócrito y Aristipo. ¿O no es un placer superior estar en paz y un sufrimiento estar inquieto?

En la carrera de filosofía suelen minusvalorarse aquellos pensadores que son «eclécticos». Se prefieren pensadores sistemáticos y monocordes. Es la monodia universitaria, que también favorece a los autores novedosos. Novedosos en la forma, normalmente confusa o técnica, como un modo de disimular que apenas es posible innovar en lo que respecta a los contenidos. Uno de los postulados básicos del humanismo es que la vida humana es fundamentalmente la misma en todas las épocas y lugares. ¿Y por qué, si no, íbamos a leer a los clásicos de ayer? ¿Por qué íbamos a soñar con ser leídos mañana? Según Borges, la historia de la literatura no es más que las diferentes entonaciones de unas pocas metáforas básicas. También la filosofía declina de muchas maneras unas pocas intuiciones. Hay poco que saber y mucho que practicar. De hecho, para Diógenes de Sínope solo existía la práctica. La teoría era un rodeo.

Esas pocas intuiciones forman un fondo común al que acudimos *pros ton kairon*, esto es, según la ocasión, con el único objetivo de buscar la buena vida buena. ¿El placer, la serenidad, la contemplación, la potencia? Pero ¿por qué elegir si la vida es *totus in antithesis*, que es como Victor Hugo entendía a Shakespeare? ¿Para qué mirar solo un ángulo si podemos tener todo el caleidoscopio?

§ *No descansaremos cuando estemos muertos.* El término con el que los griegos designaban la serenidad era *«ataraxia»*, que significa literalmente 'ausencia de inquietud'. El etimólogo especulativo dirá que el hecho de que dicho término se construya como una negación apunta a que lo constitutivo del ser humano es la inquietud, que nos caracterizaría en tanto que seres contingentes y precarios. No obstante, nuestro término «inquietud» se construye como la negación de la «quietud». ¿Quiere decir eso que nosotros concebimos al ser humano de otra forma? Si es así, ¿piensa la lengua por nosotros? Pero, entonces, ¿qué lengua tiene razón? Basta.

No importa el camino. Lo interesante es notar que la inquietud es tan ubicua e inicua, y la calma tan escasa y placentera, que en todas las épocas y lugares se ha idealizado la serenidad, hasta el punto de construir a su alrededor toda una mística. Esta tiene sus derivas peligrosas, como cuando nos representamos la muerte como el pacífico reposo de una existencia torturada por la ansiedad. «Descanse en paz.» El capitalismo explora la otra vertiente de esa pendiente mortificadora cuando afirma que «ya descansaremos cuando hayamos muerto». Pero cuando se está muerto no se está descansando, porque no se siente nada. El descanso no es un estado negativo sino positivo, es el placer, casi metafísico, de sentir que se está siendo. Me pregunto si no nos equivocamos cuando traducimos el *«the rest is silence»* de Hamlet como «el resto es silencio». ¿Por qué no «el descanso es silencio», lo que implicaría que en la muerte, que concebimos como un descanso, no oiremos ni los coros celestiales ni el crujir de huesos del infierno?

Según afirma Mircea Eliade, en *El eterno retorno,* todas las culturas tienden a idealizar una mítica edad de oro en la que los seres humanos vivían en un estado de feliz despreocupación. Las islas de los bienaventurados de Hesíodo, los paraísos judeocristianos, las bucólicas de Virgilio, el *beatus ille* de fray Luis de León, nuestras actuales fantasías neorrurales. Algunos sienten, incluso, una cierta nostalgia de la vida paleolítica, cuya intensa vida nómada habría sido interrumpida por los incordios urbanos de la revolución neolítica. Pero ese tipo de serenidad absoluta no es más que un sueño, un sueño agitado.

Como sucede con las demás afecciones, existe una inquietud normal y necesaria, que funciona como un mecanismo de información y de motivación. Si es mayor en el ser humano que en el animal es por culpa de su mayor inteligencia (y no lo digo obligatoriamente como un elogio), si bien también es la causa de su mayor predominio (y no lo digo para nada con orgullo). También puede ser que esa inteligencia sea excesiva. Un poco como los cuernos retorcidos de los toros, que pueden acabar atravesándoles los ojos si alguien no los corta a tiempo.

El problema aparece (el problema siempre aparece) cuando ese mecanismo se sobrecalienta y la ansiedad embota nuestras capacidades cognoscitivas, enferma nuestro cuerpo, impide la felicidad y desata el lazo social. Como vimos, esa ansiedad es una de las especies del miedo. Y nos visita tan a menudo que varias filosofías la han visto como un obstáculo fundamental, llegando a concebir la serenidad como el *summum bonum*, o bien supremo, en tanto que estado máximamente deseable del que surge la felicidad. Omm.

§ *Quod nihil scitur*. Dos son las escuelas filosóficas que cifraron en la serenidad todas sus esperanzas de dicha: el epicureísmo y el escepticismo. Como ya he hablado mucho de la primera, voy a ocuparme un poco de la segunda. Para el escepticismo, la inquietud es el efecto de nuestro dogmatismo. Nuestras excesivas pretensiones de conocimiento provocarían una hiperexcitación que resulta perjudicial para la vida. Pero ¿qué significa exactamente «excesivas pretensiones de conocimiento»?

El término «pretensión» tiene, al menos, dos significados. Una cosa es pretender *saber algo* y otra pretender *que se sabe algo*. En el primer caso, solo se aspira a saber; en el segundo, se considera que, de hecho, ya se sabe. Este doble significado del dogmatismo resulta esencial para comprender el escepticismo en toda su profundidad.

Estrictamente hablando, para los escépticos *todas* nuestras pretensiones de conocimiento son excesivas por la sencilla razón de que es imposible saber nada. Pero no voy a entrar en esta cuestión, en parte porque forma parte de esas cosas que es imposible saber. *Quod nihil scitur*. Dejémoslo en que son excesivas aquellas pretensiones de conocimiento que pretenden ir más allá de nuestras capacidades cognoscitivas, lo cual incluye los grandes temas metafísicos, teológicos o identitarios, así como otras cuestiones más cotidianas, como, por ejemplo, qué sucederá mañana, cuándo moriré, qué piensan los demás sobre mí o quién soy yo realmente. Y también si lo que escribes vale realmente para algo. Y para qué.

Primero están aquellos que pretenden averiguar estas cuestiones y se sumen en un mar de inquietudes y frustraciones. Se pierden en el laberinto de la especulación metafísica o teológica. Se devanan los sesos tratando de averiguar quiénes son. Se torturan con todo tipo de escrúpulos, inseguridades e impaciencias. A la vez, se sienten más importantes y profundos que todos aquellos que no se plantean este tipo de preguntas. Son el Minotauro en su laberinto. De ahí la soledad, la tristeza, la enfermedad y, a veces, la locura.

Pero, como dijimos, estos Quijotes del conocimiento no se limitan a levantarle el vestido a los ángeles para tratar de averiguar su sexo. Sino que también puede darles por averiguar qué piensan realmente los demás de ellos o cuán queridos son por su pareja. Entonces se sienten poseídos por un furor investigador que puede provocar todo tipo de desencuentros y precipitaciones (en todos los sentidos de la palabra, incluido el de arrojarse por una ventana); eso cuando no lo llenan todo de fantasmas (y luego de muertos), como le sucedió a Otelo. El dogmatismo es, pues, un niño con una lupa que, según dónde la dirija, quema las hormigas que observa o se abrasa el ojo con que las mira.

Después están aquellos que pretenden que ya saben. Hablan sin pestañear (a veces sin respirar) sobre la voluntad de Dios o la dirección de la historia. También saben de buena tinta cuál es la verdadera esencia de la nación, quién domina el mundo, quiénes somos y cómo son las cosas; ah, y también cómo deberían ser. Y aunque no vivan frustrados y angustiados, como los que solo aspiran a saber, sino convencidos y exultantes por poseer la verdad, el hecho de perseguir fuegos fatuos por los pantanos de la especulación puede llevarlos a lugares insospechados. Se asustan, entonces, de sus propias teologías y teratologías, como el niño que se pintó la cara y luego soltó el espejo.

Además, sí hay algo que les angustia enormemente, y es que los demás no les creen. Casandra a su lado es el oráculo de Delfos. Y Laocoonte, un encantador de serpientes. Ellos, en cambio, son profetas que predican en el desierto desde su propio espejismo. Y la caravana pasa... sin oírlos siquiera. Entonces les entra el mismo furor que a don Quijote, y tratan de imponerles a los demás sus propias fantasías, creando todo tipo de conflictos, que pueden ir desde el rechazo hasta la guerra. Cada una de sus convicciones es una Dulcinea cuya fermosura *nunca vista* todos deben alabar.

Así, el dogmatismo no es solo causa de inquietud personal, sino también de furor social y político. Esa fue la gran lección que Erasmo extrajo de las guerras de religión. Fue en uno de sus célebres *Adagios* (y también en *De servo arbitrio*) donde Erasmo propuso el plan de autocontención cognoscitiva que se convertirá en el corazón de todo el proyecto humanista e ilustrado, desde Montaigne a Kant, pasando por Shaftesbury, Voltaire o Hume. Esto es: «Lo que es sobre nos, no hace a nos», dice Erasmo citando a Sócrates. No debemos tratar de saber lo que se halla más allá de nuestras capacidades cognoscitivas.

No me convence, en cambio lo que dice Pablo de Tarso en su Carta a los romanos 11, 20: *«noli altum sapere»*, 'no pretendas conocer lo elevado, o lo profundo', porque continúa con un *«sed time»*, esto es, 'limítate a temer'. Algunos traducen dicha expresión como «no seas orgulloso», lo cual supone tomarse una libertad considerable. En algo tienen razón, y es que Pablo está atacando a los filósofos, a los que acusa de soberbios, no solo porque tratan de conocer el mundo sin la ayuda de Dios, sino sobre todo porque tratan de salvarse en solitario. Así, tan alegremente, solo con la ayuda de su filosofía. Erasmo estará de acuerdo con la primera traducción de la primera parte, pero no con todo el resto. Si bien es cierto que no hay que pretender dogmatizar sobre lo inseguro, también lo es que hay que confiar en que es posible vivir tan alegremente. Y precisamente porque no se teme.

Lo que significa que la línea a partir de la cual empieza aquello que está por encima de nuestras capacidades de conocimiento no debe ser cruzada. A partir de ahí sí que hay dragones. Porque, si la cruzamos, nos pasará como al rey Penteo, quien, tras ser descubierto espiando los cultos de Dionisos, fue castigado a ver doble (y a ser despedazado por las ménades, entre las que se hallaba su propia madre). ¿Y qué veremos nosotros? Los *dissoi logoi* de los sofistas, los monólogos trágicos, de Esquilo a Shakespeare, y las antinomias y los paralogismos de la razón, que Kant dispuso a dos columnas, como si fuesen los platos de una balanza. Más allá de esa línea nunca nos pondremos de acuerdo. Y cuanto más incierta sea la cuestión que abordemos, con más dogmatismo y fanatismo la defenderemos. Más aún, para defender nuestras abstractas disensiones estaremos dispuestos a ir en contra de nuestros principios más concretos, como que no hay que torturar o matar.

Penteo es aquella sociedad que, poseída por el furor dogmático, se divide en facciones y en la que en nombre de cerebraciones incontrastables se tiran incontables trastos a la cabeza. ¿Hay tantas razones para decir que somos libres como para negarlo? No importa, ¡matémonos por ello! ¿Hay tantas razones para concebir a Dios como una trinidad o como una mónada (o como un caballo o como una quimera)? ¡Quemémonos por ello! ¿Hay tantas razones para entender la razón de esta o aquella manera? ¡Cortémonos el cuello! (Parece hecho aposta que el medicamento contra el vértigo se llame Dogmatil.)

Que ignoremos o confundamos quiénes fueron tirios y troyanos, arrianos y atanasianos, güelfos y gibelinos, calvinistas y católicos, e incluso serbios y bosnios, es una buena advertencia. Algún día todas estas pasiones que nos dividen se revelarán absurdas, y seremos confundidos con nuestros enemigos. Para entonces, nosotros ya nos hallaremos en el infierno de «Los teólogos» de Borges, donde aquellos que en la Tierra fueron enemigos descubrirán que, en esencia, eran la misma persona. Borges *dixit*.

¿Qué podemos hacer para librarnos de las sirenas del dogmatismo? Atarnos al mástil de la suspensión de juicio o *epoché*. Montaigne grabó en las vigas de su biblioteca, entre muchas otras máximas escépticas: «No me inclino», y había dibujado en su escudo unas balanzas con los platos perfectamente equilibrados. El escepticismo diseñó toda una serie de ejercicios filosóficos que tenían como objetivo enseñarnos a abstenernos de toda conclusión en lo referente a lo que está por encima de nuestras capacidades cognoscitivas. Gracias a esa ascesis escéptica, el tumor del dogmatismo había de ser extirpado de nuestra inteligencia, que quedaría liberada para ocuparse del aquí y ahora. Solo entonces alcanzaremos una cierta *ataraxia* o serenidad.

Dos notas finales. Primero: ¿debemos renunciar totalmente a eso que está *sobre nos*? En absoluto, solo que debemos relacionarnos con ello de forma íntima, intuitiva, vaga, casi poética, y sobre todo sin tratar de imponérselo nunca a los demás. «Que cada uno meta la mano en su pecho y no se ponga a juzgar lo blanco por negro y lo negro por blanco; que cada uno es como Dios le hizo, y aun peor muchas veces.» Segundo: ¿cómo debemos relacionarnos con lo que *sí que hace a nos*? Pues con confianza, prudencia y tolerancia, intercambiando perspectivas para ampliar posibilidades, guiándonos solo por *to píthanon*, lo probable, y siempre por ensayo y error.

§ *Vivir como dioses.* La segunda corriente filosófica que le dio una importancia central a la serenidad fue el epicureísmo. Como ya he hablado mucho de esta filosofía, seré breve. Ya Demócrito, cuyo atomismo heredará Epicuro, afirmó que «la felicidad es placer, bienestar, armonía, simetría y ataraxia». Como para el epicureísmo no existe una diferencia esencial entre el alma y el cuerpo (pues el alma es un fluido de átomos veloz y sutil), la felicidad es tanto la ausencia de dolor físico, o *aponía,* como la ausencia del sufrimiento psicológico, o *ataraxia.* En otros lugares, Epicuro relaciona la *ataraxia* con la *alupía,* o ausencia de pena, o la *aphobía,* o ausencia de temor. Ya vuelve a rondarnos la hiena del miedo.

Epicuro le dio una importancia fundamental a la ataraxia, a la que llegó a considerar el modo de ser propio de los «dioses». Estos dioses eran probablemente una concesión para no tener problemas como los que tuvieron Sócrates o Aristóteles, pues, como es lógico, ningún epicúreo tiene vocación de mártir. Pero estos dioses le fueron muy útiles como herramienta conceptual, pues se los representó como un modelo de vida filosófica. En este sentido Lucrecio dirá que el epicureísmo nos permite vivir *como dioses* entre los hombres.

¿Y cómo viven esos dioses? Viven tranquilos, sin miedo, gozosos, comiendo, bebiendo y charlando en buena compañía, mirando con una indiferencia, pongamos que olímpica, a la vez divertida y tierna, los miserables asuntos que ocupan y preocupan a los seres humanos. Tienen la visión elevada del *Icaromenipo* de Luciano, y la risa cósmica de *El elogio de la locura.* Un dios epicúreo es Gerald Durrell de niño mirando un hormiguero. El mismo Montaigne, escéptico y epicúreo a partes iguales, practicó esta santa indiferencia, que no frialdad, con su *«Que sais-je?»,* que puede ser traducido como un «¿y qué más da?». ¿Qué más da el significado mientras tengas la experiencia? «Ama rápido», le dice el sol al guardián del hielo, escribió el poeta peruano nikkei José Watanabe.

¿Qué quiero decir exactamente con todo esto? ¿Y qué más da exactamente?

El epicureísmo hará un uso balsámico de la «ciencia», particularmente de la física o la cosmología. De un lado, como vimos, su física atomista nos libera del miedo a los dioses y a los castigos ultraterrenales. Del otro, las perspectivas cósmicas que nos ofrece nos ayudan a incorporar la mirada divina, ayudándonos a rebajar la importancia que le atribuimos a aquellos asuntos que nos inquietan. No importa que sus doctrinas físicas hayan sido superadas. Lo que importa es que repensándolas adoptamos un tipo de mirada que contribuye a la *ataraxia*. Por eso seguimos leyendo el *De rerum natura* de Lucrecio (por eso seguimos viendo el *Cosmos* de Carl Sagan, y no su remake actualizado). Por eso también leemos ciencia ficción.

El epicureísmo también practicará la *epoché*, que no es una virtud exclusiva de los escépticos. Los conceptos filosóficos son herramientas que pueden producir efectos diferentes según la mano que las use. Para los epicúreos, la suspensión de juicio sirve tanto para alcanzar una alegre despreocupación como para aumentar nuestra adherencia al instante. Nuestro gran problema es no estar presentes. Nos pasamos media vida añorando o lamentando el pasado y temiendo o esperando el futuro. Porfirio dice, con admiración, que Plotino se esforzaba «en estar presente para sí mismo y para los demás». (Un momento, que suena el teléfono.)

Suspender el juicio acerca del significado de lo que sucedió y acerca de lo que puede suceder resulta de lo más tranquilizador. ¿Fuimos responsables? ¿Nos quisieron hacer daño? ¿Cuánto tiempo de vida nos queda? ¿Qué será de nosotros? *Chi lo sa?* Ese es nuestro Chi. Y ese es precisamente el significado del célebre *«carpe diem»*, de la oda I, 11 de Horacio. Nunca se cita el fragmento entero, que dice: «No busques conocer lo que nos está prohibido saber» *(epoché)*, simplemente: «Coge el día y no creas en el mañana.» Coge el día y corre. Como dice IAM, «*Demain c'est loin*».

§ *Cosmos calmo*. También el estoicismo le dará una importancia central a la *ataraxia*. No todo va a ser aguantarse y abstenerse (lo cual parece una descripción del panorama político actual). No obstante, los estoicos la modularán a su manera. Primero, porque en su caso la ataraxia no surge de la *epoché* escéptica (que practicaron más bien poco). Precisamente son sus teorías acerca de la naturaleza de la realidad lo que teñirá de un significado muy particular su concepción de la ataraxia. No es solo que echasen mano de las perspectivas cosmicistas, como los epicúreos; es que consideraban que, del conocimiento y la aceptación del logos (o estructura o gramática o discurso del cosmos), surgía naturalmente la ataraxia. La suma del desentendimiento o aceptación de aquello que no depende de nosotros (el logos) más el ejercicio resuelto de aquello que sí depende de nosotros (fundamentalmente la actitud con la que aceptamos ese logos) daba como resultado la ausencia de toda inquietud. En cambio aquel que no conoce la naturaleza del logos (que para ellos es más que la «mera» naturaleza de Lucrecio), y teme, reprocha, desea u odia aquello que no está en sus manos, vivirá en un estado de angustia permanente. Como decía Francis Bacon: «A la naturaleza no se la vence sino siguiéndola.» El plan es impecable, pero a ver quién le pone el cascabel al uróboros.

En todo caso, a diferencia de los escépticos y los epicúreos, para los estoicos, la *ataraxia* no era el objetivo, sino un indicio o, en todo caso, un beneficio colateral de nuestra aceptación del todo. Ahí es nada.

§ *Ante todo mucha calma*. Existe una inquietud primaria y permanente, que podemos llamar normal, en tanto que es inevitable y frecuente. Todos los animales viven con dicha inquietud. El movimiento rápido de ojos, el giro veloz de las orejas, el olfateo constante, el sueño ligero. Los animales en libertad nunca bajan la guardia. Con los animales domésticos esa tensión se relaja un tanto (salvo cuando hay niños en la familia). No sucede lo mismo con el ser humano, que sabe imaginar las mieles de la despreocupación, aunque nunca llegará a paladearlas. Tántalo en fugitiva fuente de calma...

Ya comenté un poco más arriba que casi todas las sociedades ven en la ansiedad un indicio de nuestra condición caída. Sentimos que en algún momento del pasado vivimos en el paraíso de la serenidad pero fuimos expulsados. Si envidiamos a Adán y a Eva es, precisamente, por su despreocupación, ya que no tienen que trabajar ni que preocuparse por el mañana. Bendito descontrol...

Se da la paradoja de que las fantasías que fabulan con un estado perdido de tranquilidad absoluta son enormemente ansiogénicas, pues nos impiden comprender y aceptar la «normalidad» de nuestra inquietud. Son las sirenas de la serenidad. Simmel definió la modernidad como una intensificación de la vida nerviosa. Pero podemos dudar, sin escándalo, que la vida actual sea más inquieta o nerviosa que la de épocas pasadas. Es cierto que la velocidad, la hiperconexión, la precariedad y un cierto *pathos* apocalíptico resultan agobiantes, pero también lo es que hace mucho que, en la torre del homenaje de Occidente, no conocemos las guerras, las hambrunas, las invasiones e iba a decir las pestes, pero eso ya me lo voy a callar.

Sea como sea, nuestro idealismo nos lleva a embellecer y envidiar otras formas de vida que imaginamos más serenas, como, por ejemplo, la de los animales, los niños o los jubilados. Pero imaginémonos que vivimos en un bosque lleno de caníbales que nos pueden devorar. ¿No estaríamos estresados? Pues eso es ser animal. Imaginémonos ahora que estamos rodeados de gigantes con prisas que nos hablan de forma aterradora sobre «el día de mañana». Pues eso es ser un niño. E imaginemos, finalmente, que cualquier molestia puede ser el signo de una enfermedad mortal, que cualquiera tiene más fuerza que nosotros, que el mundo no es como lo conocíamos, y que cada Navidad puede ser, realmente, la última. Pues eso es ser un jubilado. Dicho esto, es cierto que la vida es un sinvivir. El sobremundo cultural, psicológico y social en el que nos hallamos inmersos no es menos exigente que la jungla, que el patio del colegio, que la salita de espera..., que nos espera como la araña en el centro de la tela.

Como decíamos, hasta cierto punto la inquietud es algo necesario (o, como les gusta decir a los divulgadores científicos, es «adaptativa»). Su función es informarnos y prepararnos para hacer frente a acontecimientos potencialmente peligrosos o frustrantes. En este sentido, la inquietud es una de las especies del miedo normal y una de las especias que le dan sabor a la vida. Somos como los indios karajá, del Amazonas, que comen chile picante cuando salen de caza porque creen que así correrán más deprisa.

Muy otra cosa es la inquietud o la ansiedad patológica, término que entiendo en su sentido original no tanto médico como filosófico. Cuando digo (aquí) que alguien sufre una ansiedad patológica, no digo que necesite ir a un psicólogo o medicarse, sino sobre todo que tiene el alma «enferma», lo cual era una metáfora habitual en el imaginario filosófico, que no debemos tomar al pie de la letra. El primer grupo incluye a unos pocos (aunque cada vez son más); el segundo nos incluye a todos, porque la inquietud patológica de la que hablo (que es tan frecuente que en verdad es normal, y ya me he perdido) es engañosa y perjudicial. Es engañosa porque nos impone amenazas altamente improbables, poco peligrosas o, directamente, inexistentes; y es perjudicial porque nos hace dilapidar una energía escasa en cosas que no vienen al caso. Debería inquietarnos tanta inquietud.

§ *Miedo torero.* El miedo normal está en la base de la inquietud normal. Y eso es normal. El miedo patológico, en cambio, genera de forma sostenida estados corporales contrarios a la serenidad: palpitaciones, temblores, tensiones, agarrotamientos o ansiedad. En la inquietud, el mismo miedo que nos prepara para la acción nos impide realizarla. De ello resulta aquella dolorosa inquietud inmóvil de la que hablaba Victor Hugo. Es la pesadilla de los pies que se pegan al suelo.

Cuando la tensión no se resuelve en acción, se acumula en nuestro cuerpo. Se produce, entonces, una especie de revuelta interior, en la que la mitad de nuestro ser exige una resolución mientras que la otra mitad se la prohíbe, provocando así un enfrentamiento cuyas armas son las contracturas, el bruxismo, la diarrea o los temblores.

Este miedo es anacrónico, pues prepara a nuestro cuerpo para reaccionar como un animal que vive en la jungla, cuando la mayor parte de los «peligros» o «amenazas» a los que nos enfrentamos en la selva de cristal son fundamentalmente sociales o psicológicos.

Las reacciones fisiológicas extremas que necesita una gacela para escapar de un tigre, o las que necesita un tigre para escapar de un cazador (o un cazador de un tigre), esto es, la aceleración del riego sanguíneo, la hiperventilación, la tensión de los músculos, etc., no son solo inútiles sino también inhabilitantes ante la «amenaza» de un examen, un concierto de piano o una declaración amorosa. Porque lo que necesitamos en esos casos es toda la tranquilidad del mundo para poder controlar mejor nuestros movimientos, respiración, postura o voz. Lo demás es la amigdalitis de Tarzán.

Del mismo modo que el miedo tensiona nuestros músculos para prepararnos ante el peligro, el miedo tensiona nuestra maquinaria cognoscitiva. ¿Para qué? Para que busque las causas o los mecanismos de aquello que considera una amenaza. Cuando el miedo es patológico, nuestra mente se sobrecalienta y genera todo tipo de preguntas, dudas e ideas, que se traducen en un discurso mental obsesivo, paranoico e inquieto. La serie tiene tres temporadas: miedo, dogmatismo e inquietud. Entonces todo se emborrona. Es el juego del calamar cocido en su propia tinta.

§ *Calma chicha*. La serenidad resulta tan deseable que algunas religiones y filosofías nos han exhortado a sacrificar partes fundamentales de nuestra vida con el objetivo de obtenerla o conservarla. Pero la vida no es la pata del zorro atrapada en el cepo. No es algo que se pueda cortar. Puede que haya sido Erasmo el primero en afirmar, en la época moderna, la vida como un valor supremo. En un principio, su *Elogio de la locura* no pretendía ser más que una diatriba contra la locura y la necedad. Pero, poco a poco, Erasmo fue comprendiendo que ambas son condiciones de posibilidad de la vida en ámbitos tan importantes como el amor, la sexualidad, la alegría o el arte. Necedad es necesidad. «Yo soy el principio y la fuente de la vida», afirma la locura con contundencia bíblica. «Sin mí no existiría nada de cuanto bueno existe en el mundo.» Al comprender que la locura y la necedad son parte inextricable de la vida, Erasmo podría haber optado por renunciar a ella. No mediante el suicidio, claro está. Pero sí mediante una renuncia ascética a todo lo que las presupone, esto es, a «cuanto bueno existe en el mundo». Es lo que harán demasiadas religiones y no pocas filosofías. Erasmo preferirá erigir la vida en un valor supremo que subsuma y justifique la locura del mundo. Cuatro siglos y medio después, Woody Allen dirá: «Odio la realidad, pero es el único lugar en el que uno puede comerse un buen filete.» *Garçon!*

Tenemos, pues, derecho a detestar las preocupaciones que nos inflige la vida y a soñar con una existencia más serena. Pero no a cambio de renunciar a una existencia plena.

Para empezar, porque nunca podremos fundar en una renuncia de ese tipo una verdadera serenidad. No hace falta haber leído a Freud (y no estoy matando al padre) para saber que de la represión de aspectos centrales de nuestra vida no puede surgir más que otro tipo de inquietudes más profundas. ¿Podemos aspirar a cierta serenidad? Creo que sí. Al menos en parte. Aunque tampoco perderé la calma defendiéndolo. Pero, antes de plantearnos cómo, necesitamos distinguir entre una serenidad superficial o circunstancial y otra profunda o esencial.

Llamo serenidad superficial o circunstancial a aquel estado de calma que se basa en causas externas. Por ejemplo, en el bajo número, frecuencia o intensidad de estímulos no solo amenazantes o dolorosos sino también expectantes o placenteros. ¿Cuántas horas de nuestra vida vamos a perder haciendo *scroll*, pulsando *refresh* o esperando la campanita azul o el numerito rojo? Más arriba comenté cómo, desde nuestras existencias turbocapitalistas, tendemos a idealizar otros lugares y modos de vida más pausados, como la vida del campo, la vida de antaño o la vida de los niños. Es el viejo tópico del menosprecio de corte y alabanza de aldea, al que Antonio de Guevara le dedicó un hermoso libro. Pero a nadie se le escapa que todas esas otras existencias no están exentas de toda preocupación. Este era el significado de la fábula del ratón de la ciudad y el ratón del campo. Al menos en las epicúreas manos de Ovidio u Horacio. También Séneca sostuvo, en una de sus *Epístolas a Lucilio,* que la verdadera serenidad no puede depender de algo circunstancial como el lugar, la época, la edad o la fortuna. No sirve de nada cambiar de lugar si nos llevamos a nuestro inquieto yo con nosotros. El arte de la fuga es difícil de tocar.

Sin duda bajar la cantidad y la intensidad de los estímulos puede ayudarnos a rebajar nuestra inquietud (más en nuestros días en los que la tecnología y la economización de todos los aspectos de nuestra existencia han aumentado a niveles prácticamente intolerables nuestros ritmos y horarios de producción y consumo). Pero esa reducción no va a solucionarlo todo, ya que nuestro umbral de inquietud no tardaría en amoldarse a la nueva economía de los estímulos. ¿O acaso los viejos poetas del *beatus ille* se quejaban por vicio?

La serenidad profunda (si tal cosa existe) no se basaría en circunstancias externas, sino que surgiría del ejercicio de las propias potencias, de un asentimiento con el mundo, y de la convicción de que se está haciendo todo lo posible para alcanzar un cierto grado de felicidad, individual y colectiva. Como la causa de este tipo de serenidad se halla en nosotros mismos, y no en causas exteriores, podemos sentirla incluso en las situaciones más enervantes. Tanto es así que este tipo de serenidad parece ser compatible con estados de inquietud (superficial), porque no surge de un mero hecho de estar relajado sino del sentimiento de fidelidad al propio ser, natural o elegido.

Es posible imaginar a personas que no gocen de esta serenidad profunda aun viviendo existencias relajadas en lugares tranquilos. También puede haber personas que la posean en medio de los esfuerzos y de las desgracias, porque, aun sufriendo unas circunstancias que desearían muy diferentes, han permanecido fieles a quienes creían o querían ser, y consideran que eso era todo cuanto podían desear.

Pensemos, por ejemplo, en Voltaire, cuyo nivel de ansiedad superficial debía de ser considerable, ya que, además de tomar varias decenas de cafés al día (seguramente del tipo arábica, que Luis XIV mandó cultivar en la Martinica), escribía constantemente y participaba en todo tipo de debates políticos, algunos de ellos muy violentos y peligrosos. Aun así, parece que gozaba de la serenidad alegre y profunda de estar desarrollando al máximo sus potencias y de luchar por una causa que él creía (y yo también) justa.

Por eso me parece que obsesionarse exclusivamente con el ruido, el ritmo o la sobreaceleración es errar el tiro. Lo que realmente nos duele es carecer de serenidad ética o moral (en los dos sentidos que distinguimos al comienzo de este capítulo). Lo demás son instrumentos o indicios de esa alienación profunda, y no parece muy buena idea empezar a pelar el rábano por las hojas. Es mejor aprender a ubicar lo que favorece realmente esa serenidad profunda y esperar que de ella surja el resto.

Ya vimos que Horacio llama a la ansiedad *«atra cura»*, esto es, «negra ansiedad» o «negra inquietud», y que se la representaba sentada en la grupa del caballo sobre el que nuestra alma trata de huir, en vano, de su influjo: *«post equitem sedet atra cura»*. Por más que espoleemos al caballo, no lograremos alejarnos de ella lo más mínimo, pues seguirá ahí sentada, aferrada a nuestra espalda. Quizá lo mejor sería girarnos y mirarla a la cara. ¿Qué veremos entonces? Nuestro propio rostro. Porque en el brillo de sus ojos nos veremos a nosotros mismos, y comprenderemos que lo que nos duele no son las prisas y los agobios, que asumiríamos con exultación si formasen parte de un proyecto existencial, ético o político en el que creyésemos (editar la *Enciclopedia,* luchar contra la esclavitud, difundir la cultura y el pensamiento). Lo que nos inquieta es la posibilidad de no cumplir con el precepto pindárico de llegar a ser nosotros mismos. Nunca en un sentido identitario. Sino en un sentido clásico, que es simplemente tener tiempo de realizar aquellas tareas desinteresadas que nos realizan como seres humanos: estéticas, éticas, filosóficas y políticas. *Freizeit macht frei.* «El ocio os hará libres.»

3.4. CONTEMPLACIÓN DEL ASOMBRO

> En cuanto a mí, de todas las cosas que están fuera de mi poder, ninguna estimo más que poder tener el honor de trabar lazos de amistad con gentes que aman sinceramente la verdad.
>
> SPINOZA, Epístola 19

§ *Teoría de la teoría.* Existe otra importante corriente filosófica que considera la contemplación como una de las principales vías de acceso a la felicidad. El término «contemplación» no debe llevarnos a error. No hablo de una experiencia religiosa de corte místico. Menos aún de prácticas espirituales de influencia oriental o reciclado *new age*, como la meditación o la atención plena. Me refiero a la contemplación filosófica o metafísica, al menos tal y como la concibió Aristóteles.

El término «contemplación» proviene del término latino *«contemplatio»*, que intenta traducir el término griego *«theoria»*. Plutarco quiso ver en la raíz *th-* la huella de *theos*, 'dios'. La *theoria* sería ver la huella de Dios en el mundo, la *contemplatio*, reunirse para invocarlo. Es bonito. Pero es falso. En verdad, la raíz *th-* hace referencia a la acción de ver, como en *«theatron»*, que es el lugar donde *se ven* los espectáculos. Es cierto que no se trata de un modo cualquiera de ver, sino del modo más perfecto de hacerlo. Un modo en buena medida divino, aunque solo sea en el sentido epicúreo del término. Por su parte, la *contemplatio* de los latinos, que incluye la palabra *«templum»*, parece apuntar a la idea de estar en comunidad en el interior del templo. De un templo pagano.

Pero eso igual les servirá a los padres de la Iglesia. *Traduttore traditore*.

En su origen, la *theoria* incluía, de forma confusa, experiencias muy diversas: místicas, filosóficas, científicas y artísticas. En algunos presocráticos, como Anaxágoras, y también en los órficos y en los pitagóricos, la vida teórica o contemplativa fundía elementos científicos y religiosos; en Platón, además de buscar la contemplación de las esencias, se aspira a un contacto místico con el verdadero Ser; en Aristóteles, la contemplación está estrechamente conectada con la observación científica; igual que en los estoicos, para los que la contemplación de la naturaleza debía permitirnos captar el logos y acompasarnos con él; o en Epicuro y Lucrecio, para los que la contemplación científica, que es también poética y sublime, servía como ejercitación filosófica. Incluso en las altivas visiones del *Icaromenipo* de Luciano, o en la catarsis trágica, se halla un componente a la vez artístico, filosófico y místico. Dan ganas de perderse. De hecho, yo ya lo he hecho.

Luego el cristianismo reclamó para sí todas las prácticas espirituales en general y la práctica de la contemplación en particular. ¿Le dejó algo a la filosofía? Solo la tarea auxiliar de justificar racionalmente aquello que ya había sido establecido *a priori* como dogma intangible. Se trataba de generar conceptos y argumentos tan abstrusos que nadie se atreviese a pensar por cuenta propia en las cuestiones religiosas. Doctores tenía la Iglesia. Muchos de ellos matasanos. Con la magnífica ironía que Borges le atribuyó a Dios en su «Poema de los dones», el término griego *«theoria»* pasó a significar esa triste actividad a la que había sido reducida la filosofía. Lo teórico era lo abstracto, lo racional, lo inactivo. En cambio, el término latino *«contemplatio»* pasó a designar una experiencia espiritual, de tipo fundamentalmente religioso.

Durante el Renacimiento, los humanistas trataron de recuperar de manos de la religión el acervo de prácticas espirituales que había pertenecido antes a la filosofía. Esto daría lugar a nuevos textos contemplativos, de corte filosófico, metafísico, científico y literario, como los *Ensayos* de Montaigne, *La cena de las cenizas* de Giordano Bruno, el *De las maravillas de la naturaleza* de Vanini, *El otro mundo* de Cyrano de Bergerac o la *Ética* de Spinoza. Quien roba a un ladrón tiene cien años de perdón.

El contrarrenacimiento barroco, con Pascal a la cabeza (o de cabeza), logrará reapropiarse de buena parte de esas prácticas para devolvérselas a la religión (véanse los ejercicios espirituales de Ignacio de Loyola), mientras que el contrarrenacimiento moderno (con Descartes al frente, y frente a Montaigne, tal y como estudió magistralmente Stephen Toulmin) aceptará *volontiers* devolver la filosofía al redil de la teoría. Y ya será muy difícil que vuelva a echarse al monte. Tanto es así que, aunque autores como Bergson, Husserl o Heidegger intentaron devolverle su elemento contemplativo, no supieron hacerlo más que abusando, en un gesto muy escolástico, de los tecnicismos y de la abstracción, o apelando más a la poesía que a la filosofía práctica (porque esta debía de sonarles a religión, igual que hoy nos suena a autoayuda).

En virtud de esta brevísima historia del sometimiento de la esclavitud de la filosofía, los términos «teoría» y «contemplación» se han especializado para designar, el primero, una actividad teórica, racional y abstracta, y el segundo, una actividad espiritual, metafísica o religiosa. Pero la filosofía es otra cosa.

§ *La faute à Platon.* Existen muchos tipos de contemplación, quizá tantos como tipos de experiencias. Establecer fronteras claras entre todos ellos sería como tratar de destejer el arcoíris (o pintar el collar de la paloma). ¿El *De rerum natura* de Lucrecio es contemplación científica, filosófica o poética? ¿Los *Ensayos* de Montaigne son contemplación literaria, antropológica o religiosa? ¿No hace Borges un uso estético de la contemplación religiosa en *Historia de la eternidad*? Y Chesterton, que claramente practica un tipo de contemplación religiosa, ¿no es leído y gozado por muchos ateos? Aunque sea de forma analítica, y nunca definitiva, intentaré decir algunas cosas sobre los tres o cuatro modos básicos de la contemplación.

Primero está la contemplación filosófica. No la llamo «metafísica» porque la contemplación de la que hablo incluye también otros modos contemplativos. Hay una contemplación epistemológica (como las *Hipotiposis pirrónicas* de Sexto Empírico), física (como el *De rerum natura* de Lucrecio), moral (como el *Caronte* de Luciano) o científica (como las *Cuestiones naturales* de Séneca).

Pero lo más peligroso de todo es que hablar de «contemplación metafísica» podría hacernos entender la contemplación como una visión de lo que está más allá de lo físico, lo cual podría llevarnos a derivas trascendentes y religiosas. Como es sabido, todo se debe a un malentendido editorial. En un principio, el término «metafísica» designaba solamente aquellas obras, sin título, de Aristóteles, que se habían ubicado a continuación de los tratados de física. En manos de la religión, el *meta,* que en ese contexto solo significaba «después», pasó a significar «más allá». Sería bueno desfacer el entuerto. Podríamos decir que la metafísica trasciende, sí, pero no hacia arriba sino hacia dentro. Es una metafísica inmanente, una filosofía que reflexiona sobre la física, sobre lo real, del mismo modo que la metaliteratura es una escritura que reflexiona sobre el quehacer literario y no sobre las figuras que dibujan las estrellas en el cielo.

Es cierto que, en parte debido a Platón, a Plotino y a la patrística cristiana, acabará imponiéndose una modulación trascendente, casi mística, de la metafísica. El ser era visto como la presencia o la huella divina en la creación. Pero una mirada atenta al texto de Aristóteles señala la posibilidad (si no la oportunidad) de una lectura inmanentista de la metafísica, una mirada que no busque el más allá de las cosas sino su más aquí, su más aquí y ahora.

Además, el adjetivo «metafísica» podría hacernos olvidar el componente ético, esto es, práctico, de la contemplación. Porque su objetivo fundamental no era el arrebato místico sino la modificación de la existencia. La contemplación epicúrea, con su indiferencia olímpica y su adhesión celebratoria al aquí y ahora, buscaba tener efecto sobre la vida cotidiana y real. Del mismo modo, el Thoreau de *Desobediencia civil* no se entiende sin el Thoreau de *Walden*.

El secuestro trascendente y místico de la contemplación se alargó tanto que aún hoy sufrimos un cierto síndrome de Estocolmo. Por eso, cuando Heidegger trató de rescatar la metafísica de las manos de la teología y la tecnología (que es la teología del capitalismo) siguió escribiendo como un místico o un poeta, y acabó erigiendo el ser en una especie de cierva herida que había que buscar por la Selva Negra. Eso cuando no era el ser inconsútil de la nación alemana que había que limpiar de la mácula judía. Ver para creer.

Por todo ello, evitaré el término «metafísica» y hablaré directamente de «contemplación». El término «teoría» lo doy por perdido, ya que está demasiado connotado. ¿Mi intención? Devolverle a la contemplación su componente físico (inmanente o natural) y ético (esto es, concebido como una práctica con efectos de existencia). En resumen, una contemplación sin contemplaciones.

§ *Aristóteles para Dummies.* Para Aristóteles «hay una ciencia que contempla lo que es en tanto que es». Esa «ciencia», que solo mucho después se llamará «metafísica», no es la ciencia moderna. Es, simplemente, una particular «forma de conocimiento»: la *theoria,* que los latinos traducirán como *contemplatio*. La reflexión sobre ese modo especial de conocimiento, a la que Aristóteles llamó «filosofía primera», será llamada, muchos años después (frente al pelotón de fusilamiento), «filosofía primera» o «metafísica». Entonces ¿la reflexión sobre la *theoria*, que es la metafísica, debería ser llamada meta-metafísica? Será mejor que volvamos al principio y escojamos otro camino.

Decíamos que hay un modo de conocimiento, que llamamos «contemplación», que «contempla lo que es en tanto que es». La expresión «lo que es en tanto que es» es confusa. También lo son otras formulaciones como «lo que es en sí» o «lo que es en sí mismo». Ahora que lo pienso estas tres expresiones conforman el Can Cerbero de la metafísica. ¡Cuántas personas han preferido quedarse a las puertas de esa cueva del tesoro en el mismo momento en que las escucharon! Yo fui casi una de ellas.

El carácter enrevesado de la expresión surge de la voluntad de redirigir nuestra atención a ese ser del que hablamos; del deseo de que no apartemos la atención del mero hecho del ser, para lo cual debemos olvidar todos los atributos o adjetivos que suelen acompañarlo. Podríamos traducirla como «y punto» o «y nada más». Probemos. El objeto de la contemplación metafísica es «lo que es *y nada más*». Es como un *loop* que nos vuelve al origen, que nos vuelve al origen, que...

Pero ¿qué quiere decir exactamente contemplar *el ser, y nada más?* Quiere decir ser capaz de liberar al mero hecho de ser de toda una serie de aspectos sobreañadidos, que suelen ocultarlo, aplastarlo, deformarlo o secuestrarlo. Si el ser fuese un sustantivo, y quisiese definirlo, debería desatender a sus aspectos adjetivos. Para definir mesa no debo pensar si es grande o pequeña, blanca o negra, de comedor o de despacho. Debo captar lo que hace que una mesa sea, esto es, su esencia (nunca en un sentido trascendente). Todas las demás visiones de la mesa cojearán.

Pero, como dijimos, la contemplación no es solo una cuestión física sino también, o sobre todo, ética. Por eso es más interesante repetir el ejemplo pensando en una persona. Si quiero captar, por ejemplo, el ser de Ana, debo olvidar por un momento que es «la empleada de tal empresa», que «es la madre de tales hijos» o que es «la presidenta de la escalera» (lo cual es la pesadilla de la metafísica). Todo ello no solo no me dice realmente nada acerca de su *ser, y nada más,* sino que me aleja de él, porque me lleva a fijarme en cuestiones secundarias, y a veces contrarias a su verdadero ser (sobre todo ser presidenta de escalera). Es *todo lo demás* que está de más.

¿Por qué? Porque todos esos adjetivos o atributos arrojan sobre ella una mirada pragmática o utilitaria, que la transforman en una pieza intercambiable en el abrumador engranaje de los asuntos cotidianos, y la escamotean como un ser único, imprescindible e insustituible, cuya principal y más maravillosa característica es que simplemente *es*. Aristóteles llama a ese hecho la maravilla de las maravillas, y aprender a reconocerla tiene efectos éticos, puesto que nos hace más libres respecto de las circunstancias, nos devuelve al *aquí y ahora*, y nos lleva a amar más a los demás y a nosotros mismos. Y también tiene efectos políticos, puesto que es fundamento del derecho de todo ser a la vida. Si la maravilla de las maravillas es simplemente ser, y todo ser es, no hay jerarquía posible, pues todos los seres, incluido el más insignificante (*sic*), participan de ella. Todo lo que es es admirable, esto es, digno de ver, y por lo tanto también digno de ser, por eso solo vemos realmente las cosas cuando estas nos admiran. La metafísica es la más democrática de las ramas de la filosofía.

La contemplación consiste, pues, en arrojar sobre todos los seres una mirada sustantiva, esto es, libre de toda consideración adjetiva y utilitaria. Para ello, debemos tratar de desconectar una a una todas esas relaciones que la hacen servible, manejable o útil con el fin (que es un recomienzo) de ver *que es* y no *qué es* (y le pido por favor a la RAE que nunca elimine esta tilde), y aún menos *cómo, para* y *por qué* es. Esto lo explica muy bien Heidegger al inicio de *Ser y tiempo*, aunque luego el libro se transforme en una especie de canto tirolés, esto es, en un grito muy largo y agudo del que apenas se entiende nada. Lo llaman *Jodeln*.

A medida que desconectamos esas consideraciones utilitarias, el ser de la cosa se nos va apareciendo para mostrársenos en todo su esplendor, en su *sí mismo* más propio. Podríamos decir que es como Yahvé en el Sinaí, que dice: «yo soy el que soy», *y nada más*. Aunque quizá sería mejor concebirlo como un niño que se quita la ropa para bañarse desnudo en el mar. Son metáforas, claro, pero también lo son «la falda de la montaña», «la cara de la luna», «acertar», «comprender» o «errar». En todo caso, lo único que importa es que no importa lo que contemplemos. Pues sea una montaña o una cucharilla de café, un rey o un mendigo, lo realmente admirable (y por lo tanto formidable) no es que una cosa sea tal o cual ser, sino que sea simplemente.

§ *Metafísica del tropiezo*. La contemplación no es una cuestión meramente gnoseológica. ¿Cómo podría serle útil a un científico un tipo de mirada que se caracteriza, precisamente, por desatender a lo útil? Entonces, ¿por qué ese tipo de mirada es tan importante para los científicos? Y no solo en el mundo antiguo, donde fue considerada la *prote philosophia*, la filosofía primera, sino también en el moderno, donde todos los grandes científicos la han practicado (piénsese en Leibniz, Newton o Einstein), y los que han sido pequeños lo han sido precisamente por no practicarla.

Esto es así porque la contemplación es, sobre todo, una cuestión *ética*, en el sentido de que está relacionada con la vida en su conjunto. La contemplación solo puede producirse *sine ira et studio,* esto es, cuando la ira, el miedo, la preocupación, la desconfianza o el interés no eclipsan el ser de las cosas. Podríamos decir que la contemplación es incompatible con las pasiones tristes, porque estas nos apartan del mundo. Así que la contemplación es signo de alegría, y la alegría es causa de contemplación. Es el *amor intellectualis* de Spinoza, que no es una cuestión meramente intelectual sino también «espiritual».

Para Platón, el principio (o *arché*) de la filosofía es el admirarse (o *thaumazein*). También para Aristóteles aquellos que filosofan lo hacen movidos por la admiración. Claro que ese principio no es solo el pistoletazo de salida (el *initium*) sino que es también el suelo acolchado del estadio (el *principium*).

Se trata, en todo caso, de una carrera hacia atrás. Porque la maravilla del ser es como un cuadro impresionista, que solo se te revela si das unos pasos atrás (aunque la pared en la que está colgado el cuadro de enfrente siempre está demasiado cerca). Es necesario, pues, un ejercicio de «desacompasamiento», de «extrañeza» o de «desfamiliarización». Se trata de salir del vientre de la ballena. Librarse de los jugos gástricos y las agitaciones de los asuntos o problemas (ese es, precisamente, el doble significado del término griego *«ta pragmata»)* que nos distraen permanentemente. El filósofo es quien se distrae de la distracción, y eso es lo que le hace parecer distraído. Pero, mientras Tales caía al pozo, se estaba elevando. Como dice Chesterton, si cavas un agujero, y sigues cavando, habrá un momento en el que empezarás a subir. La contemplación nos permite emerger del otro lado de la realidad.

Quizá por eso el payaso es el personaje metafísico por excelencia. Remeda nuestros gestos cotidianos pero dificultándolos. Sus tropiezos nos muestran el camino, porque nos sacan de lo cotidiano, de lo automatizado, de lo utilitario, y solo liberados de esas sombras podemos asombrarnos *de que las cosas sean*. Cuando caen, caen como la Alicia de Lewis Carroll (cuya capacidad para quedarse mirando era inversamente proporcional a la de Carl Lewis para salir corriendo). En cada tropiezo descubren el agujero que les llevará al otro lado del espejo. El vacío pasaje por el que Pacman salta al otro lado de la pantalla. Si los payasos nos parecen tristes es porque apuntan a una alegría que nos parece inalcanzable.

No tenemos el oído habituado a escuchar el triángulo de la metafísica, que, como el de las orquestas, suena en tan pocas ocasiones (lo cual hace enormemente complicado solfear su partitura). No es una disciplina productiva *(poietiké)*. No tiene nada que ofrecernos. No es rentable. No es útil. Es un pozo de petróleo vacío. Y esto siempre ha sido así. Los griegos consideraban que solo eran seres humanos quienes tenían tiempo de realizar las acciones desinteresadas (quienes las llaman «improductivas» lo hacen interesadamente), como las de la filosofía, la política o el arte. Aquellos que se ocupaban de la producción y de la gestión eran los esclavos y las mujeres. Si un griego viajase en el tiempo y viese cómo vivimos hoy en día, pensaría que entre nosotros ya no hay amos ni hombres libres, pero no porque se haya abolido la esclavitud, sino porque todos nos hemos vuelto esclavos, pues nadie tiene tiempo más que para producir y gestionar. Utilizamos, incluso, nuestro tiempo de ocio para administrar en las redes nuestra marca personal, para hacer currículum o para reponernos del trabajo con la única intención de poder seguir trabajando. Ni los ricos tienen tiempo. Es el triste igualitarismo del capitalismo tardío.

Para Aristóteles, la metafísica era el modo de conocimiento propio de los seres libres. Vale la pena escucharlo directamente: «Es, pues, evidente que no la buscamos por ninguna otra utilidad, sino que, así como llamamos libre al que es para sí mismo y no para otro, así consideramos a esta

como la única ciencia libre, pues esta solo es para sí misma.»
La metafísica es desinteresada pero no estúpida. Sabe perfectamente que el economicismo, que ejercieron con similar virtuosismo el capitalismo y el comunismo, es su enemigo. Es un arte (un arte por el arte) verdaderamente revolucionario.

§ *El resbalón de Pascal.* Hay muchos otros tipos de contemplación. Todos ellos interesantes. Los escépticos practicaban la contemplación de la incomprensibilidad del mundo, la ignorancia del ser humano y la transitoriedad de los conocimientos. Es lo que Octavio Paz llamó, con felicidad, «la revelación de una no revelación». Otro gran contemplativo de la ignorancia fue Borges, cuya obra es una especie de *anaclopaedia*, esto es, una enciclopedia de lo que no sabemos. También Einstein consideraba que solo había dos cosas infinitas en el mundo: el cosmos y la ignorancia de los seres humanos. Dentro de la cual también entra el hecho de que se la atribuyamos falsamente.

La contemplación de la naturaleza fue esencial entre los epicúreos y los estoicos. También la practicaron Goethe, Whitman, Thoreau, Dickinson o Borges. Un árbol no es un poste de teléfonos. Un campo de trigo no es una panadería. La naturaleza es la asunción del logos, o la celebración de nuestra insignificancia, o la asunción de nuestra ignorancia, o la liberación de las servidumbres sociales. Para no servir para nada, la metafísica parece servir para muchas cosas.

Luego está la contemplación religiosa. Y es una tradición absolutamente fascinante. No debemos olvidar que durante más de mil años las mejores mentes europeas hablaron desde y para la religión. Dice Victor Hugo que un buen verso pierde su escuela. También las buenas ideas pierden su religión (incluso las ateas). Además, al plantearse la contemplación religiosa como una cuestión individual y paraintelectual, o directamente mística, esta queda liberada de toda férula eclesiástica. Y eso le da una gran libertad. El problema, para mí, es cuando se convierte en una poetización de la negación de la vida. Como diría un gran cristiano como Erasmo, todo con la vida, nada contra la vida.

He señalado en varias ocasiones que, a medida que se secularizaba «Occidente» (que acepto a regañadientes como animal doméstico), se produjo un trasvase simbólico desde el ámbito de la religión a otros ámbitos como los de la política o el arte. Pues, en ese proceso, la contemplación artística se independizó de la religión, y en parte de la filosofía. Como cada arte tiene mecanismos expresivos particulares, es normal que vehiculen un tipo de contemplación específica.

Al vagón de la metafísica se puede subir por numerosas puertas. En pintura aparecieron géneros con una fuerte carga contemplativa. Una naturaleza muerta no es la sublimación de la cesta de la compra. Es el intento de arrojar una mirada atenta sobre realidades cotidianas que suelen pasarnos por alto (en verdad por bajo). Luego están los cuadros impresionistas, los dibujos de John Ruskin, el posexpresionismo de De Chirico, y tantas otras expresiones artísticas y existenciales de las que ni siquiera he oído hablar, aunque estoy impaciente por hacerlo. La música, aun siendo «ciega», en tanto que esencialmente no figurativa, tiene sus propios modos de generar una visión contemplativa. Sabe sugerir o evocar la infinitud del cosmos, la milagrosa contingencia de la cosas, y la alegre resistencia frente a la inmensidad de la nada, que es el silencio o el ruido. No es casual que órficos, pitagóricos, platónicos y neoplatónicos le diesen tanta importancia a la música como un método de contemplación. También sabe, simplemente, hacer lo que le da la gana. Lo cual es una forma gozosa de contemplar la propia potencia.

Según Shklovski la desautomatización, desfamiliarización o extrañamiento es la característica fundamental de la literatura. Si esto es cierto, la literatura es pura contemplación. Yendo a lo concreto, una de esas descripciones literarias que a veces nos saltamos puede ser la puerta para captar la contingencia de una galaxia o la necesidad de una mota de polvo. No conozco mejor reflexión al respecto que el ensayo *Ortodoxia* de Chesterton, del cual estoy casi seguro que Cortázar extrajo toda su teoría sobre «el sentimiento de lo fantástico».

Pero no todo es mirar la rama que tiembla después de que el ruiseñor alce el vuelo. Fue leyendo *Risa redentora,* de Peter Berger, como intuí el potencial metafísico de la comicidad. Luego ya lo fui estudiando por mi cuenta. Existe, por ejemplo, el género de la adoxografía, o elogio de realidades triviales o despreciables, que veo estrechamente conectado con la actividad contemplativa. De hecho, tal y como señala Jacqueline de Romilly, en el mundo griego, además de ser un ejercicio retórico, era considerado un modo de aislar una realidad y contemplarla en sí misma. El *Elogio de las moscas* de Luciano, por ejemplo, no es un mero *tour de force* literario, sino un verdadero ejercicio de celebración de la vida, en sus más pequeñas (para nosotros) expresiones. Siglos más tarde Micromegas imaginará su particular elogio de las moscas humanas. Pero donde se ve mejor la potencia metafísica, y por lo tanto vitalista, de este género es en *El elogio de la locura,* de Erasmo, donde el vuelo errático de la mosca de la locura se eleva hasta tornarse una celebración de la vida en todas sus formas. Puro *amor fati* (aunque tuvieron que pasar casi cuatro siglos para que Nietzsche inventara el término, cosa que hizo, curiosamente, en esa misma región de los Alpes). Incluso el culteranismo, con su tendencia a expandir un mínimo de contenido en un máximo de forma, puede hacer una silva de una brizna de hierba, como hace Góngora en las *Soledades,* o una epopeya de la ignorancia, como hace Sor Juana en el *Primero sueño.*

No es extraño que Kierkegaard dijese que lo cómico era la antesala de la fe. En su suelo encerado resbaló Pascal.

Todo sea por humor de Dios, como diría Fernando Iwasaki, autor de un delicioso ensayo titulado *Mi poncho es un kimono flamenco*, en el que la contemplación humorística de su propia diversidad identitaria conjura el miedo que tantos le tienen a no tener una identidad definida.

§ *Armémonos, ¡y partid!* Al miedo le sientan bien todos los disfraces, también el de metafísico. El deseo de adoptar una distancia de seguridad puede favorecer un tipo de vida más «teórica» o «metafísica». Aunque esa teoría y esa metafísica no son verdaderamente contemplativas, puesto que buscan más la negación que la contemplación de lo real. Casi todos los personajes de los relatos de Borges llevan ese disfraz. Son lectores que no escriben, escritores que no viven, teóricos que no militan, teólogos que no evangelizan. No sueltan el mapa ni un segundo, no vaya a ser que tengan que coger el volante (o la pistola). Bernardo de Claraval dijo, al inicio de la segunda cruzada: «Armémonos, ¡y partid!» Ellos dicen: «Teoricemos, ¡y vivid!» Se dice, además, que existe cierto miedo en la admiración, asombro o perplejidad de los que surge y sobre los que se mantiene la contemplación. Nos arrodillamos temblorosos ante el poder terrible de Dios. El temor es el origen de la metafísica. Kempis, Pascal y Kierkegaard (el de mi maldición) escribieron temblando sus obras. A Heidegger lo torturaba la facticidad pura; a Sartre, la nada.

Pero eso no es *vida contemplativa*. Es *muerte contemplativa*. Pues la metafísica, al menos en el sentido que estoy aquí defendiendo, es incompatible con el miedo por la sencilla razón de que el miedo transforma la metafísica en teología. Es falsa contemplación, porque no puede captarse el ser de las cosas si no se las mira. Una cosa es aprender a mirarlas de otro modo y otra renunciar a mirarlas. ¿Qué demonios de ser vamos a ver fuera de la naturaleza, las personas, los libros, los amigos, el sexo, en fin, la vida? Y también es falsa contemplación porque está sometida a una lógica superior, la de Dios, y la de la propia salvación, supuestamente comprometida, de modo que no es auténticamente gratuita.

Un célebre *kōan* dice: «Antes de que buscara la iluminación, las montañas eran montañas y los ríos, ríos. Mientras buscaba la iluminación, las montañas no eran montañas y los ríos no eran ríos. Cuando alcancé el *satori*, las montañas fueron montañas y los ríos, ríos.» Esto es, la conciencia iluminada está, a la vez, dentro y fuera, es a la vez extraordinaria y ordinaria, porque el objetivo no es abandonar el mundo, sino regresar a él transformado hasta tal punto que después de la iluminación (del *satori*) estemos aún más dentro de lo que estábamos antes. Dicho esto, pongo un punto, punto.

§ *Patrullando el ser.* Cuando el miedo no logra secuestrar la metafísica, lo que hace directamente es impedirla. Como vimos, la mirada contemplativa exige la desconexión de la mirada utilitaria. Y eso es precisamente lo que no está dispuesto a hacer el miedo, que lo reduce todo al binomio seguro/inseguro, esto es, útil/inútil para mi propia defensa. Para la persona que está poseída por el miedo no existe la gratuidad. El miedo impide que demos ese «paso atrás», peligroso y confiado, como el del saltador de trampolín, que avanza de espaldas hasta el extremo de la tabla. Sale de la zona sólida, nota la vibración de la madera, siente el viento en la cara, no ve el agua en la piscina, solo nota lo pequeña que parece desde arriba. ¿Cómo demonios iba a saltar?

El miedo es una vigilancia que no ve. Imaginémonos a un soldado que patrulla por las calles de un país sumido en la violencia. Este soldado (posiblemente extranjero) no ve, ni por supuesto goza (quizá merecidamente), la enorme variedad de personas, colores, sabores, gestos, animales, acentos o costumbres que le rodean (o que le rondan). Todas esas cosas, y tantas otras, han sido borradas por su mirada de control. Lo único que quiere saber es si esa persona quiere atacarle, o si bajo aquel coche hay una bomba. Quienes le rodean tampoco ven el mundo, pues solo quieren saber si el soldado va a dispararles o cuándo se marchará de una vez. Por eso, independientemente de que explote o no una bomba, ese lugar ya ha sido arrasado en términos metafísicos. Nadie lo ve, nadie lo goza, nadie está siendo realmente en él. Ser es estar percibiendo.

La gran paradoja es que tenemos miedo a morir pero no a no ser, por lo menos no a no ser de forma intensa o metafísica, que es, precisamente, aquello de lo que el miedo nos aparta. El miedo es una redundancia, porque el que teme quizá aún no ha muerto, pero seguro que ya no es.

§ *¿A qué no le teme Virginia Woolf?* En *Una habitación propia*, Virginia Woolf afirmó memorablemente que lo que una mujer necesita para poder escribir novelas es una habitación que pueda cerrar con llave y una pensión que le permita no trabajar. De los años anteriores a su liberación (gracias a una herencia inesperada), Woolf recuerda sobre todo la amargura de tener que trabajar en vez de escribir, agravada por el miedo a perder aquello mismo que la amargaba. En esa situación el mundo se reducía a lo rentable y lo no rentable, a lo seguro y lo no seguro, lo cual dejaba fuera, entre otras muchas cosas, la escritura, en la que ella cifraba su verdadero ser. No era lo que quería ser por seguir siendo lo que venía siendo. Un lío, vaya, y también una pena. Por eso, para Woolf, aquella herencia no le supuso solo una liberación sino también una apertura. Es la *Woolf* estepa ria.

La mirada utilitaria le impedía dos cosas: que su ser se expresara con libertad y que ella pudiese contemplar el mundo. Con la libertad llegó «la mayor liberación de todas», dice: «la libertad de pensar directamente en las cosas», lo cual describe como «una visión del cielo abierto». No es casual que, a continuación, su texto adopte un registro *metafísico,* que le lleva a preguntarse acerca del significado de la realidad («¿Qué se entiende por 'realidad'?», esta le «da a cuanto toca fijeza y permanencia»...) y de las condiciones bajo las cuales esta se nos revela, que pueden ser casuales («Le sobrecoge a uno cuando vuelve andando a casa bajo las estrellas y hace que el mundo silencioso parezca más real que el de la palabra») o buscadas («la lectura de estos libros parece, curiosamente, operar nuestros sentidos de cataratas; después de leerlos vemos con más intensidad; el mundo parece haberse despojado del velo que lo cubría y haber cobrado una vida más intensa»). Hasta que, finalmente, Woolf cierra su conferencia exhortándonos a buscar esa visión o experiencia superior, que es la contemplación metafísica, previa abolición del utilitarismo y del miedo: «Cuando os pido que ganéis dinero y tengáis una habitación propia, os pido que viváis en presencia de la realidad.»

Casi un siglo después, David Foster Wallace realizó una reflexión muy semejante en otra conferencia, hoy célebre, que pronunció, en el año 2005, en el Kenyon College de Ohio, y que luego fue publicada bajo el título de *Esto es agua.* En este escrito, el autor de *La broma infinita* no solo abogaba por la práctica de la contemplación *metafísica* (ahora va y se me ha pegado el adjetivo), sino que, además, sostenía que su adquisición pasa por desconectar la mirada utilitaria propia de esa forma gaseosa del miedo que es la ansiedad. En nuestra particular caverna de Platón, las sombras que nos encadenan no son las copias materiales de las ideas, sino las sombras terroríficas del miedo. Porque el que está poseído por el temor no puede salir, ni siquiera un instante, del universo pragmático del miedo. Su mundo está hecho de tareas, deberes, agobios, urgencias... Como el conejo blanco, no puede perder un segundo, no puede distraerse un instante, porque entonces su fiera lo atrapará. No se pregunta si es galgo o podenco, sino que corre como un loco (hacia Samarcanda). Las interferencias son constantes (dice que las lamenta, pero las busca). De un lado están las llamadas de teléfono, el correo, los cafés con el jefe, del otro está el ruido de motores de su ansiedad y el ruido ensordecedor de su *hypolepsis*. Todo menos quedarse quieto. Decididamente, la vida teórica es lo contrario de la vida meteórica.

Por eso, a veces, el valor reside solo en quedarse mirando (ah, y en luchar por que se den las condiciones sociales necesarias para que todos podamos hacerlo en condiciones dignas).

§ *Soltar la mano*. Luego está el dogmatismo del miedo. Como Otelo, quiere certezas e inventa seguridades. Por eso ordena, simplifica, define, generaliza, sistematiza. Todo con tal de obtener una cierta sensación de control. El problema es que el ser se retira cuando se lo violenta. Es un niño que se calla si le preguntas y te lo cuenta todo si te callas. Es un caracol que oculta sus cuernos cuando le tocan los dedos de la definición, y se muestra bajo la lluvia fina de la contemplación. La impaciencia del miedo le lleva a manejar solo las verdades de la *adequatio*. Sus prisas no le permiten esperar a que el ser de las cosas se desvele. Quiere saber ya. Apunta con el flexo al rostro de la realidad y empieza a interrogarlo. ¿Cómo va a conversar tranquilamente dejando que el sospechoso le explique su vida?

«Soltar la mano» es lo más difícil para un artista. La obsesión de todo pintor, escritor o músico es lograr precisamente esa soltura, ese hacer fácil lo difícil. Pero hasta que lo logra, si es que lo logra, puede recibir numerosas bofetadas de su propia mano muerta. Porque el miedo es un compañero de vuelo que te apretuja la mano durante las turbulencias, impidiéndote el abandono necesario para disfrutar del paisaje y las nubes. Algo semejante les sucede a aquellos a los que

Nietzsche llama los poetas de la vida, y que en verdad somos todos, solo que la mayoría de nosotros no hacemos más que ripios bochornosos. Vivimos con la mano agarrotada. Pasamos entonces los días haciendo garabatos sobre la hoja en blanco, repitiendo tópicos, temiendo a los críticos y lamentando el tiempo perdido, sin ser capaces de ver lo que tenemos delante. Cuando basta pararse a mirar...

Decía Epicuro que no debemos temer a la muerte porque cuando ella está, nosotros no estamos, y cuando nosotros estamos, ella no está. Con el ser sucede exactamente lo contrario: nunca lo veremos si no somos capaces de coincidir con él. ¿Y cómo vamos a hacerlo si nos pasamos la vida lamentando el pasado y temiendo el futuro? En fin, cualquiera puede hacer metafísica, cualquiera, menos el dios Jano...

§ *10 de gamelión.* El miedo impide la «sociabilidad» necesaria para que se produzca la contemplación. Recordemos que, para Aristóteles, la experiencia metafísica por excelencia era la amistad. La captación de la maravilla del ser, y especialmente del propio ser, se da cuanto se está (cuando se es) en compañía del amigo. *Porque era él, porque era yo.* Bueno, de *los amigos,* pues, a diferencia del amor, del mal amor, la amistad no es monógama ni fusional.

Los epicúreos celebraban el nacimiento de Epicuro el 10 de gamelión (uno de los meses de invierno en la Antigua Grecia). Lo hacían con un banquete que intentaba remedar aquellos que se realizaban en el *kepos* o jardín epicúreo (que imitaban, a su vez, las comidas de sus simpáticos dioses). Lo cierto es que el epicureísmo también le atribuía a la amistad una dimensión contemplativa. La serenidad compartida, la indiferencia olímpica, la conversación filosófica, el humor tierno, el contacto con el pan, el queso, las olivas y el vino como cifras de la naturaleza, la liberación de todas las culpas y vergüenzas ante la mirada benévola de los amigos... hacen del banquete epicúreo una experiencia integral, un verdadero ágape pagano.

El miedo impediría, incluso, la «amistad» con los dioses (en caso de que se crea en ellos), porque es instintivo apartarse o destruir aquello que nos produce miedo. Una experiencia religiosa basada en el miedo produce sentimientos contradictorios de amor y de odio, de fusión y de fuga, pues, en última instancia, aun con toda la mala conciencia del mundo, el hombre no puede evitar desear la muerte de un dios que lo atemoriza. ¿Y si Nietzsche mató a su Dios porque lo temía? ¿Y si Epicuro mantuvo a los suyos porque su benévola indiferencia no lo perturbaba? De este modo, el *timor Dei*, que algunas corrientes religiosas exaltan como principio de la sabiduría, impediría, precisamente, esa confianza, esa familiaridad, que posibilitaría la contemplación (esta vez sí) religiosa. El miedo puede ser supersticioso, pero siempre tendrá algo de ateo.

§ *La metafísica es un anticapitalismo.* Recuerdo un chiste que de niño me hacía mucha gracia. Era un hombre italiano que buscaba el sentido de la vida. Su maestro le decía que solo un sabio en el mundo podía ayudarlo. Se llama Persei, le decía, y vive en la cima de una montaña que nadie conoce. Entonces el hombre iba de montaña en montaña preguntándoles a todos los ermitaños: «*Sei Persei?*» Hasta que finalmente uno le respondía: «*Treintaiséi.*» Es muy malo, pero capta muy bien la curva que quiero señalizar.

Y es que la imagen de la contemplación como un paso atrás puede dar lugar a varios malentendidos. Y a estas alturas la más pequeña inclinación de un ala puede hacernos dar mil vueltas en el aire. Creo que es un error creer que la desconexión de la mirada utilitaria solo puede hacerse renunciando a la vida para ir a vivir a lo alto de una montaña. El desierto es un lugar del que se debe volver. Pretender quedarse en él es un espejismo. Hay muchas formas sociales de vida no utilitaria. Para empezar, las acciones éticas (no ayudamos a un amigo para lograr algo a cambio), estéticas (no escribimos un libro para enriquecernos) y políticas (no participamos en política para obtener dinero o poder). Más aún, apartarse de todos para buscar solamente la propia felicidad, ¿no es el acto utilitario por excelencia?

La vida contemplativa (o *bios theoretikós*) no es, pues, una forma de vida solitaria, exclusiva de una élite intelectual (y/o socioeconómica). Un quietismo de lujo. No *servir* a ningún amo no significa *no servir* para nada. ¿Para qué sirve, entonces, ese no servir de la contemplación metafísica? Para nada más y nada menos que para tratar de ser libre y que los demás también lo sean (porque nadie es libre entre esclavos). Debemos aprender, pues, a estar dentro y fuera, como propone Marina Garcés en *Ciudad princesa*. A ser, como Albert Camus, solitarios y solidarios.

La mirada utilitaria no solo nos encubre el ser de las cosas, sino que también lo aprisiona. Como diría Cortázar, no se nos regala un reloj, nosotros somos regalados al reloj. Quien vive enredado en las cuestiones meramente utilitarias no siente placer, solo siente su impotencia y su esclavitud. No vive en el valiente «mundo» inútil, sino en la cárcel del «medio», del medio para otra cosa. Vive apagando fuegos, y solo respira humo. El mientras secular es una mantis religiosa.

Insisto, esa libertad no es una cuestión meramente poética. El imperativo kantiano de no tratar a los demás como un medio sino como un fin no es más que una aplicación moral de la mirada metafísica. Y el holocapitalismo (y es el primero y el último de los neologismos que voy a inventarme), para el que todo tiene un precio, y la precariedad, que nos condena a la mera supervivencia, son el sistema más antimetafísico que existe. En ese contexto, darse a la contemplación resulta revolucionario. Como también lo es desear una sociedad justa en la que nos protejamos entre todos contra la intemperie, de tal modo que nos quede vida de sobras (y no sobras de vida) para realizar aquellas acciones improductivas que nos vuelven realmente humanos. Esa es nuestra verdadera guerra del *treintaiséi*.

3.5. PEQUEÑO TRATADO DE ATEODICEA

>Pero eran lágrimas de piedad, que es lo contrario del miedo.
>
>CHESTERTON, *La hostería volante*

§ *Ateodicea.* En su *Sistema natural,* el divino Holbach imagina que se acerca al lecho de un malvado moribundo y le pregunta si querría volver a vivir una vida tan agitada como la que vivió: «Si tiene buena fe», resume, «reconocerá que no ha gozado ni de tranquilidad ni de bienestar, que cada crimen le ha costado inquietudes e insomnios, que este mundo no ha sido para él más que un escenario de ansiedad continua y de penas del espíritu, y que vivir pacíficamente con pan y agua le parece una suerte más dulce que adquirir en esas condiciones riqueza, crédito y honores.» Y añade (por si hay un Leibniz en la sala): «Si este malvado, a pesar de todos sus éxitos, encuentra su suerte tan deplorable, ¿qué pensaremos de los que no han tenido ni los mismos recursos ni las mismas ventajas para alcanzar el éxito en sus proyectos?» Es su ateodicea (y este es el segundo y último neologismo que voy a inventarme).

Tampoco yo creo que exista diferencia alguna entre la ética y la moral, puesto que la felicidad y la virtud son indistinguibles, y la infelicidad y la maldad, también. Hacer el bien se traduce en la alegría mayor de ejercitar la propia potencia, que genera a su alrededor su propia atmósfera de benevolencia, admiración y amistad. Hacer el mal se traduce en una triste disminución de nuestra potencia, en tanto que la culpa, el miedo a la venganza, el temor al castigo y el sentimiento de indignidad suponen un precio existencial siempre excesivo. Pero solo estoy glosando. Porque glosar es repetir, y repetir es practicar.

No puedo evitar citar de nuevo a Holbach, quien se reafirma, en *El contagio sagrado,* en la relación indisoluble entre el bien y la felicidad: «¿Es tan difícil probar a cualquier hombre que no puede ser feliz él solo, que para ello tiene necesidad de la ayuda de los demás y que esas ayudas solo se concuerdan con el bien que les proporcionan? ¿Hacen falta luces muy grandes para sentir que al hacer daño a quienes nos rodean destruimos nuestra propia felicidad? ¿Es necesario un gran esfuerzo de genio para darse cuenta de que un ser que se ama a sí mismo y se estima debe hacer lo posible en su conducta para compartir sus sentimientos con los demás?»

Nosotros mismos montamos y desmontamos, con nuestras acciones, nuestros infiernos y nuestros paraísos. No son ultraterrenales, únicos y eternos, tampoco nos son adjudicados por ningún juez divino. Su lugar es el aquí y ahora, y entramos y salimos según nuestras acciones. Y no son exactamente un castigo ni tampoco exactamente una recompensa, sino los efectos de la naturaleza de las cosas: corporales, psicológicos e, incluso, ecológicos, como cada vez resulta más evidente. El mal se castiga solo, como el niño que juega con un látigo.

En resumen, no necesitamos recompensas ni amenazas en la otra vida, ni instancias trascendentes de ningún tipo, para comprender que hacer el bien nos sienta bien, mientras que hacer el mal nos sienta mal. Y que, sentadas esas bases, el resto es cuestión de detalle. Como diría Agustín de Hipona: «Ama y haz lo que quieras.» Algo semejante dirá Erasmo en su *Enquiridion,* cuando afirme, frente a los tiquismiquis teológicos, que el dogma no corre peligro si la caridad (o la amistad) está segura, y que esta solo está segura si reducimos al mínimo las definiciones y si, acerca de numerosos puntos, dejamos a cada cual su libertad de juicio. Todo ello no se diferencia mucho de lo que dice Holbach, solo que visten con sonidos diferentes intuiciones semejantes.

§ *La pajita en el vaso*. A finales de los años noventa, con más de setenta años, el filósofo Marcel Conche decidió asumir el cuidado de su esposa inválida. Tras toda una vida dedicada a escribir acerca del hedonismo epicúreo, Conche sintió la necesidad de preguntarse cuál era el origen de la obligación moral que sentía. Fue entonces cuando escribió un hermoso texto titulado «*L'obligation morale*».

Tenía claro que la fuente de toda obligación moral no era divina, ni metafísica, ni histórica... Pero ¿acaso podía decir que aquel acto, más bien doloroso e incómodo, era una forma de buscar el placer? No en un sentido superficial, claro está, mas quizá sí en ese sentido amplio que vimos más arriba. Habría un placer superior en los sentimientos conexos de amor y de lealtad. Tal era su caso, sin duda.

Sin embargo, esto no siempre es así. Por ejemplo, la persona que arriesga su vida para salvar a un niño que cruza en rojo o la enfermera que cuida a un soldado enemigo lo hacen sin sentir necesariamente este tipo de sentimientos. Quizá les mueve otro tipo de pasiones, como la piedad. Pero la piedad que sentimos cuando contemplamos el dolor que vemos en la prensa y en los telediarios, y demasiadas veces en la calle, no moviliza automáticamente nuestro sentimiento de obligación.

No se trata de rechazar las pasiones, como hacían los estoicos, que consideraban que el sabio no debe inquietarse por sus semejantes sino solo servirlos. Son importantes, y en muchas ocasiones se hallan en el origen de nuestras acciones, pero no tienen un valor fundante, puesto que la obligación moral puede subsistir sin ellas.

¿De dónde viene, entonces, la obligación moral?, sigue preguntándose Marcel Conche. Algunos dicen que el altruismo es un sentimiento tan primario y natural como el egoísmo. Pero, entonces, no hablaríamos de «obligación moral», ya que uno no se siente obligado a hacer lo que es natural. Lo natural se cumple de forma automática, como sucede en los animales. La obligación supone, en cambio, la posibilidad de no cumplirla. De hecho, en demasiadas ocasiones no respondemos a su llamada. Así que tan natural no debe ser.

¿Se trata, entonces, de una obligación social? Quizá es una especie de programación educativa o presión social. Pero las convenciones sociales, como, por ejemplo, saludar, seguir las costumbres o respetar las jerarquías, no implican la obligación moral de arriesgar la propia vida para socorrer a un niño. E incluso pueden entrar en conflicto con ella (como debió de ser el caso de muchos niños alemanes que fueron educados durante el régimen nazi).

Al no encontrar el principio, Marcel Conche decide preguntarse por el fin. Quizá en el uróboros de la moral no tenga sentido distinguir entre la cabeza y la cola. ¿Cuál es, entonces, la finalidad de la obligación moral? Y se responde: «dejar vivir, ayudar a vivir, mantener en vida, obstaculizar, en fin, tanto como sea posible, el paso a la muerte».

Nuevamente, debemos entender «vida» y «muerte» en un sentido amplio. Robar, explotar o maltratar está mal no porque lo diga ningún dios, sino porque reduce el margen de seguridad de la víctima frente a la muerte. Calumniar, humillar o marginar también está mal porque disminuye el sentimiento o el deseo de vida de la víctima, pudiendo llevarla incluso al suicidio. Del mismo modo, acoger en nuestro seno (o inocular en el de los demás) las pasiones tristes implica abrirle un paso a la muerte. En resumen, es malo todo lo que disminuye la extensión de la vida y es bueno todo lo que reduce la de la muerte.

No se trata solo de salvar la propia vida, claro está. Se trata de salvar *la vida,* en general, incluso en detrimento de nuestro propio interés personal. Dice Conche: de un lado, mi vida, soy joven, estoy sano, me siento fuerte, y lejana está la muerte; del otro lado, una vida, quizá una vida enferma o anciana, pero, y eso es lo verdaderamente importante, una vida amenazada. ¿Qué hago? Me lanzo allá donde se halla la urgencia, dice Conche, allá donde la vida necesita que le echemos una mano para vencer a la muerte. Sin cálculos ni triajes. «Tal es la acción moral.» Pero no lo hacemos siempre. No, porque es obligación moral, y no instinto natural, y depende exclusivamente de nosotros cumplirla o no cumplirla. Como diría Kant, la posibilidad de no cumplirla es la condición de posibilidad de toda ley moral. El día de la bondad existe gracias a la noche de la maldad.

Pero no hablamos de «pecado» y de «virtud» en el sentido religioso o trascendente. Nadie dice que sea pecado deprimirse o suicidarse. No es una afrenta contra Dios, ni contra la historia, ni contra los valores, ni contra ningún supuesto don que se nos haya dado (tampoco contra los dictados de la *happycracia).* Es simplemente «malo» en el sentido de que perjudica la *vida.* Como cuando decimos: «cenar demasiado tarde es *malo* para ti». El egoísmo es *malo,* por ejemplo, porque rompe esa solidaridad ontológica que debería unir a todos los seres frente a la muerte. Según Heidegger (aunque nosotros siempre nos fijamos en lo del ser-para-la-muerte), nuestro ser es *Miteinandersein,* esto es, un ser-los-unos-con-los-otros. Entre los seres vivos no existe una relación frontal, sino colateral: estoy en el mundo, afirma Conche, como miembro del equipo de los seres vivos contra la muerte. Hombro con hombro. Dice Dumas, en *Los tres mosqueteros,* que se conoce a una persona por los enemigos que tiene. El origen de nuestra obligación es estar unidos contra la muerte, pues es un rasgo constitutivo del ser de todos nosotros el estar ahí por todos. ¿En qué otra cosa podía estar pensando Roque Dalton cuando escribió: «fusilemos la noche»? Al final fueron los suyos los que lo fusilaron a él, porque al parecer la poesía y el humor son una fábrica de traidores... Ya veis que el *Miteinandersein* no es un cuento de Andersen.

Más. Vivimos porque de niños nos cuidaron. Es nuestra deuda original. Y por eso toda sociedad debe esforzarse en que todos los niños la contraigan. Si en su infancia se sienten cuidados, familiar o socialmente, cuando crezcan sentirán el peso de esa deuda que se les revela como una obligación de cuidar, a su vez, a los demás. Lo cual, insisto, no es garantía de que lo hagan, porque no se trata de un instinto natural, sino de una obligación moral. El egoísta, en cambio, vive como si la vida se detuviese en él, cuando la esencia de la vida no es ser algo que se retiene, sino algo que se transmite. Su soledad (nuestra soledad) no es solo psicológica sino también metafísica. Como diría Machado, la vida es una moneda que se pierde si no se da.

De acuerdo, malo es lo que favorece la muerte, y bueno lo que aumenta la vida. Pero, aun así, ¿por qué nos sentimos obligados a obstaculizar la muerte? ¿De dónde viene la elección de la vida como un estado preferible a la muerte? Para Marcel Conche esa es la elección primera, y no tiene explicación posible. Pero ¿eso no es fe? Puede ser, pero no religiosa. La fe es un modo de relacionarse con lo que desconocemos. La fe religiosa es la confianza de que Dios existe, y ya luego él funda la obligación moral. La fe filosófica, en cambio, se limita a afirmar que la vida es preferible a la muerte (o que la muerte es preferible a la vida). Lo cual es tanto un acto de fe, o una creencia instintiva, como un axioma. Luego siempre podrá ser traicionado, acallado o mal defendido, como de hecho lo es muy a menudo, pero eso no quita que en la esfera de los principios todo el mundo coincida en que es preferible la vida a la muerte.

Dice Natalia Ginzburg, en *Las pequeñas virtudes,* que «es mejor que nuestros hijos sepan desde la infancia que el bien no recibe recompensa y el mal no recibe castigo, y que, sin embargo, es preciso amar el bien y odiar el mal, y no es posible dar una explicación lógica de esto». Es una convicción indemostrable de la que surge todo lo demás. Es una fe inmanente. Y es también mi fe. La única fe que prohíbe realmente matar a quien no la comparte contigo.

Pero Marcel Conche es honesto, y no se satisface solo con esta respuesta. Porque, aunque presentada de este modo la obligación moral de socorrer a los demás parece absoluta, no se lo parece así a todo el mundo. En muchas épocas y culturas se ha visto, y se ve, como algo normal matar a los enfermos, abandonar a los ancianos y no socorrer a los débiles. ¿Qué demonios hacemos con esta relatividad? ¿Qué significa? ¿O no significa nada en absoluto?

Quizá lo que significa, simplemente, es que en muchas ocasiones la pulsión de muerte gana, y a la pulsión de vida no le queda más opción que resistir hasta el amanecer, como a la cabra de Monsieur Séguin. Porque una obligación no se funda en la cantidad de gente que la respeta. Y aunque no la respete nadie, sigue siendo válida, en tanto que resultado de una fe filosófica que, con sus éxitos y sus fracasos, se mantiene constante a lo largo de la historia. De otro modo, además, la muerte ya habría vencido para siempre. Seguramente muchos se sonrían de mi ingenuidad. Aunque (la estoy viendo) será con una sonrisa triste, una sonrisa de muerte. Pero que alguien me diga, si tanto me equivoco, cómo es que, tras tantos miles de años, la muerte no ha vencido definitivamente. Me concederéis que este empate pírrico equivale a una gran victoria.

§ *Zeus Xenios.* ¿Quién debe ayudar? ¿Y quién debe ser ayudado? En la *Ilíada* tiene el deber de socorrer el fuerte, mientras que el débil tiene el derecho de ser socorrido. La fuerza, claro está, no es solo una cuestión física (juventud, constitución, salud), sino también espiritual (salud psicológica, inteligencia, fuerza moral), y, no lo olvidemos, económica y social (los impuestos serían los músculos económicos con los que los afortunados deben ayudar a los necesitados). Como nos enseña la fábula del león y el ratón, la fuerza y la debilidad son también relativas. *Epikouros,* en griego, significa «el que socorre». Así que el epicureísmo es un «socorrismo», moral y político.

¿Quién es el débil? Para Conche no debemos atender tanto al sufrimiento como a la debilidad. El niño pasa delante siempre, aun cuando no sufra, porque es débil. La pregunta es ¿qué pasaría si los niños, los ancianos, los enfermos y los refugiados no fuesen cuidados? Pues que morirían más rápido. Es cierto que los fuertes también mueren. Salvamos a los demás solo por un tiempo. Cada siglo libra una guerra de los cien años que no deja supervivientes. Pero eso no invalida el valor ontológico de la ayuda, esto es, aumentar el reino de la vida en detrimento del de la muerte. La esencia de la debilidad es ofrecer una menor resistencia al imperio universal de la muerte. Si el acto moral consiste esencialmente en alejar a la muerte, es normal que la debilidad sea el principal campo de batalla de la obligación moral. La debilidad ajena es un enclave de la muerte en la vida. Así que defender al débil es atacar a la muerte. La suya, es cierto, no la nuestra. Pero, añade Conche, por eso mismo hay que obligarse. *Noblesse oblige.*

¿En qué consiste exactamente ese ayudar a los débiles a sobrevivir, y a vivir, que es la esencia del acto moral? No solo en garantizar el alimento, el cuidado y la protección, sino también la educación, entendida en un sentido amplio, esto es, humanista e ilustrado. La educación lucha contra el oscurantismo, que consiste en impedir la difusión del conocimiento en la sociedad, y contra el sometimiento posibilitado por ese mismo oscurantismo. Insisto en que esta ética tiene una raíz ontológica: de un lado las luces, la libertad, la vida y el ser, del otro el oscurantismo, la opresión, la muerte y la nada. No es el bien contra el mal, es el ser contra la nada.

Se trata, pues, de ayudar (de ayudarnos) a combatir la pulsión de muerte y fortificar nuestra confianza y amistad en la vida. Pues cada vez que hacemos el bien, o mejor dicho lo bueno, aumentamos el optimismo, la confianza y la admiración, y con ellos el sentimiento de obligación moral. El bien atrae al bien. Como el bien platónico, nos empuja a esforzarnos para asemejarnos a él. Solo que no responde a una lógica trascendente sino a la lógica inmanente de la vida como una gran máquina de guerra contra la muerte.

También en el ámbito de la moral nada de lo humano nos es ajeno. Su tristeza, su sufrimiento y su muerte nos conciernen más allá de nuestra familia o nación. La más hermosa de las advocaciones de Zeus es la de Zeus Xenios, dios de la hospitalidad, que se disfrazaba de extranjero pobre y llamaba a las puertas para probar la generosidad de los hombres. Fue él quien provocó el diluvio universal de los griegos, del que solo se salvaron Pirra y Deucalión, pues le habían ofrecido refugio, cuando apenas tenían nada que ofrecerle.

No recuerdo la película. Solo que era la Primera Guerra Mundial, y que un padre había recorrido medio mundo para buscar el cadáver de sus hijos fallecidos en el campo de batalla. Uno de los generales victoriosos decide ayudarle. Uno de sus subordinados le pregunta: «¿Por qué ayudarle a él si hay miles de padres en la misma situación?» Y el general le responde: «Porque es él quien ha venido.» Él es su automesías. Cierto, no podemos ayudar a todos, pero podemos empezar por quien llama a la puerta.

§ *Idiotés*. ¿Qué tiene que ver el miedo con todo esto? Me parece que bastante. Porque si es cierto, y así lo creo, que el miedo nos lleva a hacer el mal y nos impide hacer el bien, y es cierto, y así lo creo, que hacer el mal nos vuelve infelices, entonces también lo es que el miedo es una de las principales causas de nuestra infelicidad. Holbach + Conche = Spinoza. Digamos, desde una perspectiva totalmente secular e inmanente, que el mal es el tridente con el que el miedo nos pincha para arrojarnos al infierno terrenal de la infelicidad.

Para empezar, el miedo nos hace egoístas. El temor nos instala en una situación de urgencia que no nos deja pensar en nadie más. El miedo es la balsa de la Medusa rodeada de tiburones. El egoísmo tiene varios niveles, pero todos ellos provocan un retorno doloroso, como un nunchaku en manos poco expertas. Está el egoísmo cognoscitivo, que nos lleva a verlo todo en relación con nosotros mismos. En virtud de nuestro temeroso utilitarismo, solo conectamos en la conversación si se habla de algo que nos pueda perjudicar o beneficiar. El resto no nos interesa. Lo cual tiene como efecto una dolorosa deformación de nuestra idea del mundo, pues sentiremos que este se relaciona directa, exclusiva e intimidantemente con nosotros. Aunque los demás apenas hayan reparado en nuestra presencia. Pues no se trataba más que de una araña paseándose por la lente del telescopio.

Luego está el egoísmo físico y metafísico. Como el miedo no mira, sino que solo vigila, no podremos abrirnos al mundo en general y a su ser en particular. Quizá queremos interesarnos genuinamente por el otro, pero nuestra necesidad de protegernos (física, psicológica o económicamente) nos llevará siempre a utilizarlo. Y ese apartamiento, ya lo vimos, tiene su precio. Finalmente está el egoísmo ético, que considero indistinguible del moral, y el político (que también considero indistinguible del ético), que nos llevan a desatender el dolor de los demás y a cortar las amarras sociales, lo cual nos deja a la deriva en el mar de la soledad, cuando no en la tormenta de la inseguridad y de la guerra.

El egoísmo del miedo no solo adopta formas extremas, como sucede en el final de *1984* de Orwell (ese horrible «¡hacédselo a ella!» que nos dejó a todos traumatizados), sino también otras formas más sutiles y habituales de las que todos participamos. El *miedo ambiente* generado por la precariedad, por ejemplo, nos lleva a vivir obsesionados con nuestros propios problemas, tareas y agobios..., sin tiempo ni energía para escuchar, atender o ayudar a los demás. El miedo, en fin, nos vuelve *idiotés*, nos separa del incendio (o de la fiesta) general, para que nos ocupemos solo del fuego (o de la música) que hay en nuestro salón. Por eso el miedo es una de las estrategias básicas de todos los regímenes tiránicos, duros o blandos, para lograr la atomización social. Como diría Rabelais, gracias al miedo cada uno vive encerrado en su *cadaunera*. ¿Qué mejor sistema carcelario que el de encerrarnos entre las cuatro paredes de nuestras cuatro aprensiones?

§ *El sueño de Damocles*. «*Couardise, mère de la cruauté.*» Dice Montaigne: «La cobardía es la madre de la crueldad.» Y es que no hay nada más temible que una persona (o una nación, o una raza, o una clase social) atemorizada. El sentimiento de inseguridad nos vuelve agresivos. El sueño de Damocles (que no dormía) era cambiar su trono por la espada que pendía sobre él. La brutalidad de las guerras se explica, en parte (solo en parte), por el miedo que sienten los soldados. La tensión que debe sentirse cuando se sabe que de cualquier esquina y bajo cualquier disfraz nos puede llegar la peor de las muertes nos predispone a matar a cualquier cosa que se mueva, incluidos civiles y niños. Lo peor, además, es que ese miedo sirve para justificar la crueldad. Quizá el único caso de asesinato legal es el de la defensa propia. El problema es que la defensa propia es la naturaleza del miedo.

A veces la crueldad temerosa es ciega. Es el que se ahoga y acaba ahogando al que vino a salvarlo. Otras veces es más fría y sistemática, como cuando se tortura a un individuo o se extermina a una población. Y aunque los fascistas y los nazis adoptasen un discurso enérgico y viril, en el fondo sus votantes eran un rebaño asustado (en parte por su propia propaganda). Por otro lado, muy pronto la camaradería soviética, henchida de coraje, confianza y sacrificio, se transformó en un castillo de naipes montado sobre la mesa coja del miedo. Bastaba el más pequeño temblor para que todos se viniesen abajo.

La inseguridad no es siempre una cuestión de vida o muerte. Hay otros tipos de inseguridades, más psicológicas y duraderas. Según Delumeau, los niños que no han gozado de amor y cuidado en su infancia pueden desarrollar un sentimiento profundo de inseguridad y de miedo que les lleve a ser agresivos con los demás, y también consigo mismos. Es la falla narcisista, que deberíamos quemar cada año en Valencia. Una falla –a veces real, a veces imaginada– que también sufren ciertas colectividades. A veces la primera generación de víctimas se somete dócilmente, porque no ve otra salida, pero la agresividad se va acumulando en el fondo hasta que empieza a desbordar por todas partes. Entonces todos hablan de la gota que colma el vaso. Y olvidan que la violencia es el precipitado de la injusticia.

El maltrato es la metadona de la impotencia. Someter, insultar y torturar es mostrarse a uno mismo que tiene el poder, o al menos ese poder. En la cadena trófica de la sumisión, todo el mundo tiene su espacio, y no hay nadie tan débil que no le pueda robar los altramuces a otro, ni nadie tan poderoso que no pueda ser atormentado por el mosquito de la fábula. Cada eslabón está hecho, por un lado, de inseguridad masoquista, y, por el otro, de narcisismo sádico. Es el samsara del miedo.

Otro de los efectos del temor es la anomia. El que se siente amenazado se siente justificado para todo. Es el estado de excepción permanente. Para salvarnos estamos dispuestos a condenarnos, esto es, a ir en contra de nuestros propios principios. Podemos matar a alguien, justificar el terrorismo o apoyar una guerra. Luego, en la guerra, el miedo es tal que todo está permitido. En *Apocalypse Now,* la versión fílmica que Coppola realizó de *El corazón de las tinieblas,* de Joseph Conrad, el capitán Benjamin L. Willard, interpretado por Martin Sheen, dice: «Acusar a alguien de asesinato en este lugar es como poner multas por exceso de velocidad en la carrera de Indianápolis.» Así es como el miedo destruye a las personas y a las sociedades. Porque cuando hay miedo, todo vale. Y el terrorismo lo sabe bien. Su estrategia no es matar físicamente al otro. Para eso está la guerra. Su estrategia es provocarle el miedo necesario para que deje de ser quien era. No hay nada más parecido a la muerte. Y es más barato que comprar armas y mantener soldados.

El miedo puede ser aducido, *a posteriori,* como una excusa. Varios soldados franceses que perpetraron torturas en Argelia reclamaron el estatuto de víctimas por las secuelas psicológicas que les había provocado haberse visto *obligados* a torturar. Por su parte, Eichmann, tal y como estudió Arendt, *temía,* si no la muerte, sí el no cumplir con «los objetivos» que se había marcado. Era un estresado del mal.

§ *Hipermnestra forever.* El miedo no solo nos lleva a hacer el mal. También nos impide hacer el bien. El que se siente amenazado se ve a sí mismo en todas partes. Cada vez que ve u oye alguna desgracia, exclama: «¡A mí también!» Pero no es una identificación empática sino egoísta, porque no piensa en el sufrimiento efectivo del otro sino solo en su propio daño potencial. Por eso obvia o minimiza el dolor ajeno y exagera el suyo: «¡Yo sufro más!» Y como siente que necesita toda su energía para protegerse, tiene la persiana bajada. Según Sartre, decir «estoy cansado», «estoy agobiado», «estoy asustado»... es decir «no me pidas nada, que bastante tengo con lo mío y no puedo hacerme cargo de ti».

Y aunque empatice, el miedo al paro, el miedo al contagio, el miedo a la inmigración o el miedo al desdibujamiento de la propia nación tiende a bloquear toda ayuda efectiva. A veces se hace de forma descarada y cínica. Y otras le embarga una cierta tristeza moral. Porque es más doloroso ver lo que debería hacerse, y no atreverse a hacerlo, que simplemente no ver lo que debería hacerse. Es la triste recompensa de la lucidez. Quizás por eso, en un acto de mala fe sartreana, practicamos la ignorancia, la desinformación y la posverdad. Preferimos pensar que es mentira que la naturaleza no aguanta más, que en verdad no hay pobreza, que nadie muere en el Mediterráneo. Ya no es la santa sino la maldita ignorancia, que prepara, con conciencia, el «yo no sabía». Solo sabía que tenía miedo...

El miedo también impide amar. No es solo que no nos permita acceder al amor o a la amistad, porque sin coraje es difícil obtener el deseo ajeno. También nos puede hacer perder el que ya tenemos, como cuando no somos capaces de proteger a las personas que queremos. Además, el miedo nos carga con una frustración y un resentimiento que podemos acabar descargando justamente sobre los que más nos quieren y que, por tanto, son los más vulnerables a nuestro comportamiento. Eso sin contar los estragos que pueden infligir la inseguridad y los celos, que provocan que las personas, en lugar de ocuparse en querer, lo cual las haría realmente amables, se preocupen solo por si son queridas.

Como diría Simone de Beauvoir, el amor no puede reducir la libertad del otro, porque es precisamente de esa libertad de donde emerge el amor. Lo demás es fingimiento. Lo sabía bien Horacio, quien evoca en su *Oda* III, 9 de qué modo Hipermnestra, una de las cincuenta danaides, que habían recibido la orden de apuñalar a sus maridos en su noche de bodas, le dijo a su esposo, al que amaba realmente, que huyese. Solo perdiéndolo podía salvarlo. Amar es dejar ir. Pero, para dejar ir, para dar libertad, necesitamos valor. Sin él, podremos retener a una persona a nuestro lado, pero el amor que nos devuelva no será más que un simulacro, un síndrome de Estocolmo, y todo lo que hagamos por conferirle una mayor realidad será inútil. Nunca llenaremos ese cubo, que es precisamente lo que le sucedió (y aún debe de estarles sucediendo) a las cuarenta y nueve danaides restantes.

Finalmente, el miedo es odio. Los esclavos *voluntarios* (por miedo) odian a aquel que los somete porque los humilla, odian al hombre libre porque les devuelve un reflejo de su indignidad y se odian a sí mismos por no ser capaces de enfrentarse a lo que temen. Como no se atreven a morir de pie, viven arrodillados, y a la vez subidos sobre su propio pecho, como un auto-Horla. Así es difícil respirar. Como dice Alain, no hay nada peor que un gran orgullo sometido.

§ *Calentamiento moral.* La sensación de impotencia generalizada que nos causa el miedo también nos impide hacer el bien. Y esa incapacidad para hacerlo aumenta aún más nuestro sentimiento de impotencia, porque una de las formas más intensas de experimentar la propia potencia es socorrer a los demás. No es un sentimiento exclusivo de los santos. También lo disfrutan los mafiosos protectores, los políticos nepotistas y los millonarios filantrópicos. Solo que su alegría no consiste tanto en ayudar como en *poder* ayudar, normalmente a sus familiares, amigos y socios. Al hacerlo, exhiben y expanden su potencia, aunque solo sea por todos los favores que les deberán. En su caso, la ayuda es un préstamo con interés. O una agradable autocontemplación de su poder. O también una amenaza, pues hacen creer a sus favorecidos que no pueden vivir sin su ayuda, de modo que si no hacen lo que se espera de ellos, se les cortará el grifo. El grifo..., ese terrorífico monstruo mitológico.

La ayuda desinteresada es más auténticamente alegre. El problema es que se necesita un excedente de potencia para brindarles nuestra ayuda a los demás. Decía Albert Camus que la alegría era un deber moral, porque sin ella no se puede ayudar. Lo decía en un sentido spinoziano, claro está. No se trata de culpabilizar la tristeza, en consonancia con la tiranía *happy* tardocapitalista que tan bien han estudiado Edgar Cabanas y Eva Illouz. Lo dijo antes Séneca, con esa contundencia que le caracteriza: «Toda acción honesta es voluntaria. Añádasele indolencia, lamentaciones, subterfugios, miedo; ha perdido lo mejor que ella posee, la satisfacción personal. No puede ser honesto lo que no es libre, porque el temor supone esclavitud.»

Existe incluso una vergüenza, esto es, un miedo, de hacer el bien. Un niño puede no atreverse a ayudar a un compañero no solo por miedo de que le peguen, sino también por miedo de que los demás piensen que es débil o sentimental. Está también la vergüenza de dar la cara por otro, la vergüenza de pedir perdón e incluso la vergüenza de hacer «moralina» (que es la que he tenido que superar para escribir estas páginas).

Y, en una última vuelta de tuerca, el miedo cerval elimina la posibilidad de una ética de mínimos o de medios al alcance de todos, para hacer del bien una heroicidad a la que solo unos pocos pueden aspirar (normalmente a cambio de su vida). Según Delumeau, durante una peste «el ser humano medio» desaparece. La penumbra moral queda bruscamente abolida, y ya solo queda ser héroe o cobarde, odioso o sublime, bajo los focos obtusos de las torres de vigilancia. En los campos de concentración sucede algo semejante. Primo Levi y Viktor Frankl hablan de ello. El clima temperado de la moralidad se extrema. Entonces unos se congelan y se mueren sobre la nieve, como los soldados de Napoleón, y otras se queman, para transformarse en mártires o en verdugos. Solo queda, entonces, esperar a que vuelva la primavera.

Además, la postración moral de esa mayoría es, en sí misma, una estrategia de dominación, ya que el sentimiento de indignidad aumenta la sensación de impotencia, deshace el tejido social y justifica la propia sumisión, que pasa a ser concebida como el castigo merecido por la indignidad que nos hemos dejado infligir. La situación es anormal e injusta. Todos deberíamos tener derecho a ser buenos sin que se exija de nosotros que seamos héroes.

4. Ampliación del campo de batalla

4.1. VIRTUDES POLÍTICAS

> Cuando otro dijo: «Están cerca de nosotros», Leónidas respondió: «Efectivamente, y también nosotros estamos cerca de ellos.»
>
> PLUTARCO,
> *Antiguas costumbres de los espartanos*

§ *Quien roba a un ladrón.* Sé que muchos arrugarán la nariz cuando lean la palabra «virtud». Pero debo hablar de ella. (Al fin y al cabo, una de las formas más habituales de la moralina es la «antimoralina».) Debo hablar de ella porque este concepto olvidado (al que quizá le cambie el nombre) es como una ciudad maya cubierta por la vegetación. Y en ella se esconden tesoros filosóficos de los que no podemos prescindir. Además, estoy firmemente convencido de que dicho olvido nos perjudica enormemente. De un lado, porque le deja a la religión, a la psicología positiva y a la autoayuda una parte esencial de la ética. Del otro, porque los poderosos se aprovechan de nuestra falta de conocimiento (y de ejercicio) de las virtudes. Quien roba a un ladrón tiene cien años de perdón. Pero, para acceder al tesoro, tenemos que pasar por el laberinto de la historia.

Cicerón fue el gran creador de la terminología filosófica latina. «La busca de Averroes», de Borges, fue un juego de pistas a su lado. Al hallarse con el término griego *«areté»*, 'excelencia', de *aristós*, 'mejor', el pobre hizo lo que pudo, y lo tradujo como *«virtus»*, un término que tenía como raíz la palabra *«vis»*, 'fuerza'. De 'lo mejor' a 'lo más fuerte' hay un salto. Pero hace falta mucho más para detener a un filósofo embalado (lo digo por propia experiencia). En todo caso, mi intención no es caer en la falacia etimológica, que confunde el verdadero significado de las palabras con su etimología. Ese camino nos llevaría a considerar como la *Ursprache* filosófica los gruñidos de los hombres prehistóricos. Lo que busco, más bien, es evidenciar el carácter tentativo y confuso (pero también estimulante) de este término.

Volvamos atrás (hay que saber volver atrás para avanzar en un laberinto). En el mundo griego, el término *«areté»* designaba la excelencia en cualquier ámbito, deportivo, intelectual, ético o político. En manos de los poetas y los filósofos, dicha palabra se fue cargando de nuevos significados. Dos de ellos me parecen especialmente interesantes. Primero, la *areté* o *virtus* es una «fuerza», «poder», «potencia», «capacidad» o «eficacia» de cualquier tipo de realidad, sea humana o no (Molière bromeaba acerca de la virtud dormitiva de la adormidera). Segundo (y aquí se ve la huella teleológica de Aristóteles), esa fuerza contribuye al cumplimiento de ese ser en cuestión. La virtud sería, en suma, «aquello que hace que cada cosa sea lo que es». Spinoza seguía esta idea cuando afirmó que el ejercicio de nuestras potencias es alegre porque nos perfecciona, esto es, le da a nuestro ser una forma más acabada. De ahí el precepto pindárico que le gustaba blandir a Nietzsche: «Conviértete en lo que eres.»

La virtud no es una mera «potencia». No es un coche que podamos sacar o no del garaje. La virtud es el hábito de conducirlo bien. No hay nada más frustrante que una potencia sin ejercitar; se queda como una falta, como una traición al propio ser, que queda como enterrado y afantasmado dentro de nosotros. Sin paz en su descanso. Es la deuda de la promesa del deseo, que nuestras morosas postergaciones dejan sin pagar. No necesitamos esperar para sentirnos desahuciados. La muerte de la potencia es el cobrador del frac. La virtud, en cambio, es el despliegue efectivo de una potencia que, en virtud de su derroche, amplía su poder. Existe una cierta circularidad en la idea de virtud. La recoge la expresión ciceroniana «*ex viro virtus*», que suele traducirse como «del esfuerzo, la virtud» pero que sería mejor traducir como «del esfuerzo, la fuerza». Como decía Simone Weil, «el deseo de luz produce luz». Lo mismo sucede con el deseo de vida.

El virtuoso del piano, por ejemplo, tiene el hábito de cumplir en grado sumo con la potencia que tiene todo ser humano para la música (aunque no todos la realicemos). Podemos ser también virtuosos del fútbol, de la literatura o de la ebanistería. Pero cuando hablamos de virtudes no nos referimos a cualquier potencia, sino a aquellas que nos vuelven propiamente humanos. Se puede ser plenamente humano sin aprender a tocar el piano o sin saber escribir sonetos (aunque siempre será una pena no saber hacerlo). Pero ¿de qué potencias no podemos prescindir?

Existen tantas concepciones y tipologías de las virtudes como concepciones acerca de qué es ser plenamente humano. Están las virtudes clásicas, las virtudes cristianas, las virtudes feudales e, incluso, las virtudes capitalistas. Todas ellas se atacan y se saquean entre ellas, si bien la filosofía tiene los derechos más antiguos sobre ese territorio, y por eso debe tratar de recuperarlo. En buena medida, la historia del pensamiento, y de la política, es una guerra simbólica por declinar el discurso público y privado de las virtudes en favor del sistema religioso, feudal, capitalista o filosófico. La filosofía clásica, el humanismo y la Ilustración tratarían de hacer de él una vía de emancipación individual y colectiva. Comentemos brevemente esa guerra de las Galias.

§ *Primer round.* El gran aporte de la filosofía grecolatina, en cualquiera de sus concreciones, fue considerar que las virtudes eran accesibles a cualquier persona (siempre y cuando se animase a emprender una vida filosófica). Sin embargo, ya en época griega y romana, las élites aristocratizantes lucharán por apropiarse de dicho discurso con el objetivo de reforzar su dominio. La estrategia consistía en atribuirles a las clases aristocráticas todas las virtudes y a las clases plebeyas todos los vicios. De este modo, el poder de las primeras quedaba totalmente legitimado. Pues ¿acaso no es mejor ser gobernado por una élite sabia, moderada, valiente y justa que por un populacho ignorante, cobarde, descontrolado y egoísta?

Pensemos, por ejemplo, en los géneros de la tragedia y la comedia. De un lado, la tragedia estaba especializada en contar la historia de personajes nobles, idealizándolos. Del otro, la comedia representaba a personajes plebeyos, ridiculizándolos. No eran meras convenciones literarias, era el modo de reforzar un imaginario aristocrático, y por lo tanto antidemocrático, de la sociedad. Y lo mismo sucedía, como veremos más adelante, con la distribución de las virtudes entre los hombres y las mujeres.

Suena la campana. Golpes en la lona. Veamos cómo siguió el combate.

§ *Segundo round.* Entró el cristianismo en ese mundo como un ladrón en una joyería. Como todas las religiones y todas las ideologías, fue dulce cuando fue débil y amargo cuando fue fuerte (por eso preferimos los bandazos de la democracia que el gobierno permanente de los nuestros). De la actuación estelar del cristianismo primitivo (en los dos sentidos del término) ya se ha hablado mucho, desde Edward Gibbon a Catherine Nixey, pasando por Voltaire o Holbach. Seré breve. ¿Acaso el ejercicio de las virtudes es suficiente para alcanzar la felicidad en este mundo? ¿Significa eso que la salvación es una cuestión meramente terrenal? Entonces, ¿Cristo murió por nada? Eso resultaba inaceptable. Los padres de la Iglesia consideraron conveniente inventarse tres virtudes teologales: la fe, la esperanza y la caridad. ¿Con qué objetivo? Con el de que el ser humano no pudiese salvarse solo con su propio esfuerzo, sin la ayuda divina (y sin la ayuda de la Iglesia, claro). Así es como hicieron –nunca mejor dicho– de la necesidad virtud. Pero eso suponía, a su vez, vaciar de sentido toda acción moral. Lo cual daría lugar a las más bizantinas disputas teológicas sobre si gozamos o no de libertad.

También el feudalismo quiso sacar tajada del discurso de las virtudes. A imitación de la aristocracia griega y romana, la nobleza medieval le atribuyó al pueblo todos los vicios, mientras reservaba para sí todas las virtudes. De este modo quedaba justificado que los nobles gobernasen y el pueblo obedeciese. Nada para el pueblo y sin el pueblo.

El secuestro nobiliario y patriarcal de la doctrina de las virtudes aún tiene efectos en nuestros días. ¿Lo peor? El desinterés e incluso el reparo que hoy provoca esta cuestión. El mismo desinterés y reparo que me hicieron dudar de si tenía que hablar de esto... El problema es que todos esos términos han sido desechados sin ser sustituidos por otros nuevos. Y esto nos ha dejado, literalmente, sin palabras para pensar aquella pregunta que obsesionaba a Sócrates: «¿Cuál es la mejor forma de vivir?» Ahora que lo pienso, sí que han sido sustituidos por otros, porque nada peor que la moralina capitalista de la emprendeduría, la realización y el entusiasmo. Pero *las damas primero...*

§ *El rapto de las sabinas.* El discurso misógino se basa, fundamentalmente, en una repartición injusta de las cuatro virtudes clásicas: «la mujer no es valiente, sino cobarde e inconstante» (carece de *andreía);* «no es templada, sino histérica y descontrolada» (carece de *sophrosyne);* «no es sabia, sino ignorante y necia» (carece de *phrónesis),* y «no es justa, sino egoísta e interesada» (carece de *dikaiosyne).* ¿Cómo va a poder gobernar y gobernarse? A cambio se le dieron, a modo de premio de consolación (o regalo envenenado), unas virtudes de segundo orden, propias de la mujer «virtuosa»: la hacendosidad, la castidad, el sentimentalismo o la intuición.

Por eso la lucha por redefinir el discurso de las virtudes es tan importante para la lucha feminista. Eso es lo que se propuso Mary Wollstonecraft, madre de Mary Shelley y abuela de Frankenstein, en su *Vindicación de los derechos de las mujeres*. Con un estilo vigoroso, Wollstonecraft rechaza la educación debilitante que reciben las mujeres. Una educación que las llena de «impulsivas pasiones» y de «vicios serviles». Frente a ello quiere reconstruir la *virtud* «sobre un nuevo cimiento», el del «cultivo del entendimiento», porque «el ejercicio del entendimiento es el único método que la naturaleza indica para calmar las pasiones». También quiere que goce de total igualdad, porque no se puede ser justo o generoso «cuando se es esclavo de la injusticia». Consciente de la distribución injusta que el patriarcado ha hecho de los vicios y las virtudes, Wollstonecraft afirmará que, a la espera de que sea modificada, no puede dejar de desear que las mujeres «se vuelvan cada día más y más *masculinas*». No lo dice sin ironía, pues, en su opinión, esas virtudes no deberían ser propiedad de ningún grupo en particular sino, como la tierra, de aquellos individuos que la trabajen.

§ *Último round.* Muchos hablan de crisis de valores y de desmoralización, pero nunca ha habido más moralina que hoy. Solo que no es la moralina de ayer (aunque a la vez es la de siempre). Las virtudes también fueron secuestradas por el capitalismo. Son las «competencias», las «habilidades» o los «recursos» de la catequesis empresarial. Los *coaches* son guías de conciencia; las formaciones empresariales, retiros espirituales; los libros de autoayuda, catecismos; y el éxito económico, siempre individual, siempre sacrificial, la salvación. Su objetivo, claro está, ya no es cumplir la voluntad de Dios, ni mucho menos construir la felicidad en el reino de este mundo, sino alcanzar el éxito económico y participar del cuerpo místico de la sociedad-empresa. Son la emprendeduría, la creatividad, la reinvención, la resistencia, el liderazgo, el sacrificio o el entusiasmo. Sus nombres suenan muy nuevos. Tanto que muchas veces los decimos en inglés, que es el latín de la escolástica empresarial. Pero no son más que las viejas virtudes clásicas, cristianas e, incluso, humanistas modificadas a la mayor gloria del neoliberalismo. Una verdadera matrioska de secuestros.

A pesar de su apariencia inmanente, pues el dinero parece ser cosa de este mundo, dicho discurso es profundamente trascendente, pues nos exige sacrificar el aquí y ahora en aras de una salvación, terrenal, sí, aunque siempre postergada, y, lo peor de todo, mortificadora, porque ve el sacrificio de la propia vida como la condición necesaria para su salvación. Pero esto es algo que uno solo comprende cuando se ha jubilado, o cuando se le acaban las fuerzas para nadar en el proceloso mar de la precariedad. Thoreau decía que el precio de una cosa era la cantidad de vida intercambiada por ella. Perdemos la vida para ganarnos la vida. Pero la vida, como los coches, apenas vale nada cuando es de segunda mano. *Que la vida iba en serio...*

Este nuevo sistema de virtudes ejerce sobre nosotros una enorme presión «moral». Nos sentimos útiles o triunfadores cuando las perseguimos y nos van bien las cosas (lo cual no siempre está relacionado), e inútiles y desgraciados cuando no lo logramos, nos rompemos o nos negamos a seguirlas. De este modo, no solo el afortunado refuerza los valores del sistema, sino también el desafortunado, que es el ejemplo de lo que pasa cuando no tienes «iniciativa», «creatividad», «poder de reinvención», «capacidad de sacrificio» y «entusiasmo». Dirán *«Just do it»*, *«Impossible is nothing»*, *«Work hard play hard»*..., pero a mí igual me huele a incienso y sacristía. Lagarto, lagarto.

§ *La corrosión del carácter.* Pero la cultura capitalista no solo ha creado una doctrina de las virtudes que refuerza nuestra servidumbre voluntaria. También ha desactivado aquellas que podían ofrecerle algún tipo de resistencia. Richard Sennett trató esta cuestión en *La corrosión del carácter.* El termino «carácter» hoy nos suena raro. También nos hace arrugar la nariz (de hecho ya arrugamos más la nariz que los victorianos). Baste recordar que, para Aristóteles, el carácter, o *ethos,* era la suma de nuestros hábitos o virtudes, y constituía el objetivo básico de la ética (y de la moral, de *mores,* esto es, 'hábitos', se entiende que virtuosos, que forman un carácter). Lo cierto es que un carácter compuesto de hábitos virtuosos es un carácter fuerte, capaz de resistir las presiones del destino o de la sociedad. El resto era una hoja al viento. En todo caso, hablar del hábito no te hace monje. Es necesario practicarlo o, como diría Nietzsche, incorporarlo.

Todos los sistemas de poder buscan la «corrosión del carácter». Quieren gente impotente, asustadiza, sumisa, y al mismo tiempo colaboradora y entusiasta. Así que, cuantas menos virtudes, esto es, cuantas menos potencias o fortalezas reales se interpongan en su camino, tanto mejor.

Por eso en la cultura del nuevo capitalismo se fomenta la falta de *sophrosyne* o moderación. El objetivo es doble: que consumamos de forma compulsiva y que nos sintamos faltos de control, y por lo tanto impotentes ante las fuerzas laborales, económicas y políticas que nos arrastran. Nuestras revueltas son irnos de compras o hincharnos a helado viendo series.

También se confunde o secuestra la *phrónesis.* Nadie sabe bien lo que quiere ni cómo debe perseguirlo, tanto a nivel individual como a nivel colectivo. La propaganda, la autoayuda y la «ética» empresarial no hacen más que promocionar falsos valores. Vivimos confundidos, oscilando entre un nihilismo cínico y un entusiasmo aturdido. Damos palos de ciego en un mundo de neón.

Fuera también la *andreía,* valor o fortaleza. El miedo, el desánimo, el cansancio y el abandono lo invaden todo. Nadie se siente capaz de alzarse, de resistir, de persistir o de vencer. Nos preguntamos cómo los obreros del pasado fueron capaces de arriesgar sus trabajos y sus vidas en largas huelgas salvajes, mientras que nosotros no nos atrevemos a elevar la más mínima queja por si el jefe nos coge manía. Además, todo nos da mucha pereza, que es uno de los cien nombres del miedo.

Tampoco son buenos tiempos para la virtud de la *dikaiosine* o justicia. Ya vimos que «darle a cada uno lo que se merece» es una noción lo suficientemente vaga como para que cualquiera la ponga a trabajar a su favor. Así, para la cultura neoliberal, los pobres tienen *lo que se merecen,* pues no tienen iniciativa ni ganas. Por otra parte, la sobreexposición espectacularizada de las injusticias funciona de anestesia moral, provocando, como mucho, algunos arranques de indignación que a veces sirven como válvula de escape para que nuestra maquinaria moral no explote. Pero sin ningún peligro de que se transformen en acción. «Pobre gente, por favor, cambia de canal.»

Se ha producido una *ampliación del campo de batalla.* Tomo la expresión de Houellebecq, que es muy bueno con los títulos. Ya no es una lucha contra un poder exterior. Es una lucha contra la introyección del poder en nuestra alma. La mercantilización de la realidad (o subsunción de la realidad en el capital, que dirían los marxistas) y las nuevas técnicas de dominación biopolítica (las pasiones tristes, la autoexplotación entusiasta, que Remedios Zafra nos enseñó a reconocer) han encontrado un ángulo entre nuestras costillas y nos han dado de lleno en el corazón. Como dice Sennett, el poder ya no es una bola de hierro atada al tobillo, sino miles de hilos invisibles, muy frágiles por separado pero irrompibles en su conjunto. No somos Edmundo Dantés en la isla de If, somos Gulliver en Lilliput. O la mosca en la telaraña.

Lo que está claro es que ese dominio íntimo necesita un carácter débil, esto es, sin fortalezas, sin virtudes, sin potencias, o como le queramos llamar. Montaigne decía: «Me presto, pero no me doy.» Nosotros no solo nos damos, sino que vivimos aterrorizados de que nadie nos compre. Es la servidumbre voluntaria, o peor aún, la servidumbre voluntariosa, porque jamás en la historia los esclavos trabajaron con tantas ganas a cambio de tan pocos latigazos. *Less is more.* ¿Qué dirían La Boétie y Wollstonecraft si nos viesen? ¿Buscarían nuestra amistad?

§ *El fantasma de Tom Joad.* La «corrosión del carácter» ha sido reforzada con una campaña de replebeyización de las clases bajas. El objetivo no es restaurar tal cual el Antiguo Régimen, claro está, para el que existía una diferencia natural, sancionada por la voluntad divina, entre los nobles y la plebe. Los tiempos han cambiado. Basta negarles a las masas cualquier tipo de virtud positiva que pueda alimentar su sensación de poder, de dignidad y de derecho a participar, de una u otra forma, en su propio gobierno. Es cierto que el nacionalismo decimonónico divinizó a la masa popular. Había que pasar del rey por la gracia de Dios al presidente por la gracia del pueblo. El trasvase simbólico era necesario. Pero el pueblo no era más que el asno de la fábula, que creía que lo veneraban a él, cuando veneraban las reliquias que portaba sobre su lomo. Resulta de lo más gracioso ver la incomodidad de los poderosos cuando se ven obligados a codearse (nunca mejor dicho) con las mismas gentes a las que desprecian en las manifestaciones en las que fingen adorar al pueblo. Porque para ellos el pueblo no existe, solo existe la masa.

Hoy el asno vuelve a recibir palos. Pues de lo que se trata es de que siga girando la noria. Tras la divinización del pueblo, vuelve su demonización. Ya no son patriotas, ni ciudadanos, son masa, chusma, escoria. En la línea de *La otra historia de los Estados Unidos* de Howard Zinn y de *Europa ante el espejo* de Josep Fontana, Owen Jones estudia de qué modo los medios de comunicación, y en particular las agendas informativas y los programas de telebasura, han puesto en marcha una demonización de la clase obrera. Vuelta atrás de la tragicomedia a la telecomedia. Son historias de gente baja que además es ridiculizada. Aristóteles no habría podido estar más de acuerdo. El objetivo es doble: minar la autoimagen de la masa y deslegitimarla como fundamento y actor político. Fuera el obrero que acude a la escuela nocturna. Fuera la pobreza digna de *El primer hombre* de Camus. Fuera el camionero sindicalista de las canciones de Bruce Springsteen. Fuera *Las uvas de la ira* de Steinbeck. Se esfumó el fantasma de Tom Joad. El pueblo ya no posee dignidad, honradez, justicia, coraje o sentido común. Es gente sin dientes, obesa, alcohólica, violenta y degradada. Gente inculta y egoísta, que descuida a sus hijos, habla a gritos y lo llena todo con su fealdad. Fáciles de engañar y de corromper. Cobardes que no arriesgan ni invierten (aunque ¿qué iban a invertir?). Tampoco se puede confiar en ellos porque no tienen honor ni sentido de la justicia. Con un par de comidas el «a las barricadas» se transformará en «a las mariscadas». Su vocación es ser unos parásitos sociales que abusan de las ayudas. ¿Su utopía? Ganar un buen pellizco en los salones de apuestas de sus barrios pobres. No se expresan ya, como la nación romántica, en los romances, las tradiciones y las danzas folclóricas, sino en los *reality shows,* en las noticias más escabrosas y en las estadísticas menos favorables.

Por supuesto, la batalla no se libra solo en el ámbito de la representación. Se ha intentado realmente desapropiar al pueblo de esas virtudes mediante una educación infrasubvencionada, desustancializada y gamificada. Mientras tanto, las élites globales se educan en las virtudes más nobles... del neoliberalismo. No es para envidiarlos en este aspecto, pero sí es para recriminárselo en todos los demás. En todo caso, el deterioro buscado de los servicios públicos y la subsiguiente sensación de indignidad han completado el proceso de replebeyización. Los *we the people* ahora son solo *white trash*. Y los líderes populistas se les ofrecen como sus *conselheiros*. Parece que estemos a las puertas de un nuevo Canudos mundial. Los lacayos de la historia las abrirán y entrarán de espaldas, como dicta el protocolo. *Plebesse oblige.*

§ *Nobleza de espíritu.* No es autoayuda, no es religión, no es la testosterona de Superman. La recuperación del discurso de las virtudes, o mejor dicho la recuperación de la declinación humanística e ilustrada de las virtudes, es una cuestión filosófica y política. Sin ella, toda iniciativa política no será más que un imperio de nubes, un bonito nenúfar en el estanque del tiempo detenido. Como la mayor parte de estas virtudes fueron pensadas por la filosofía, recuperarlas no es más que reclamar aquello que es nuestro, esto es, de todos los seres humanos. Pero, para ello, debemos arrancárselas de las manos, de un lado, a Agustín de Hipona, Tomás de Aquino o Bernardo de Claraval, y, del otro, a Ayn Rand, Dale Carnegie, los Chicago Boys y Seligman (al que deberíamos llamar quizá «Zeligman»). No es fácil, pues enseguida suena a religión, a autoayuda, a psicología positiva, a hegemonía capitalista... Pero para limpiarse el rostro a veces hay que mancharse las rodillas.

Debemos, pues, avanzar retrocediendo hacia el fondo del vagón, como hace la gente a la que le robaron la cartera en el metro. Son nombres y conceptos a los que no podemos renunciar, porque, sin ellos, no podremos incendiar el nuevo Palacio de Invierno, que ya no está solo ahí afuera sino, como diría Giordano Bruno, dentro, más dentro de lo que nosotros estamos dentro de nosotros mismos.

A las palabras secuestradas se las libera, no se las abandona. Y, una vez liberadas, no debemos tratar de depurarlas inmediatamente, puesto que podrían estar sufriendo un síndrome de Estocolmo, ni totalmente, puesto que puede que hayan aprendido algo durante su secuestro. Seamos como Calibán, que decidió defenderse de los conquistadores con las mismas armas y palabras con las que le conquistaron. Seamos también como aquellos argelinos que, después de la independencia, decidieron conservar el idioma francés como botín de guerra. Quizá no debamos renunciar a todos los desarrollos religiosos, nobiliarios o capitalistas. Aunque tampoco estoy muy seguro de ello. Quizá basta con que los depuremos de sus excesos de idealismo, codicia y testosterona, y los sometamos al verdadero objetivo de las virtudes, que es alcanzar una cierta libertad y felicidad humanas. Bueno, en todo caso, lo importante es que no se trata de alcanzar el paraíso, sino de cultivar, como diría Montaigne, nuestro *jardín imperfecto*.

En una carta del 25 de octubre de 1518, el humanista Ulrich von Hutten dirá que desea ser noble, pero no de cuna, porque la nobleza de nacimiento es fortuita, y por lo tanto no tiene valor, mientras que él desea ser noble por mérito propio: «Yo busco la fuente de la nobleza en otras esferas.» Von Hutten pensaba en la *nobilitas literaria* como la verdadera nobleza, la nobleza de espíritu, que también quiso practicar Montaigne en sus *Ensayos*. Ahora ya sabemos que no se trataba de una cuestión meramente literaria. No se trataba de alcanzar la excelsitud o la fama mediante los propios escritos. Se trataba de ayudarse de la escritura para incorporar una serie de virtudes. Como decía Montaigne (y a mí me gustaría poder decir algún día): «No he hecho yo a este libro más de lo que este libro me ha hecho a mí.» Puro Max Escher.

También Spinoza consideró «noble» a aquella persona que había desarrollado el hábito de ejercitar estas potencias. Y es el mismo ideal que trataron de recuperar Goethe, en *Poesía y verdad*, donde cita la carta de Von Hutten, y más adelante Nietzsche y Thomas Mann, quien afirmó, en *Nobleza de espíritu* (1945), que la «*Adel des Geistes*», la 'nobleza de espíritu', era el único ideal que el ser humano podía oponer al desastre.

§ *Siete autores en busca de personaje*. Hoy todos andamos a la búsqueda de una identidad. Parecemos personajes de Pirandello. No sabemos quiénes somos o lo sabemos pero no logramos serlo del todo. Nos hemos acostumbrado a definir nuestra identidad en torno a características circunstanciales, como la lengua, la nación, la raza o el estatus. Es la ética de los accesorios. «¡Accesorízate!», decía hace unos años un anuncio. Hemos olvidado que el verdadero núcleo de la identidad es ético, como explica tan bien David Grossman en *Escribir en la oscuridad*. Que somos hijos de nuestras obras y que los barrotes de la cuna solo pueden ser cortados con la lima de la acción (y que leer y estudiar es tatuarse el mapa de la prisión en el cuerpo).

La nobleza de espíritu nos ofrece un modo de narrarnos. Las virtudes se encadenan formando un magnífico *Bildungsroman*. En el principio fue la *megalopsychia*, o grandeza de espíritu, que es la capacidad de otorgarse grandes proyectos y de sentirse merecedor de alcanzarlos. Los latinos la llamaron *magnanimitas*, de donde nuestra «magnanimidad». Pero es un término que lleva a confusión debido a las deformaciones que el cristianismo y el aristocratismo le infligieron. No hablamos de la magnanimidad divina, que les perdona la muerte a justos y a pecadores. Ni tampoco de la magnanimidad del soberano, que le perdona la vida al enemigo valeroso. Tampoco es la virtud capitalista que caracteriza a los exitosos: pensar en grande, *to think big*. Capitalizar el paro...

La *megalopsychia* es la tarea del héroe. ¡Quiero ser libre! ¡Quiero luchar contra la injusticia en el mundo! ¡Quiero escribir un gran poema! Ya vendrá después Eduardo Manostijeras, no importa. También los atletas salen como si fueran a echar a volar, y luego se someten, como todos, a la ley de la gravedad. Pero no digamos que fue un sueño. Todo el mundo sabe que se gana o se pierde la carrera en el momento preciso de la salida.

Luego está la *phrónesis,* o sabiduría práctica, que nos ayudaría a adaptar racionalmente los objetivos y los medios a la realidad. Quizá no soy buen poeta, probemos con la novela. El principio de realidad no debería ser el final de nuestros sueños. El buen aviador tiene en cuenta la gravedad, y las corrientes de aire, y los picos de las montañas. Y además tiene una dirección y sabe cómo aterrizar. Quizá la libertad absoluta no existe, pero tengo la absoluta libertad de hacer todo lo posible por ampliar mi libertad. Quizá no pueda cambiar todo el mundo, pero puedo intentar que el mundo no me cambie del todo, y tomar toda la justicia que esté en mi mano alcanzar. Y el gran poema... también podría ser una novela.

Después está la *andreía,* o resistencia, que es la virtud de iniciar un proyecto, a pesar de las dudas o inseguridades, y de continuarlo, a pesar de los obstáculos. ¿Lo veo todo negro ante la hoja en blanco? ¿Esto no funciona? Sigamos. Ya cortaremos. Ya llevo más de cuarenta hojas cortadas. Pero igual sigo.

La *sophrosyne,* o moderación, también será fundamental para controlar nuestras propias compulsiones, físicas o espirituales, porque no se trata solo de no empacharse. Se trata de administrar correctamente las energías y los impulsos. Ni pereza ni consunción. Ni euforia ni desánimo. Mejor iluminar que quemarse. Debemos administrar bien la poca agua que nos queda... Que no nos suceda como a los bibliotecarios de Babel, que pasaron de la desaforada esperanza a la depresión excesiva. Hoy me parece todo imposible. Posiblemente lo mejor será esperar a mañana. Esta página no funciona bien, pero su función quizá es permitir la siguiente, que será mejor. Un libro es un puente de barcas.

Para acabar está la *dikaiosyne*, o justicia, que es más fácil definir de forma negativa, como una indignación frente a lo injusto. Es un rechazo visceral del abuso hacia el más débil, por cuanto sentimos que no es *lo que corresponde*, no es lo que toca. Por eso también entra en la justicia sentir que *nos corresponde* algo más que la sumisión y la supervivencia. No sabemos exactamente por qué, pero lo sentimos así quizá porque, como veremos después, la justicia aumenta la vida. Por una vez Pascal tiene razón. El corazón tiene razones que la razón no entiende.

Esta es, en fin, la novela que escriben las virtudes de la filosofía. Y es también la novela de nuestra vida. Pero lo más importante, quizá, es que esta novela, o nobleza, entendida como la suma encadenada de las virtudes filosóficas, es deseable para todos, es alcanzable por todos, y solo puede ser democratizable mediante la justicia y la educación.

Se trata, a la vez, de un ideal filosófico (el del humanismo y la Ilustración), puesto que solo con él una cierta libertad y felicidad son posibles, y de un ideal político, puesto que, sin él, el pueblo es desapropiado de la capacidad de emanciparse y del derecho a autogobernarse. ¿Quién iba a decirnos que Marianne era una doña Virtudes?

§ *Temor y temblor*. Pero está el miedo. Siempre está el miedo. El miedo que bloquea, disminuye y debilita. El miedo que transforma todas esas «virtudes» en apocamiento, cobardía, cortedad, desánimo o intemperancia. Sé que estos términos suenan mal. Básicamente a jeremiada reaccionaria. Pero quiero pensarlos bien, pues nos va mucho en ello.

Para empezar, es necesario rescatar la *megalopsychia* o magnanimidad del triple secuestro nobiliario, religioso y capitalista. Por eso hablo de «grandeza de espíritu» o, directamente, de *megalopsychia*. Recurrir al término griego puede no ser un acto de pedantería. A veces es solo un intento de devolverles a nuestras desgastadas palabras la densidad semántica que han perdido (o les han robado). En *La Araucana*, Alonso de Ercilla describe al caudillo mapuche Lautaro como un ser con «el ánimo en las cosas altas puesto» (que es un endecasílabo hermosísimo, cuya esdrújula inicial parece levantar el vuelo). Digamos, *entre paréntesis,* que Bolaño, que admiraba a Ercilla (y a Arquíloco), y construyó en su línea una cierta epopeya del fracaso, llamó a su hijo Lautaro. Pero dejemos estar las palabras. Como decía Larra, «benditos los que no hablan, porque ellos se entienden».

Es cierto que la influencia de los imaginarios cristiano, nobiliario y capitalista nos lleva a ver la *megalopsychia* como la realización de hazañas evangelizadoras, militares o empresariales. Pero no debemos olvidar que, desde una perspectiva griega, humanística e ilustrada existe una *megalopsychia* de tareas fundamentalmente políticas, artísticas, científicas o aventureras. ¿Significa eso que la virtud de la magnanimidad es exclusiva de gente excepcional? Cuánto daño hizo el aristocratismo nietzscheano. Él, que estaba todo el día con migraña (y no es por criticar, que yo estoy todo el día con dolor de cervicales). En verdad, la «grandeza de espíritu» es un requisito universal. No hay mayor grandeza de espíritu que aspirar a la libertad y a la felicidad mediante una vida filosófica, lo cual es una gran aspiración (que puede provocarnos hiperventilación). Si no, ¿por qué Alejandro Magno iba a dejar que Diógenes el Perro lo humillase una y otra vez (al menos en las *chreíai* o anécdotas que la tradición ha conservado)? Por volver a Spinoza, es el deseo de realizar nuestras potencias al máximo mediante proyectos y acciones difíciles y hermosas.

Toda acción o proyecto, por «modestos» que parezcan, suponen la magnanimidad cuando están conectados con ese objetivo fundamental. La heroicidad, como las brocas, tiene numerosos tamaños. Lo que importa no es tanto el grosor como que logren atravesar el muro que tienen delante.

§ *Oh tiempo, tus pirámides...* El miedo es el peor de los ladrones, porque no solo nos roba el trigo, sino también las semillas. El miedo nos roba el acto y la potencia al transformar la magnanimidad en apocamiento. El miedo al fracaso, a la impotencia o al ridículo suele disfrazarse de una modestia excesiva. Es la tentación de la insignificancia, que nos lleva a renunciar a las grandes tareas. Instalados en la prevención, solo buscamos no sufrir, no fracasar. El miedo a no poder es una pasión performativa que genera su propia impotencia, pues no hay mayor impotencia que la de no poder querer. Pero no se trata de que tengamos que aspirar al éxito económico o social, clavándonos en los flancos las espuelas de la autoexplotación. El apocamiento es pensar que no merecemos realmente ser libres o felices. Es pensar que la vida es lo que les sucede a los demás.

A veces el miedo degrada la magnanimidad en megalomanía. Es la *haka* de los asustados. Son los monstruos abisales que asoman por la falla narcisista. El miedo de no ser lo suficientemente dignos o amados, el miedo de volver a experimentar algún tipo de desamparo o abandono puede llevarnos a buscar seguridades o compensaciones en la persecución de proyectos inalcanzables que nos condenarán a una frustración y a un miedo aún mayores. Son las obras faraónicas de los tiranos, que buscan acallar su insignificancia y compensar el oprobio o el olvido que la historia arrojará sobre ellos. Pero no engañan a nadie, la megalomanía es el miedo vestido de gala.

§ *Colmillo Blanco.* Dejaré a un lado la cuestión de cómo el miedo afecta a la *phrónesis,* pues ya hablamos de ello en el primer capítulo, donde vimos cómo el temor distorsiona nuestros modos de conocimiento. Haga, pues, el lector un corta y pega. Sigo, pues, con la *andreía*. Decir que el miedo disminuye el valor puede parecer una obviedad. Pero si algo nos enseñó Sócrates es que no hay nada más provechoso que detenernos en lo que ya creemos saber. «¡Oh, Eutifrón, varón óptimo, ¿qué entiendes tú por el valor?...» Al fin y al cabo, aprender no es solo descubrir algo desconocido sino también lo desconocido de algo. Una perspectiva insólita puede ser tan valiosa o más que un nuevo descubrimiento. Puede que los ángulos ciegos sean en cambio los que oigan mejor.

El valor sigue a la grandeza de ánimo, y consiste en atreverse a iniciar o emprender una acción difícil. El valor es, pues, la virtud del arrojo, del inicio, del comienzo, del atrevimiento. El valor lleva a cabo sin pensar nuestras órdenes. Como Colmillo Blanco, está dispuesto tanto a avanzar sobre la nieve como a saltar al abismo.

No se trata de inconsciencia o de temeridad, pues el proyecto del que se hace cargo fue elegido por la *megalopsychia* y diseñado por la *phrónesis*, a la que los latinos llamaron, oportunamente, *auriga virtutum*. Como no existe la seguridad total, el valor se encarga de asumir el riesgo. Ese es su trabajo: apostar. Disparar el pistoletazo de salida sabiendo que la bala podría darle en la cabeza. El valor es, pues, la virtud del umbral. Pero, a diferencia de Jano, el dios de las puertas, solo tiene una cara, la que mira al futuro. Una vez se cruza el umbral del miedo, todo resulta más fácil, pues el miedo es como los bebés, que se duermen con el movimiento.

Pero este impulso no solo debe iniciar la acción. También debe sostenerla. La arrancada de caballo no puede quedar en parada de burro. Nuevamente, no se trata solo del *initium* sino también del *principium*. Como en un *ricochet*, el arrojo debe arrojarse de nuevo en todas aquellas ocasiones en las que parece perder su impulso y su sentido iniciales. Y eso sucede a cada segundo. En cada zancada el atleta está arrancando a correr. Al pistoletazo de salida le sigue la ametralladora de la carrera. Un filósofo del siglo XVII dijo que Dios no solo creó el mundo en el momento del génesis, sino que lo crea a cada instante, haciendo que este se mantenga entero un momento tras otro, y no se precipite en la nada, como polvo de estrellas. Cada una de nuestras acciones sufre sístoles y diástoles. Entre una y otra siempre se produce la tentación de abrir los dedos y soltar el hilo. Cada mañana, al abrir los ojos, debemos volver a poner en marcha el mundo. Quizá un día no queramos levantarnos. El pelo del que cuelga esa espada de Damocles lo sostenemos nosotros. Por lo menos mientras el pelo no se rompa, o el techo no se desplome, porque ¡el cielo se cae sobre nuestras cabezas!...

§ *La piel del oso.* El miedo siempre apura al máximo la pista de despegue. Posterga constantemente, quizá esperando que el momento de actuar pase. La vigilia se transforma en insomnio. Ayer se fue, mañana no ha llegado. Todo es dar vueltas en la parrilla del somier. Media vuelta a la derecha: «venga», «a qué esperas», «no seas cobarde»... Media vuelta a la izquierda: «hay tiempo», «mañana», «tampoco es tan importante»... Se espera a sí mismo mas no llega. Es un auto-Godot. Se espera a sí mismo pero sin esperanza.

Pero no se trata solo de que no se atreva a saltar de un trampolín o a iniciar una novela. Se trata sobre todo de que no se atreve a iniciar el gran proyecto de ser libre o feliz. Esa es nuestra verdadera *Comedia humana*. Séneca le advierte a Lucilio de que nunca encontrará el momento adecuado para empezar a filosofar. Siempre necesitará más estabilidad, más dinero, más poder, más tranquilidad, más libertad...

Pero la tranquilidad y la libertad es precisamente lo que puede ofrecernos la filosofía. Queremos abrigarnos con la piel del oso antes de cazarlo. Solo cuando comprendamos que no existe el momento perfecto entenderemos que todos son el instante propicio, el *kairós*. La filosofía es como aquel que decía: «Tú hazlo, que yo te ayudaré después.» Lo bueno es que una vez que nos hemos atrevido a hacerlo, ya no necesitamos de esa ayuda. ¿Qué niño quiere que su padre siga corriendo detrás de él, sosteniendo el sillín de la bicicleta aun después de que haya aprendido a montar? Suéltame, dice, ya voy yo solo...

§ *Jean Müllen* (sic). Hay cuentos infantiles que uno solo entiende cuando es mayor. Son viejas minas olvidadas a las que vale la pena volver, pues están llenos de tesoros olvidados. Yo nunca entendí «La cabra del señor Seguin», de Alphonse Daudet. A pesar de todas las advertencias de su amo, una cabra se escapa al monte y es devorada por el lobo. En el momento de enfrentarse con este, ella solo piensa en aguantar hasta el amanecer, como recuerda que hizo otra cabra que se escapó anteriormente. Así que lucha y resiste hasta que sale el sol, momento en el que se deja (¿por fin?) devorar. Yo no entendía que el lobo era la muerte, y que aunque esta siempre acabará por devorarnos, hay algo grandioso en vivir peligrosamente, escapando del redil, y resistiendo hasta el amanecer (o el cierre de los bares), que es el morir, porque, como decía Cervantes, «hasta la muerte todo es vida». Ahora lo entiendo mejor. Quizá porque empiezo a oír al lobo aullar a lo lejos. Ahora son mis hijos los que no lo entienden. Y así está bien.

Cuando Jean Moulin fue capturado por la Gestapo, lo torturaron hasta que lograron que les dijese su nombre. Un oficial alemán lo escribió en una hoja y se lo enseñó para que se lo confirmase. Entonces él cogió el bolígrafo y cambió unas letras, pues el soldado lo había escrito mal. En el fondo de su postración, Jean Moulin encontró las fuerzas para resistir un poco más. No en vano era el jefe de la Resistencia francesa.

Creo que esto lo cuenta Jorge Semprún en sus *Exercices de survie*, donde afirma que, a diferencia de lo que se suele pensar, la tortura no es un momento de soledad, sino de máxima comunión, puesto que con el propio dolor se protege a los demás. Pero yo no soy quién para hablar de esas cosas.

Solo quería decir que hay una alegría en el mero hecho de resistir que es previa e independiente al cumplimiento de nuestros proyectos. No importa, pues, que vayamos a ser vencidos. La victoria es no haber abandonado. Me gusta la épica de la derrota que hay en *Estrella distante* de Bolaño, y en el final de *Soldados de Salamina* de Cercas (donde Bolaño también cumple un papel fundamental). Me parece que está más cerca del asentimiento que de la rendición. Debajo intuyo la ética lucreciana (y un poco kantiana, va) de lo sublime. Me parece escuchar el negro carbón de la voluntad cristalizándose en el duro diamante de la resistencia. Es el rey Lear *singing in the rain*.

§ *Hemingway al volante*. El miedo también puede llevarnos a ser temerarios. Las carreteras secundarias del carácter pueden conducirnos a los acantilados de la imprudencia. En esa curva derrapó Hemingway, quien, atormentado por su temor de ser cobarde (como diría Borges, nadie es imposible), se obligó a ser temerario, sin sentirse por ello mejor. Son audacias compensatorias que buscan ocultar u ocultarse, redimir o castigarse, por sentir algún temor. Pero son la máscara del mago de Oz.

Normalmente, la temeridad afecta a una parte no infectada por el miedo, produciendo una cierta descompensación. Un hombre que no se atreve a salir del armario se hace espeleólogo. Una mujer tímida se hace actriz. El mismo Borges (aunque a él mismo le gustaba llamarse «el otro») sufría de escrúpulos de cobardía. Lo cual le llevó a exhibir una cierta osadía especulativa que llenó de pavor nada más y nada menos que a Foucault, como este confiesa en el prólogo de *Las palabras y las cosas*.

Siempre deseamos el valor de los demás, y no nos percatamos del que poseemos. Como suele suceder, por el influjo aristocrático y machista, los vicios por exceso suelen ser mejor vistos que los vicios por defecto. Las personas prefieren, en general, a un temerario antes que a un cobarde. Pero el planteamiento de base es erróneo. No hay gente cobarde y gente temeraria. Hay diferentes distribuciones del valor y del miedo.

§ *Meden agan*. El miedo no se domina. Su coreografía es el descontrol. Los temblores, los tics nerviosos, la bulimia y el insomnio nos llevan de un extremo a otro sin arrancarnos de ese estado, como un tentetieso. Sus cuatro coordenadas son tres: Escila y Caribdis. Pasamos de la melancolía a la euforia, del desánimo al entusiasmo. Es como si las riendas se hubiesen enredado en las espuelas. Y, en esa oscilación, nuestras fuerzas se desgastan y se compromete nuestra persistencia.

El cristianismo medieval redujo el ámbito de la *sophrosyne* al ámbito corporal, dejándola en mero autocontrol *(enkráteia)* o frugalidad *(entéleia)*. Se trataba, además, de una templanza ascética, cuyo objetivo no era la optimización de la vida sino su mortificación en aras de la vida eterna. Para Epicuro, en cambio, ser moderado no es mortificarse, sino gozar de los placeres minimizando sus costes. Recordemos: «También en la moderación hay un término medio» (y me lo imagino diciendo esto con una copa de vino en la mano y un pergamino medio desenrollado en la otra). Con la excepción de Platón, cuyo idealismo infectó toda la patrística cristiana, la *sophrosyne* de la filosofía grecolatina no buscaba negar el cuerpo, sino armonizarlo con el espíritu (distinción que los epicúreos negarían en virtud de su física atomista).

Por otra parte, en el imaginario medieval, la incontinencia corporal será vista como una característica específica de los plebeyos. Es la penalización del hambre. El tardocapitalismo, en cambio, jugará con la alternancia entre una compulsividad festiva favorable al consumo y una mortificación laboral que solo busca colmar la ansiedad por el estatus y reforzar nuestra *servidumbre voluntariosa*.

En su origen, la *sophrosyne* no se reducía al ámbito de lo corporal. Hay una intemperancia espiritual. De un lado está la *hybris* o la arrogancia, del otro la desesperanza o la melancolía. Como decía el padre de Albert Camus (y son las únicas palabras que recuerda de él): «*Un home ça s'empêche*», un hombre se aguanta, un hombre se controla. Tenemos ganas de abandonar, seguimos; ese niño parece que no quiere aprender nada, no tiramos la toalla; tenemos ganas de salir corriendo, nos quedamos; hoy nos parece que nada tiene sentido, continuamos como si lo tuviese hasta que vuelva a tenerlo aunque solo sea por el efecto de nuestra propia acción. *On s'empêche.*

En los últimos tiempos ha surgido un nuevo tipo de intemperancia mental relacionado con el mundo de las pantallas. El visionado compulsivo de nuestros móviles y tabletas se ha convertido en una verdadera adicción. Esta ha supuesto una reducción considerable de nuestra libertad de pensamiento en su sentido más literal. No es que no podamos pensar lo que queremos, es que no podemos pensar en lo que queremos, pues hemos dejado de ser dueños de nuestra atención y de nuestros pensamientos. Al menos eso es lo que a mí me pasa. Aunque sobre este tema ya se han escrito ríos de píxeles...

La intemperancia mental está estrechamente relacionada con la intemperancia existencial. Nuestra vida se llena de rituales compensatorios cuyo objetivo es rebajar momentáneamente el miedo o la ansiedad, si bien, a la larga, lo que hacen es aumentarlos. Nada que ver con las rutinas, que son la repetición de acciones con sentido. El miedo es una guerra civil: una lucha de esa parte del individuo que quiere avanzar contra esa otra parte que quiere retroceder. El descontrol que genera o alimenta el miedo es como el pánico que despertó a Troya la noche de su destrucción, pues impide toda respuesta ordenada y efectiva.

En *Humano, demasiado humano,* Nietzsche comparó nuestra vida espiritual con un motor en el que una cámara calienta (con el objetivo de producir el movimiento) mientras la otra refrigera (con el objetivo de evitar que se sobrecaliente). La *sophrosyne* o templanza (un término que también tiene que ver con la temperatura) consistiría, entonces, en generar el *calor pasional* suficiente para que el motor se ponga en marcha y en producir el *frío racional* necesario para que no se incendie.

4.2. LIBREDUMBRE

> Echar de menos lo que se ama no es nada al lado del hecho de vivir junto a lo que se odia.
>
> La Bruyère, *Caracteres*

§ Repolitizar la libertad. No todas las filosofías de la Antigüedad le dieron una importancia fundamental a la dimensión política. El cinismo, que más que una escuela fue un estilo de vida individual, la negó directamente, igual que negaba cualquier otro invento humano. A la vez, su culto a la libertad no ha dejado de inspirar a los grandes movimientos políticos de emancipación. El epicureísmo, que aspiraba a crear microsociedades electivas al margen de la polis, consideraba que la felicidad pasaba justamente por renunciar a las preocupaciones y a las ambiciones urbanas, dentro de las que incluía las políticas. Si bien el jardín epicúreo fue un modelo para la *philosophia Christi* de Erasmo, el pensamiento político de Spinoza, la *Utopía* de Tomás Moro o las comunas hippies. El escepticismo se ocupó más bien de cuestiones gnoseológicas y éticas (aunque ya vimos los importantes usos políticos que de él extrajeron el humanismo y la Ilustración, y que hoy malversan tantos periodistas y políticos adictos a la posverdad).

Por otro lado, los que más hablaron acerca de la política lo hicieron desde unas coordenadas bastante diferentes. Nadie niega que las reflexiones que hace Platón en la *República* acerca de la polis ideal sean muy interesantes. Y (mucho) más de lo mismo puede decirse de la filosofía política de

Aristóteles, que propuso la amistad como el lazo político fundamental. En la época romana, los estoicos lograron hacer de su filosofía un *speculum principis*. Se trataba, sin embargo, de sociedades esclavistas, aristocráticas, imperialistas y patriarcales, que solo podían imaginar vagamente algunos de los problemas a los que hoy nos enfrentamos.

Una de las tareas fundamentales de la filosofía humanista e ilustrada, además de arrancar de las manos de la religión la dimensión práctica de la filosofía, fue llevar a cabo un *aggiornamento* de la filosofía política clásica. Por una parte, no se podía seguir disociando la felicidad individual de la dimensión colectiva. No todo podía ser asentir con el propio destino y desentenderse del resto, esto es, del cosmos. También había que asaltar los cielos.

La *autarcheia* no podía seguir siendo solo una autonomía interior, debía convertirse en libertad social. No podía fiarse todo al mero ejercicio espiritual, era necesaria también la lucha política. Sin esa dimensión, la filosofía podría acabar cumpliendo el mismo papel que el positivismo tóxico de nuestros días; esto es, arrojar la pelota de un mundo injusto sobre el tejado de paja de nuestra existencia precaria. En este cuento, el lobo ya no necesita ni soplar.

§ *Determinados a ser libres*. ¡Cuántas discusiones abstractas e inútiles provocó a lo largo de los siglos la cuestión de la libertad! ¡Cuántos filósofos y teólogos vagaron por el laberinto del libre arbitrio, del *servo arbitrio*, del determinismo, del libertarismo y del compatibilismo! Algunos llegaron incluso a masacrar (cuando las guerras no eran solo por dinero) a aquellos que afirmaban ser libres. Pero ¿por qué castigarlos si no podían decir otra cosa? Otros ejecutaron a los que consideraban que no lo eran. Pero ¿eso no implicaba atacar su libertad para opinar sobre este tema? El dogmatismo era el Minotauro. Estudiemos sus cuernos.

De un lado, los defensores de la necesidad, individual o colectiva, suelen apelar a uno o a varios de los siguientes argumentos: *teológicos* («Dios lo ha hecho y lo ha previsto todo, incluido las acciones de cada hombre»), *biológicos* («actuamos según nuestra herencia genética»), *ambientales* («no podemos escapar de nuestra educación o cultura»), *económicos* («las estructuras sociales son un mero epifenómeno de los factores económicos y de las relaciones de poder») o *psíquicos* («no podemos rehuir de nuestros rasgos o enfermedades psíquicas»). Digamos que son libres para pensar como quieran.

Del otro lado, los defensores de la libertad suelen apelar, por la vía positiva, a la experiencia cotidiana, bajo cuya luz se les hace evidente que el individuo delibera y elige libremente (si bien para los deterministas se trata de una sensación engañosa). También pueden aducir, por la vía negativa, las inaceptables consecuencias que la negación de la libertad tendría, puesto que sin ella no podríamos hablar propiamente de bien y de mal, ni, por lo tanto, de responsabilidad moral (lo cual parece de sentido común, que es, como decía Descartes, el menos común de los sentidos). Digamos que todo ello les determina a pensar de ese modo.

Una propuesta de reconciliación entre ambas posturas pasaría por distinguir entre un determinismo débil, que admite la influencia de hechos azarosos e impredecibles, y un determinismo fuerte, que afirma que el azar no es más que la sombra de nuestra ignorancia, y que, si conociésemos todos los datos, podríamos predecir perfectamente cualquier hecho. Por su parte, los partidarios de la libertad también harían el esfuerzo de aceptar factores (psicobiológicos, socioeconómicos, culturales, familiares) más o menos condicionantes, si bien mantendrían la idea de una libertad esencial.

Pero, por muchas concesiones que hagan unos y otros, el núcleo del debate permanece, y... no pasa nada. Al menos esa es la actitud que adoptó Erasmo, príncipe de los humanistas y padre de los ilustrados, cuando se enfrentó a Lutero acerca de la cuestión del «libre albedrío». Erasmo empezó su *De libero arbitrio* afirmando que se trataba de un tema irresoluble, acerca del cual ningún ser humano podrá alcanzar jamás certeza alguna. Más aún, cuando una sociedad se embarca en debates acerca de este tipo de cuestiones incognoscibles, o «metafísicas», se arriesga a dividirse en facciones y, luego, en ejércitos. Por eso lo mejor es apartarlas del debate público y dejar que cada uno se relacione con ellas de forma íntima e intuitiva.

Dicho esto, Erasmo nos comunica, sin voluntad de imponérnosla, su intuición. Y es que somos libres, o debemos al menos tratar de serlo, porque en ello se funda la dignidad del ser humano, y porque considera que creerlo tendrá efectos que acaben pareciéndose a la libertad. Se trata, pues, de actuar *como si* fuésemos libres para acabar siéndolo *de hecho*. Lo cual no puede limitarse a un mero acto de voluntad individual, sino que debe implicar un esfuerzo por crear unas condiciones favorables para ampliar el margen de libertad del máximo número de personas. Se trata, en fin, de vivir en común, *determinados a ser libres*.

Ya vimos que nadie expresó mejor esa confianza en la libertad constitutiva de los seres humanos que Pico della Mirandola, quien la narró, en *De la dignidad del hombre*, bajo la forma de un mito. Nuestro gran mito, que aún espera su Ovidio. La idea esencial era que el fundamento de la dignidad humana reside en su libertad, posibilitada, a su vez, por su indeterminación natural, que, aun siendo natural, debe ser ampliada por su propio esfuerzo.

Claro que esa libertad no podía basarse solo en su propio esfuerzo individual, sino que necesitaba ser también un esfuerzo colectivo, porque, cuanto más dominado y miserable sea un ser humano, más determinado estará. La política sería, precisamente, el esfuerzo colectivo de lograr que las presiones sociales no reduzcan o eliminen nuestra indeterminación. Que no haga falta, como decíamos antes, no ya ser un héroe, sino ser un titán para lograr ser un yo entre tantas circunstancias.

§ *Catch 22*. El miedo reduce la libertad por partida doble. Reduce la nuestra, al obturar muchos de nuestros pensamientos, sentimientos y acciones. Y reduce la ajena, puesto que nos lleva a controlar, someter o maltratar a aquellos que nos rodean. Lo cual reducirá, a su vez, la nuestra, ya que aumentará nuestro miedo ante su probable venganza o su huida. El carcelero suele ver restringidos sus movimientos casi tanto como el preso al que vigila. Solo podemos liberarnos si liberamos a los demás del miedo que les infligimos. Pero eso es lo que más miedo nos da. Nos hemos cerrado con llave, y nos la hemos tragado.

Recorramos primero la celda. Es estrecha. Damos siempre los mismos pasos, hacia un lado y hacia el otro. ¿Valemos? ¿Nos despedirán? ¿Nos traicionarán? ¿Nos dejarán solos? Los muros están llenos de inscripciones: «Si te cuento un día, te los cuento todos.» Hay un ventanuco diminuto y alto por el cual apenas vemos el exterior. Cada noche damos vueltas pensando que al amanecer nos llevarán al cadalso. Nuestra memoria gira alrededor de dos o tres recuerdos. Siempre los mismos. Somos incapaces de imaginar una alternativa real. Un día vimos la puerta abierta, nos asomamos al pasillo y no había guardias. ¿Será una trampa? ¿Si intentamos escaparnos alargarán nuestra pena? Nos volvemos y nos tendemos en el catre a esperar. Y ahí seguimos.

El miedo nos lleva a atender solo a aquello que está relacionado con nuestras aprensiones. Primero lo reduce todo al binomio seguro o inseguro, y luego magnifica este segundo ámbito. Pero no se trata solo de un problema cuantitativo, sino también cualitativo. Quizá la solución a nuestro miedo se halla, precisamente, fuera de dicha oposición. La persona que sufre de claustrofobia solo logrará relajarse cuando deje de medir los espacios, calcular el oxígeno que contienen y localizar las vías de salida. El tímido solo logrará cierta naturalidad cuando deje de pensar si sus interlocutores lo admiran o lo desprecian. ¿Y no fluye mejor el arte cuando uno se olvida de pensar en términos de éxito y fracaso, y le da rienda suelta a un tipo de creatividad más lúdica, libre y desacomplejada? Vamos de una pared a otra. El binarismo es la cárcel. Ni siquiera nos hemos dado cuenta de que la puerta estaba abierta. Quizá basta con dejar de correr esa Course Navette. A veces lo que importa es no participar.

Pero el miedo penetra hasta lo más profundo. Suele decirse que el pensamiento es libre. Los libertinos del siglo XVII consideraban, incluso, que era posible vivir según el *«intus ut libet, foris ut moris est»*, esto es, «por dentro como deseas, por fuera según las costumbres». En ocasiones no podemos aspirar más que a una habitación propia o a una pequeña comunidad de amigos donde cultivar un huerto de pensamientos libres. Pero nunca será lo mismo que un verdadero ecosistema de libertades en el que no solo unos pocos generen ideas propias y debates libres, sino cientos, miles, decenas de miles de particulares, grupos, asociaciones, publicaciones, ateneos, institutos o universidades. Ay, las universidades...

No basta la mera producción y publicidad de ideas para que un ecosistema de esas características se forme. Nunca se han producido y movido tantas ideas como en nuestra época. Sin embargo, la visceralidad y la proliferación de las burbujas cognitivas no permiten que surja una verdadera conversación. Parece que la libertad de pensamiento no solo se ve amenazada por la represión, sino también por el emocionalismo. El odio y el miedo son la nueva materia prima que sobreexplotan la política y la prensa, con la ayuda de las redes sociales, que han hallado un modo de extraer, refinar y explotarlos sin que les importe arruinar nuestro ecosistema psicológico y político.

Luego está la autocensura. Su origen no es siempre social o político, sino también filosófico. Reprimimos en nosotros ciertas ideas filosóficas por la sencilla razón de que estas abren perspectivas demasiado amplias, frías o realistas, que creemos no ser capaces de encajar. ¿Cómo vamos a soportar una visión atea o materialista del mundo? Si nos adentramos por ese camino, daremos en la degradación, la desesperación y el suicidio. Es el coco del nihilismo, y la palma (de mártir) del epicureísmo. En otras ocasiones, la represión del pensamiento intelectual se debe a razones más psicológicas, como el temor de descubrirse ignorante, estúpido o superficial.

La imagen peligrosa de la filosofía y la literatura tampoco ayuda. Es una fábrica de locos y de brujas. Epicuro prostituye a su hermano, Lucrecio se suicida por amor, Montaigne se retira a su castillo, Sor Juana vende sus libros, Hölderlin acaba encerrado loco en una torre, Nietzsche se pasa diez años en coma mental, Alejandra Pizarnik y Virginia Woolf se suicidan. A la vez, la filosofía y la literatura son presentadas como actividades aburridas, intrascendentes o ridículas. La indiferencia hacia la filosofía no es una cuestión pasiva y casual, sino el resultado de una campaña de desprestigio activa y sistemática. Por otra parte, en los últimos tiempos se ha producido una estetización mercantilista de lo cultural, manufacturado como accesorio o atrezzo de nuestra marca personal. En ambos casos, la filosofía y la literatura pierden. Es su *Catch-22*.

A veces creo que lo que busca ese desprecio es disimular el interés que tienen en ellas. Pues se la disputan la religión, el poder y el mercado (y los tres están dispuestos a cortar salomónicamente al niño en tres). ¿La filosofía no sirve para nada? De acuerdo, pero el poder actual se construye sobre la negación de la idea de verdad, que es una de las afirmaciones más filosóficas que existen. Y el resto del poder se funda en entidades metafísicas que el mismísimo Platón encontraría demasiado arriesgadas. No es que no quieran la filosofía, es que la quieren solo para ellos. *Philosophia ancilla economiae.*

Además, ¿qué más da tener libertad de pensamiento cuando tenemos miedo de pensar con libertad? ¿No sirve para nada la literatura? Pero todo son relatos. ¿Todos la desprecian? Pero todos escriben su libro. ¿Se la elimina de la educación obligatoria? Para que solo el poder domine los mecanismos narrativos y nadie sea capaz de imaginar alternativas. Ahora es Shahriar, y no Sherezade, quien cuenta los cuentos, y ya no tiene una razón para perdonarnos al amanecer.

Finalmente está el miedo de no poder llegar a transformar nuestras ideas en acciones. ¿Para qué pensar con altura si luego no voy a poder llevar a cabo una vida acorde con mis planes? Esa escisión resulta muy dolorosa porque aumenta nuestra sensación de indignidad y vergüenza. Mejor reprimir esas ideas, o sustituirlas por una posición más irónica o cínica. Cosa que no hacemos por convicción democrática, sino más bien por el deseo de reducir la disonancia entre nuestras ideas y nuestra vida.

§ *El miembro fantasma.* El miedo no solo reduce la libertad de pensamiento, sino también la de sentimiento. ¿Tememos que nuestras emociones se nos vayan de las manos? ¿Tememos que nos vuelvan a hacer sufrir? Optamos por bloquearlos, imponiéndonos una cierta frialdad que reduzca nuestra implicación emocional.

Esto está bien estudiado en el ámbito de la psicología. Un niño abandonado suele resistirse a establecer un lazo afectivo con sus padres de adopción, pues teme volver a sufrir un abandono. Un adulto que se ha sentido traicionado limita su implicación emocional con sus nuevas parejas o amigos. Quedarse en blanco en una actuación teatral o ante una página en blanco también puede llevarnos a que renunciemos a una vocación por miedo a volver a pasar por lo mismo. «¡Bah, tampoco es lo que quería!» Pero eso es cortarse un brazo para no volver a sufrir un arañazo.

Está, además, el problema del miembro fantasma. Nuestras renuncias permanecen ocultas bajo nuestra conciencia, donde realizan una labor de zapa que nos provocará una vaga sensación de tristeza, porque en el fondo sabemos que nos falta algo. ¿Y si al rascarnos el miembro fantasma, el tiburón que nos lo arrancó lo vomitase?

En otras ocasiones sucede todo lo contrario. Tenemos miedo de no ser capaces de soportar el sufrimiento o la frustración. Y eso puede robarnos la libertad (y la sabiduría) de abandonar un proyecto que resultó ser inadecuado para emprender otro mejor. Es la negación que impide hacer el duelo, que es también un modo de liberación. Transformar el viejo *no* en un nuevo *sí* es un alivio de luto.

§ *Hablar, callar.* Luego está la libertad de expresión, que puede verse reducida tanto a nivel político como a nivel interpersonal. El miedo a ser despedidos, marginados o escarnecidos puede obligarnos a callar aquello que desearíamos decir, o a decir aquello que preferiríamos callar. Y no es solo una cuestión de ideas. Hay personas que, debido a un carácter tímido o a una educación emocionalmente represiva, se prohíben dar muestras de cariño o de amor, o son incapaces de negarse a hacer algo o a pedir perdón. La educación patriarcal, por ejemplo, ha hecho que muchos hombres sientan como un indicio de debilidad expresar sus sentimientos. Eso también limita su libertad de expresión, y también tiene efectos sociales y políticos.

También podemos sentir miedo de expresar sentimientos negativos, como la tristeza o la frustración. Tememos resultar pesados o parecer débiles. Lo cual dificulta en los demás la comprensión y el socorro. Entonces, además de tristes, nos sentimos incomprendidos o abandonados. Otras veces somos incapaces de expresar una incomodidad o de reclamar un derecho. Lo cual puede llenarnos de una agresividad compensatoria hacia los demás o hacia nosotros mismos, y más frecuentemente hacia aquellos a los que, por su debilidad o familiaridad, no tememos, y a los que en verdad deberíamos cuidar más. No somos, pues, como dice el refrán, dueños de nuestro silencio.

Como decíamos, la falta de libertad de expresión no implica solo callar lo que se querría decir, sino también sentirse obligado a decir lo que se querría callar. Las posibilidades son infinitas: decir una media verdad (como diría Gracián: «sin mentir, no decir toda la verdad»), otorgar callando, criticar a una persona ausente, reírle los chistes a un superior o sentirse obligado a exhibir una adhesión política o nacional que no sentimos. Esta especie de censura activa es, quizá, más dolorosa que aquella que simplemente nos impide expresarnos, porque no es solo una represión, sino una traición del propio ser.

Uno de los deberes de la amistad (y por lo tanto de la democracia) es decirles a los demás la verdad (o al menos aquella verdad relativa a la que el otro no tiene acceso). Este deber es especialmente apremiante cuando su autoconocimiento depende de nuestras palabras. Pero el miedo a verlos sufrir, o a que los aparten de nuestro lado, puede llevarnos a colaborar en su extravío. Entonces los animamos con mentiras piadosas y asentimientos forzados a que se adentren en un espejismo que los dejará más perdidos de lo que estaban en el desierto de su autoengaño. Un desengaño a tiempo es mejor que una frustración de por vida. Mas ¿quién le pondrá el cascabel al gato?

§ *Mi soliloquio es plática con ese buen amigo.* Según Montaigne, es necesario que reinen la paz y la igualdad entre los diversos yos que nos conforman. No vale que uno de nuestros yos se imponga sobre los demás de un modo dictatorial. Todos tienen el derecho de exponer sus razones en nuestro «yo asambleario», como diría Judith Butler. Es la libertad de expresión interior. Al bloquear en nosotros esa pluralidad de voces, el miedo nos impide tener una voz propia. La verdad es que pensar a solas nos da tanto miedo como hablar en público (y casi tanto como escribir, que es hablar en público a solas).

Tememos caer en la banalidad, en la insignificancia, en el ridículo o en el escándalo. Así que, en vez de arriesgar nuestras propias opiniones a cara descubierta, las tomamos prestadas de la prensa, de los expertos y de los libros. Multiplicamos, entonces, los tecnicismos, las citas y las doctrinas prefabricadas, cuando no apelamos a las repeticiones, los énfasis y los gritos. Puede suceder, incluso, que optemos por la novedad o la provocación más de moda, sin llegar a comprender que la verdadera originalidad es la expresión genuina, aunque suene ingenuo. Pero todo ello no son más que el viejo vestido nuevo del emperador. La pena es que en esta ocasión el cuerpo desnudo de nuestra voz es digno de ser visto. Vistámonos, pues, con el vestido de Adán.

Uno de los motivos fundamentales de la filosofía antigua es que el autoconocimiento se logra a través de un diálogo interior, ya sea con un yo idealizado (el *daimon* de Sócrates), ya sea con ese yo plural del que hablábamos más arriba. Pues también en este ámbito el miedo puede impedirnos que nos digamos a nosotros mismos aquello que nos interesa reconocer. Quizá este apartado haya quedado algo enrevesado. No me lo digas que me desanimas. Somos los tres monitos que ni hablan, ni oyen, ni miran. Pero este matrimonio entre un mudo y un sordo nos perjudica por duplicado, pues nos despreciamos por no habernos atrevido a decirnos lo que pensábamos, y nos desencontramos por no haber sido capaces de escucharnos a nosotros mismos. Se necesita tanta parresía para decir como para escuchar. De acuerdo, sí, este capítulo ha quedado un poco enrevesado.

§ *Achtung!* Quiero y no puedo. La incapacidad para cumplir las propias decisiones suele provocar una dolorosa sensación de indignidad e impotencia. El miedo limita nuestra libertad de movimientos interiores. Hace que el cuerpo se paralice, contraiga o tense, llegando incluso a dificultar nuestra digestión, respiración o desplazamiento. Ni siquiera por la noche nos deja en paz. El bruxismo y las contracturas son nuestra almohada. Otras veces simplemente no podemos hacer lo que queremos: no logramos dormir, no logramos hablar, no logramos digerir, correr o pintar. No controlamos los hilos que nos controlan. Somos una marioneta que carga con su propia cruz.

Reducción de movimientos. No solo corporales, también personales, culturales, intelectuales, naturales. Solemos racionalizar nuestras renuncias: no subimos en ascensor para hacer deporte, no vamos a una fiesta porque la gente es poco interesante, no vamos de viaje porque hacer turismo es alienante. Siempre existe una buena razón para reducir nuestros movimientos y permanecer encerrados dentro de nuestro ámbito de seguridad. El miedo puede hacer que un confinamiento domiciliario se nos aparezca como un confortable retiro. Son las flores que ocultan las cadenas, diría Rousseau.

Luego están las acciones: pedir perdón o perdonar, pedir ayuda o ayudar, desear, escribir, participar. La mente del atemorizado es un escenario de teatro en el que se ensaya una y otra vez la misma escena sin que jamás se llegue a subir el telón.

Pero el miedo no solo bloquea acciones particulares sino también proyectos existenciales. Por miedo al paro o a contradecir a nuestros padres nos condenamos a una profesión que nos resulta indiferente u odiosa. De los estudios con muchas salidas no se sale fácilmente. La burbuja de tareas, proyectos, premios y ascensos suele mantenernos pasablemente distraídos, sometidos solamente a ataques puntuales de tristeza, que tendemos a llamar crisis de maduración. Pero aquel que ha renunciado a esa vocación creadora, aventurera o ética (que todos los niños han sentido alguna vez) vivirá con un fondo de tristeza que no me resigno a llamar «melancolía» o «romanticismo».

La variedad es infinita. Nos prohibimos acceder a la amistad para que no se malinterpreten nuestros acercamientos. No nos comprometemos con nadie por temor a equivocarnos. No nos separamos de alguien por miedo a quedarnos solos. Postergamos el momento. ¡Ah, cuando tenga un contrato fijo! ¡Ah, cuando los niños sean mayores! ¡Ah, cuando me jubile! Pero el río nunca acaba de pasar. Moriremos mil veces antes de que llegue la ocasión perfecta. De hecho, yo que escribo estas páginas no sé siquiera si estoy vivo.

§ *¿Adónde vas?* Pero este parásito no se contenta con un solo perro. Salta a todo aquel animal con que se cruza, y también a las alfombras y a los colchones. La reducción de nuestra propia libertad reduce, a su vez, la de los demás. La persona atemorizada arroja sobre las que la rodean una mirada desconfiada y una tensión controladora que limita sus movimientos.

Para empezar, necesita saber, o creer que sabe. Siente que solo así reducirá su inseguridad. Este dogmatismo compensatorio le llevará a responder de forma agresiva a aquellos interlocutores que le llevan la contraria (especialmente cuando estos se hallan bajo su poder emocional o laboral). No puede ceder o reconocer que se ha equivocado. Eso sería aceptar una enmienda a la totalidad de su propia autoimagen o a la rígida visión que se ha formado de la realidad.

Él mismo construirá, a base de sobrerreacciones, ridiculizaciones, gritos, portazos o silencios punitivos, un espejismo de silencio y disimulación, que no solo reducirá su conocimiento (y su autoconocimiento) sino también la libertad de los que le rodean. Nadie queda libre de esta amenaza. Se da en el ámbito familiar, social o laboral, donde existen múltiples microtiranías. Y también en el ámbito político, claro está, donde el poderoso genera una burbuja de silencio esclavo que lo condena a una soledad paranoica. Son los frutos amargos del otoño del patriarca.

El celoso limita los movimientos de su amigo o de su pareja. Siente su libertad como una amenaza, cuando es su condición de posibilidad. Los padres temerosos tienden a limitar los movimientos y actividades de sus hijos. Pero el miedo crea, por otras vías, el mismo peligro que asegura evitar. Así, el celoso aleja con su control a la persona amada, y los padres hiperprotectores provocan que su hijo no aprenda a defenderse, cuando no que se aparte de ellos para siempre. El miedo, como la banca, siempre gana.

No quiero alargarme con ejemplos. Seguro que todos conocemos a *un amigo* al que *le* pasan estas cosas. Solo añadiré que el miedo es la ausencia de la libertad, y la libertad es la ausencia del miedo. Y, dicho esto, me tomo la libertad de dejar aquí este capítulo.

4.3. DERECHO DE AUTOINDETERMINACIÓN

> La variedad de cicuta con que Sócrates se envenenó se llamaba «Conócete a ti mismo».
>
> OLIVERIO GIRONDO, *Membretes*

§ *Ancas de rana*. Me encantan las fábulas de Monterroso. Mi preferida es la de la rana que quería ser una rana auténtica. Tras varios esfuerzos infructuosos, el torturado batracio llegó a la conclusión de que lo propio de las ranas auténticas era que los hombres se comiesen sus ancas. Mientras estaba siendo devorada –acaba la historia–, «todavía alcanzó a oír con amargura que qué buena rana, que parecía pollo». Como diría Ortega y Gasset, no sabemos quiénes somos, y eso es lo que somos.

Creo que el día que los gusanos se nos coman también les sabremos a pollo. Porque habremos sacrificado buena parte de nuestra vida, confusa y modesta, pero maravillosamente real, en aras de un ideal identitario, seguro y consolador, pero fantasmal. Casi que les sabremos a pollo hervido.

En una página feliz (que mis sufridos hijos han tenido que aprenderse de memoria), Thoreau escribió que se fue a vivir a los bosques para «vivir deliberadamente» y «no descubrir, cuando tuviera que morir, que no había vivido». Pero no se estaba proponiendo ser *fiel* a un ideal identitario, trascendente y heterónomo, sino *leal* a su vida real, concreta y libre, y, por libre, imprevisible e incognoscible. No la identidad, que es una máscara, sino el ser, que es el rostro; el rostro que desgasta el viento, el tiempo y la viruela. El rostro del que somos responsables, como decía Camus.

No hace falta, pues, irse a los bosques (aunque tampoco hace falta no ir). Basta con resistir buenamente a las sirenas (muchas veces antiaéreas) de la identidad. Algo semejante buscaban, con énfasis diferentes, aunque frente a amenazas semejantes, Epicuro en su jardín, Hiparquia en las calles, Montaigne en su torre, Sor Juana en su celda o Woolf en su habitación.

¿Y la rana de Monterroso? ¿Qué podría haber aprendido de todos ellos? Pues a utilizar sus ancas para saltar por encima de su miedo a no saber quién era.

§ *El gato de Cheshire*. La identidad es un laberinto en el que es mejor no adentrarse. Sus pasillos son estrechos y oscuros, nuestro hilo se enreda en las zarzas que brotan en las esquinas, tras cada recodo hay un Minotauro impaciente que mira el reloj mientras fuma. El laberinto (que otros llaman autenticidad) está formado de infinitos laberintos conectados entre sí. Cuatro son los más frecuentados. Sobre todos ellos diluvian ranas auténticas, esto es, que nunca se transformarán en príncipes encantados.

Al norte está el laberinto de la autorreferencialidad. En sus paredes está escrito que la pregunta por la identidad es la pregunta por la identidad de la identidad. De ahí para abajo todo son tortugas.

Al sur se halla la paradoja de la identidad y la diferencia. ¿Cómo distinguir entre aquellas particularidades que nos diferencian de los demás (haciéndonos solo idénticos a nosotros mismos) y aquellas semejanzas que compartimos con aquellos con los que decimos identificarnos (y con los que decimos que formamos un solo ser)? Cubre la zona el humo de cien hogueras de madera verde.

Al este se extiende el laberinto del determinismo y la libertad. Hay rasgos heredados y, por lo tanto, no libremente escogidos (el nombre, la lengua, las costumbres), y hay rasgos elegidos libremente, pues también nos singulariza de qué modo recreamos el patrimonio identitario que nos ha sido legado o impuesto. Es el jardín de los senderos que se bifurcan. Y al oeste se abre el laberinto de la mentira necesaria. Porque, aunque toda identidad sea una ficción, ya sea porque no exista, ya sea porque la idea que nos formamos de ella siempre será más o menos imaginaria, nunca podremos prescindir de ella. Al fin y al cabo, la idea misma de identidad es una especie de trascendental lingüístico. Una necesidad gramatical que nos obliga a presuponer que la identidad existe y es de una determinada manera (única, constante, libre). Es la sombra fuera de la cual no podemos saltar para averiguar si se corresponde o no con la realidad. Quizá tenía razón Segismundo, y «aun en sueños no se pierde el hacer bien».

Es mejor que no entremos en este laberinto de laberintos (conozco a muchos que nunca han salido de él). Pero no por miedo. Al contrario. Es el miedo el que construye este gran espejismo para refugiarse de la gran sabana de la realidad. Quiere seguridad, y se cubre con este dogmatismo especulativo. Teme a la realidad, y por eso la sustituye por un puñado de ficciones: la «identidad», la «nación», el «destino», «Dios». Mejor hacer *epoché* al respecto, porque de esa borrachera solo se sale a tiros.

Paseémonos, pues, sobre los muros, como hacen los gatos. Seamos una pura sonrisa sin ser, como el gato de Cheshire.

Porque no se trata de restablecer nuestra «identidad» auténtica o perdida, sino de esforzarnos por aumentar nuestra vida, por aumentar nuestras potencias y perfeccionarnos, por decirlo *more Spinoza*. Por saltar bien lejos, aún más lejos que Monterroso.

§ *Cui prodest?* La identidad es como la fórmula de la Coca-Cola: tiene muchos ingredientes, es secreta, gasta el doble en aviones y no para de inventar nuevos sabores. Y es posible que aún lleve algo de cocaína, por lo nerviosa que pone a alguna gente. La identidad es diversa y fluctuante. «*Animula, vagula, blandula*», decía Adriano (esa imperiosa invención de Marguerite Yourcenar).

Cada identidad se compone de un variado conjunto de ingredientes identitarios. Los llamaré «identimemas» (en honor a las clases de semántica de la carrera). Pero esa combinación no es fija. Su número y cantidad cambia, como un ecualizador, según la situación en la que nos encontramos.

En determinados contextos históricos, el identimema ideológico destaca sobre los demás. Ahí lo importante es si somos de derechas o de izquierdas, progresistas o conservadores (o cualquier otra categoría funcional en ese momento). Luego hay otros contextos en los que nos parece mucho más importante nuestra identidad religiosa, o nacional (que son más o menos lo mismo, básicamente una cruz). A nivel individual, según el contexto, podemos sentirnos más hijos, más padres, más homosexuales, más profesores o más músicos. La lista de ingredientes es prácticamente infinita. Y también las formas de declinarlos y combinarlos.

Pero al final siempre se nos imponen las mismas recetas: nación, religión, raza, civilización. Las identidades son como los libros de cocina: básicamente un refrito. Y no porque estos sean los ingredientes más importantes. ¿No debería serlo mucho más ser ilustrado, profesor o poeta? Sino porque es en esa ruleta donde el poder hace todas sus apuestas. La autoridad, los cargos, los derechos, las posesiones, la legitimidad incluso para conquistar o para matar, dentro o fuera del país, emanan, según ellos, de Dios, del pueblo o de la civilización. Esa es la ruleta (trucada) del juego. Y el miedo, el crupier comprado.

Los mercaderes de la identidad nos asustan con sus sesiones de espiritismo. La fantasmología es abundante y variada: espíritus nacionales, genios de la raza, almas culturales. Un autentico Jumanji identitario. Hölderlin pone los ojos en blanco y pregunta: «¿Cuándo aparecerás entera, alma de la patria?» Sarmiento alza la voz y grita: «¡Sombra terrible de Facundo, tú posees el secreto: ¡revélanoslo!» Heidegger se levanta de la silla e invoca a los nacionalsocialistas, poetas de la esencia alemana. Y José Antonio levita con la unidad de destino en lo internacional.

Todos esos fantasmas nos suplican que cumplamos lo que dejaron por hacer en vida (normalmente vengarse) o nos aterrorizan con sus gritos terribles. Entre el público hay gente que se lo cree. No hay mejor grimorio que la autosugestión. Pero el médium lo único que quiere es nuestro dinero y nuestra sumisión. Como diría Nietzsche: *Cui prodest?* ¿A quién beneficia?

§ *Eclipses identitarios*. Una identidad diversa y fluida es mucho más difícil de capturar. Al fin y al cabo, simplificar las identidades es una de las principales estrategias de dominación. Según Raul Hilberg, el gran historiador del Holocausto, el primer paso de toda destrucción es la definición. Para empezar, porque degrada al individuo en mero ejemplar de una categoría general. Es lo que llamo «el hombre del saco», porque mete a gente diversa en un mismo saco (para después darles golpes y hacer que se muerdan entre ellos en su vapuleada oscuridad). El asesinato ontológico ya ha sido efectuado, ya solo queda rematarlo físicamente.

De ahí el odio que los totalitarios sienten por las excepciones. En sus diarios, Himmler se irrita contra aquellos alemanes que vienen suplicándole por la vida de «su judío particular». Si queremos hacer «bien» las cosas, dice, no puede haber *excepciones*. Entonces se lamenta, con una brutalidad desarmante, de que, ahora que por fin han logrado establecer los términos del *problema*, va y «se presentan todos, los ochenta millones de buenos alemanes, y cada uno de ellos tiene a su judío decente. Por supuesto, todos los demás son unos cerdos, pero este es un judío de primera». Como dicen en Euronews: «*No comment.*»

De ahí que Adorno y Horkheimer dijesen que toda definición es un acto de violencia (aunque también lo fue desacreditar el proyecto ilustrado partiendo de dos o tres generalizaciones). Por eso las excepciones son liberadoras. No lo ignoraba Alfred Jarry, cuya patafísica no es un mero juego literario, sino una ascesis filosófica, que nos sitúa a las puertas del sagrado recinto de lo particular, cuyas esfinges solo nos dejarán pasar cuando les digamos cuál es el sonido que hace una sola mano al aplaudir. Esto es, nunca. Toda relación respetuosa pasa por la desconexión de nuestras categorías generales, sin importarle si son ocho u ochenta y ocho. Dice Cortázar que el sentimiento de lo fantástico es lo que queda después de haber definido el sentimiento de lo fantástico. Con ello, no sé *qué* es lo fantástico, pero sí sé *que* es fantástico. Quizá la identidad también sea, precisamente, aquello que queda fuera de lo que dijimos que era.

Claro que esto no les conviene a los psicopompos de la identidad, que cobran su buen óbolo por ayudarnos a buscar un alma en el neblinoso Hades de las identidades perdidas. A ellos les interesa, como a Tintín en *El templo del sol*, asustarnos con el eclipse. Deberíamos ser como los mayas del cuento de Monterroso, cuyo calendario astronómico era mucho más completo que el del gesticulante misionero al que acabaron devorando seguramente porque fue el único modo que encontraron de sacarle provecho a aquel encuentro.

Llamo «eclipse identitario» al proceso en virtud del cual un ingrediente identitario (un identimema) se impone a todos los demás. Cuando esto sucede, el individuo se identifica exclusivamente con una de las dimensiones de su vida, pasando a ser una especie de caricatura, cuyas exageraciones y deformidades tienen como efecto reducir su potencia de vida. Porque lo afean, porque lo simplifican, porque lo aíslan.

Dicha reducción suele estar relacionada con el miedo y la esperanza, los *poderosos daimones* de Teognis, que son los *poltergeist* de la vida. Cuando nos sentimos atacados en uno de los aspectos de nuestro ser, entonces el resto de nuestras dimensiones se repliega a su alrededor, como hace la persona que se encoge para resistir mejor los golpes. Es justo, y quizá necesario, pero implica una disminución de la propia vida. Por eso el que ataca a otro comete un doble crimen. Primero, infligirle un sufrimiento físico o psicológico. Segundo, imponerle una reducción simbólica. Por eso es necesario saber estar *au dessus de la mêlée,* como nos aconseja Romain Rolland.

Mi intención (¿hará falta decirlo?) no es responsabilizar a las víctimas de su sufrimiento. Solo pretendo señalar que, además de las heridas físicas y psicológicas, sufrimos heridas ontológicas, esto es, heridas en nuestro ser, de las que también debemos tratar de curarnos. Y que si algo nos han enseñado los desmanes de la religión es que no es buena idea hipostasiar un concepto. La identidad es un concepto, y el ser, una realidad que no debe ser subsumida por él. Un hombre no es la capa que lo cubre, como decía Descartes. Pero en demasiadas ocasiones los conceptos se transforman en la capa de Neso, que abrasó y consumió a Hércules.

Sé que algunos piensan que no tener una identidad, aunque sea una identidad estratégica, es un lujo que solo pueden permitirse los ricos. Ya puede ser, aunque no son pocos los ricos que sienten amenazada su identidad. Quizá esas identidades estratégicas con las que nos protegemos deberían ser como el yeso, que un día u otro hay que romper. Muchos pretenden firmar en él la compraventa de nuestra alma. Otra cosa es que, además de curar nuestro ser, debemos luchar por cambiar las condiciones objetivas que lo amenazan y afectan. Aun así, el objetivo de los soldados no es pasarse la guerra cargando un ariete. Es solo abrir una puerta.

Puedo haberme equivocado en lo que acabo de decir. Ni siquiera estoy muy seguro de haber sido claro. Pero si de algo estoy seguro es de que lo he dicho de buena fe (que es la fe de los que no tienen fe), y de que, en cuanto alguien me convenza de lo contrario, o de lo diferente, cambiaré de buena gana. Pues no gana el que gana una discusión, sino el que ha aprendido una nueva verdad. Al fin y al cabo, todo ensayo es un ensayo y error.

Hay algo que me resulta todavía más incómodo de decir, y aun así he de decirlo. Y es que los grupos llamados hegemónicos también se sienten amenazados, y que el miedo que sienten también los reduce a meras caricaturas. Estados Unidos tiene tanto miedo a que su identidad nacional desaparezca como la más pequeña de las naciones sin Estado. ¿Es el poderoso que se aferra al poder? Sí. Los ricos también lloran. Pero ¿qué poder real tienen las masas pobres que votan a la ultraderecha en todo el mundo? También son cada vez más numerosos los hombres blancos, ricos y heterosexuales que se sienten humillados y ofendidos. Y muchos otros los que, aun siendo pobres, gozan del poder del machismo y del racismo y no están dispuestos a soltarlo.

Lo que quiero decir es que cada vez somos más «ejemplares». Pero en el mal sentido de la palabra, pues cada vez más individuos únicos se transforman en meros ejemplares de algún arquetipo. Y los arquetipos no tienen rostro, como las figuras de los violadores de los sueños, y, como decía Levinas, cuando no hay rostros, siempre es más fácil matar. Por eso le vendan los ojos a los que van a ser fusilados. No para evitar que el reo vea de cara a la muerte, sino para evitar que el pelotón vea la cara de su vida y no se atreva a dispararle.

§ *Tupí or not tupí.* Hay épocas en las que se producen rupturas bruscas del entorno cultural o social que aumentan la sensación de vacío, de ansiedad y de miedo. Entonces, desde el fondo del imaginario colectivo se produce una gran efervescencia mítica que busca reintroducir una cierta sensación de orden y seguridad. No son mitos religiosos ni literarios (aunque pueden utilizar esos moldes). Son rumores, prejuicios, bulos, teorías conspirativas, narrativas mesiánicas y mantras compensatorios. Son mitos cosmogónicos, con todas las de la ley, pues su función es revertir el caos y reinstaurar el cosmos; esto es, restablecer el orden. Siempre han estado allí, bullendo en el fondo del caldero, pues el fuego del miedo, como el de las vestales, nunca se apaga. Pero en ocasiones la temperatura aumenta hasta hacerlos subir a la superficie, donde explotan, o se evaporan, llenándolo todo con sus efluvios venenosos.

Según estudia Raoul Girardet, en *Mitos y mitologías políticas* (y sabía bien de lo que hablaba, pues fue un ultranacionalista francés), esos *mythos* o relatos suelen agregarse unos a otros hasta formar cuatro constelaciones míticas. De este modo, los microrrelatos (rumores, bulos, prejuicios...) se articulan en relatos (teorías de la conspiración, narrativas mesiánicas, fantasías pasadistas...) que acaban formando el gran relato perdido: una comunidad fuertemente integradora en la que se reencuentra el calor y la fuerza de las viejas solidaridades desaparecidas, amenazada de muerte por oscuras fuerzas malignas. Puro Tolkien.

¿Cuáles son esas cuatro constelaciones míticas? El mito de la edad de oro, el mito del complot, el mito de la unidad y el mito del guía redentor. Primero está el mito de la edad de oro, que tiende a idealizar lo que había antes (vida natural, comunidad nacional plenamente reconciliada, formas religiosas primitivas) y a prometerse su regreso en un futuro más o menos cercano (utopía, independencia, reconquista, reino de los justos). Este mito dota al miedo de una salida, y suele movilizar grandes fuerzas sociales. En segundo lugar se halla el mito del complot (conspiración de alguna minoría, interior o exterior, considerada impura o disruptora), que sirve para explicar de forma simplificada el origen del mal, cuartear la ansiedad en miedos concretos y dirigir la agresividad hacia algún grupo específico (y desvalido). Luego estaría el mito de la unidad (religiosa, nacional, racial, civilizatoria), siempre ideal y simplificada, que debe ser protegida, aun a costa de sacrificar aspectos o partes que antes podían ser considerados propios. En último lugar, vendría el mito del líder mesiánico, relacionado con narrativas apocalípticas, y sobre el cual son proyectadas todas las esperanzas de recuperar el orden perdido.

Como estructuralista (y quizá como conservador), Girardet insiste en que este tipo de estructuras míticas pueden darse en cualquier punto del espectro político. Tras el nazismo, por ejemplo, hallamos el mito de oro de la Alemania medieval y la «utopía» del Reich de los mil años, la constelación mítica de la conspiración judía y comunista, el mito de la unidad ideal del pueblo alemán identificado con el partido y el mito del Führer como líder mesiánico. Pero esa misma mitología sería productiva en la ultraizquierda, el fundamentalismo o el nacionalismo. Lo cual no quiere decir que toda convicción política sea mitológica, y por lo tanto desechable, por irracional, sino que cuando el miedo sobrecalienta estas pulsiones míticas, que dentro de unos límites razonables pueden cumplir una función motivadora, orientadora o crítica, pueden acabar provocando un incendio. El miedo es una lupa abandonada en el bosque.

Estos cuatro tipos de mitos también se dan en el ámbito individual. Cuando las personas están deprimidas o asustadas, también fantasean con edades doradas («deberías haberme visto antes, cuando todo me iba bien»), conspiraciones («van a por mí»), identidades («no podrán con nosotros») y líderes mesiánicos («él es el único que puede sacarme de aquí», lo cual puede aplicarse tanto a un líder político como a un gurú, un libro de autoayuda o un *coach)*. Entre las mitologías individuales y las colectivas existe un proceso de retroalimentación, igual que en el agua que hierve las burbujas suben y bajan constantemente.

El problema es que esos mitos deforman la realidad y ahondan los problemas que se suponía que habían venido a solucionar. De ello se derivan nuevas ansiedades, que siguen aumentando la temperatura, hasta que la realidad se evapora o explota. El miedo es un horno que quema todo lo que cocina.

Recuerdo otro chiste que me hacía también mucha gracia de niño. No es muy bueno, pero viene al caso. Unos exploradores eran atrapados por unos caníbales, que los arrojaban inmediatamente a un caldero. Todos bailan alrededor de la hoguera, pero, de vez en cuando, uno de los caníbales le pega con una larga cuchara a uno de los exploradores. «¿Qué haces?», le pregunta uno de sus compañeros. Y aquel le responde: «Este se está comiendo las patatas.» Así son los mercaderes del miedo, que aprovechan el caos general para comerse las patatas, si bien, tarde o temprano, la misma historia se nos acabará comiendo a todos por igual. Menuda broma.

§ *Los dientes del dragón.* El miedo necesita que la temperatura no baje. Normalmente, las circunstancias históricas le ayudan. Pero él sabe que siempre podrá contar con la necedad y la codicia de los seres humanos. Los poderosos siempre excitan las emociones de las masas. Como vimos, el término «emoción» proviene del verbo latino *emovere,* que significa 'hacer mover'. Según la filosofía antigua, las emociones serían el caballo que nos mueve, y la razón, el jinete que dirige el movimiento. Una psique equilibrada sería un centauro en el que la emoción y la razón se hallan perfectamente unidas, mientras que la emoción, sin las riendas de la razón, corre desbocada (quizá hacia el precipicio), y la razón, sin la emoción, se queda quieta (quizá de espaldas al lobo).

No es extraño que aquellos que desean el poder exciten las emociones de la gente. Como el doctor Ox, de Julio Verne, les echan sustancias excitantes en el agua, para que entusiasmados o aterrorizados se pongan en sus manos. A veces domina la esperanza del flautista de Hamelín, que no cesa hasta que los niños se ahogan en el río, y otras el miedo de los tambores indios, que empujan a los búfalos a despeñarse por el precipicio. Los aprendices de brujo cultivan, como Cadmo, los dientes de dragón del miedo, y de esos dientes brotan las viñas de la ira. Por eso Hitler escribió en mayúsculas un tercio de *Mi lucha* (mientras que Tolstói escribió en francés un tercio de *Guerra y paz).*

A pesar de los esfuerzos ilustrados por enfriar las pasiones mediante la razón, el sentido común y el humor, el Romanticismo instituyó un nuevo emocionalismo, que ha sido incorporado por la cultura «posmoderna» del capitalismo tardío (que no deja de ser un Romanticismo en tejanos, con la participación estelar de las redes sociales).

Hoy día nos mueven las *e-mociones:* anuncios de seguros de vida que nos conmueven hasta las lágrimas, telediarios impresionistas que nos llevan a hablarle a gritos al televisor, políticos que se dirigen solo a nuestras vísceras y redes sociales que han encontrado en el odio y la exasperación el modo de captar y rentabilizar nuestra atención. Que un debate político retransmitido en televisión se vea acompañado por música épica, ¿no nos hará sentir que nos hallamos frente a una guerra entre el Bien y el Mal, así en mayúsculas hitlerianas? ¡Habrá que posicionarse! Que vivamos la política como el fútbol, ¿no nos llevará a decir que el árbitro iba en nuestra contra siempre que perdamos? ¡Qué robo! Que todos nos sintamos permanentemente ofendidos o amenazados, ¿no nos hace más propensos al conmigo o contra mí? ¡Muerte al equidistante! Pero si mezclas el blanco y el negro, te da rojo. Dadme la razón, que me coge algo...

Así es como las luces de la Ilustración, que buscaban reducir las sombras y permitir que nos viésemos mejor las caras, se han transformado en la luz de gas con la que los poderosos buscan hacernos perder la cabeza para quedarse con nuestra herencia (aunque solo sea a base de facturas).

§ *Manual de autodefensa identitaria.* En un contexto de irritabilidad y dogmatismo semejante al nuestro (semejante a todos), Montaigne ideó un método de autodefensa identitaria. Este se basaba, fundamentalmente, en tres técnicas: abrazarse al contrincante, responder a los puñetazos con barridos y lograr el KO por agotamiento.

La primera técnica —abrazarse al contrincante— hace referencia al intento de generar un ambiente de amistad que rebaje las tensiones identitarias y permita a cada una de las partes expresarse y actuar con libertad.

Primera escena. El joven Montaigne se desespera por no saber responder mejor a las provocaciones de su hermano protestante, a las protestas de su vecino católico y a las peticiones de los dos reyes que se disputan el trono de Francia. Montaigne intenta desviar las preguntas con ocurrencias y paradojas, pero sus interlocutores consideran que se acabó el tiempo de las dudas. Ha llegado el momento de *la verdad*.

Segunda escena. Montaigne traba amistad con Étienne de La Boétie, que pasa a ser la única persona con la que puede mostrarse en plenitud, no ya bajo la forma de una respuesta, sino como la libre expresión de una existencia. A diferencia del amor, que, en palabras de Jung, es dar lo que no se tiene a quien no es, la amistad sería ser quien se es gracias a estar con quien solo puede ser contigo. *Porque era él, porque era yo...*

Tercera y última escena. La acción se precipita. El amigo muere, el padre también. La brecha entre católicos y protestantes se hace cada vez más profunda. Finalmente, en su trigésimo octavo cumpleaños, Montaigne se retira a la biblioteca circular de su castillo con la esperanza de hallar en el trato con los clásicos el paraíso perdido de la amistad. En sus escritos perseguirá la sombra del amigo, que cree adivinar en los autores del pasado y en los lectores del futuro. A todos les pregunta, como el monstruo de Mary Shelley: «¿Quieres ser mi amigo?»

Montaigne reconstruirá, ensayo a ensayo, el templo de la amistad. En el pórtico reza la inscripción «este es un libro de buena fe». No es un libro que siga uno u otro credo, sino la simple buena fe que reina siempre entre los amigos. ¿Cómo no iban a buscar en este templo refugio todos aquellos que se sentían juzgados, ya fuesen protestantes en zona católica, católicos en zona protestante, o conversos, tibios y ateos en todas partes?

No se trataba, pues, de una cuestión meramente individual y sentimental, sino también de un verdadero proyecto filosófico, literario y político. Al fin y al cabo, la libertad de expresión y acción que uno siente cuando está *entre amigos* es el modelo de la libertad de expresión y de acción con el que sueñan el sabio, el escritor y el demócrata. En este sentido podemos decir que la *amistad* es el lazo político básico, y que una democracia es una sociedad *de amigos*. Abracémonos, pues, a nuestros conciudadanos, y, como dice Marina Garcés, mantengamos el antagonismo sin caer en la hostilidad, ni en el consenso. Tengamos, pues, los riñones necesarios para jugar a este juego entre amigos.

La segunda técnica de autodefensa identitaria consistía en responder con barridos a los puñetazos. Se trata de bloquear la pregunta por la identidad mediante la convicción escéptica de que es imposible saber nada, en general, y aún menos quién se es, en particular, y que por lo tanto es mejor suspender el juicio al respecto. ¿Quieres saber quién soy? (Puñetazo.) Si es imposible saber nada, ¿cómo voy a saber quién soy? (Barrido.) Eso mismo es lo que hizo Montaigne en la «Apología de Raimundo Sabundo», donde, cansado de la disputa teológica en la que se había embarcado a instancias de su padre, le da una patada al tablero para que todas las piezas salten por los aires.

No es extraño que, a partir de Montaigne, la literatura empiece a crear personajes inclasificables, no tanto en virtud de su rareza –un término en el que se confunden con insidia las ideas de infrecuencia y anormalidad–, como en virtud de la inextricable complejidad de su ser (y el de sus interlocutores, claro). Es la cruzada contra el arquetipo. Es la invención de lo humano.

La tercera técnica de autodefensa identitaria –buscar el KO por agotamiento– consiste en responder desde el principio, y muy por extenso, a la pregunta «¿Quién eres?». Yo empezaría diciendo: «Pues me encanta que me hagas esta pregunta, pues me retrotrae a aquella época de mi infancia en la que...» Y hablaría y hablaría, mas no por marear la perdiz, sino por observar tranquilamente su vuelo. Un pájaro en una jaula no es un pájaro, es una jaula con un pájaro dentro. Para que un pájaro sea realmente un pájaro, debe poder volar siempre que lo desee. Lo mismo sucede con el ser y las definiciones. El ser no se muestra en la jaula de la identidad, que es una definición. Así que, si quieren saber quién soy, que esperen entre los cañaverales de la escucha...

Cuantas más cosas expliquemos, más complejos y extraños seremos, y más difícil será juzgarnos. Acertó Quevedo sin saberlo –que es como muchas veces se acierta– cuando llamó a Montaigne «el señor de la Montaña», ya que sus *En-*

sayos erigen su identidad como una inexpugnable montaña que —como dijo Victor Hugo pensando en Shakespeare— se sube o se deja, pero que no se puede juzgar, filtrar, ni tamizar. Sus cumbres nevadas, sus fallas, sus senderos, sus desfiladeros y sus animales, a los que también podemos añadir las tormentas, las nubes y los vientos, también forman parte de su ser, y la hacen tan inaccesible como deseable. Todo ello es la montaña.

Pues esa cima inexpugnable es a la vez una frontera, por cuanto nos resulta imposible acceder a ella, y la negación de toda frontera, puesto que sobre ella los separadores de hombres no pueden construir una muralla en la que apostar fuertes o aduanas. Será siempre un lugar de tránsito, de refugio y de contemplación para los amigos de las montañas, que son los contrabandistas, los perseguidos, los perdidos, los poetas y los filósofos. En resumen, cuando se nos golpee con un quién eres, responderemos con un nadie sabe nada, y nos mostraremos como una identidad infranqueable por encima de la cual nadie podrá trazar la línea blanca de una frontera (que es la misma con la que se dibujan las siluetas de los cadáveres). No soy Pepe Le Pew. Ni mucho menos *ton amour*.

Si nuestro interlocutor acepta nuestro relato, quizá nos ganemos su amistad. Si no lo acepta, porque lo único que quiere es saber de qué lado estamos, se irá de nuestro lado. Como decían en Street Fighter: «*You win... Perfect!*»

§ *¿Un libertinismo identitario?* A lo largo del siglo XVII, el término «libertino» fue demonizado hasta quedar reducido a un mero sinónimo de palabras como 'licencioso', 'atrevido' o 'disoluto'. Otra suerte merecía una palabra que en su origen latino, «*libertinus*», designaba al liberto, esto es, al esclavo emancipado. ¿No merecía haberse erigido, junto con las ideas de mayoría de edad y autonomía, en una de las metáforas básicas del proyecto ilustrado? El libertino, el liberto, ya no tiene miedo. Ya no tiene que fingir y decide cómo vivir. El libertino tiene su habitación propia, el libertino por fin puede salir de verdad al mundo.

Pero ¿quiénes eran toda esta gente? ¿Por qué no sabemos nada de Marie de Gournay, *fille d'aliance* de Montaigne, autora de varios textos y novelas feministas, editora de los *Ensayos* y correa de transmisión entre Montaigne y los libertinos eruditos del siglo XVIII; Pierre Charron, heredero de la biblioteca y el escudo de Montaigne, autor de un *De la sabiduría* en el que se adelanta a las principales intuiciones de Spinoza; de Gabriel Naudé, que hizo de la biblioteca de Mazarino un templo del escepticismo, y nos legó su manual de construcción en unas *Recomendaciones para formar una biblioteca;* de Cyrano de Bergerac, de profesión alegre, autor de una de las mejores novelas filosóficas de todos los tiempos, *El otro mundo,* y que murió «de un puntapié de la cruz», como dijeron con retranca los jesuitas (que fueron los que verosímilmente lo mataron, arrojando sobre él un madero desde una casa en obras); de Guy Patin, autor –según se acaba de demostrar– del primer sistema ateo, el *Teofrasto redivivo,* y de una correspondencia deliciosa; de La Mothe Le Vayer, sacerdote pirrónico; o de Saint-Évremond, el filósofo espadachín?

Eran muchos y muy diversos, pero todos ellos coincidían en algo: querían ser libres, y amaban a rabiar la vida, y es por eso por lo que se esforzaban por mantener el miedo a raya. El único precio que podían pagar por ello era la calumnia y el olvido. ¿Qué podía salir mal? En verdad nada, porque, como diría Nietzsche, hicieron mucho con poco, mientras que nosotros, con más suerte y menos fuerza, hacemos poco con mucho.

Y estos libertinos ¿qué pueden enseñarnos hoy? Mucho. Porque generaron una gran cantidad de ideas y estrategias para enfrentarse a uno de los contextos religiosos y políticos más opresivos de la historia. De hecho, varios de ellos fueron encarcelados o ejecutados. Es cierto que sus principales enemigos fueron el dogmatismo, el idealismo y el ascetismo religiosos. Pero ya hemos visto que esas enfermedades de transmisión textual (típicas de las religiones del libro) o venérea (de veneración) pasaron, como mínimo, al nacionalismo, al capitalismo y al populismo. Nos interesa, pues, y mucho, su particular mezcla —su particular *tetraphármakos*— de epistemología escéptica, cosmovisión materialista, ética hedonista y política radicalmente democrática. Podemos imaginar un libertinismo identitario como un modo de librarse de los terrores de no ser o de dejar de ser o de olvidarse de ser... que hoy nos dominan. Abramos el grimorio.

Echemos primero unas gotas de escepticismo. Resulta imposible establecer de forma clara y evidente (y aún menos clarividente) la identidad de los individuos o las colectividades. El lenguaje es falible, la razón quimérica, la memoria engañosa, la identidad múltiple, y el interés un factor distorsionador insoslayable. El impulso dogmático de establecer la identidad es perjudicial tanto a nivel individual, donde tiende a generar ansiedad, escrúpulos, vergüenza o falta de naturalidad, como a nivel colectivo, donde suele provocar desconfianza, odio, fanatismo y violencia. Por eso, lo mejor es desentenderse de la pregunta por la propia identidad, apostando por una *epoché* o suspensión de juicio. El objetivo: vivir natural y serenamente nuestras complejas identidades individuales y colectivas. Como dice un viejo refrán castellano: «De las cosas más seguras, la más segura es dudar.»

Añadamos, después, una ramita de física materialista. Rechazo total a sacrificar la variedad, impura y viva, del mundo real en aras de una identidad ideal. No despreciaremos ni nos escandalizaremos ante las mezclas, contradicciones y metamorfosis que se producen en el ámbito de la identidad. Más bien las celebraremos, poniendo en marcha una pedagogía de lo mezclado o lo ambiguo, como hizo Montaigne en sus *Ensayos*. Nuestra visión materialista de la naturaleza nos liberará de los terrores iatrogénicos que provoca toda fantasía (compensatoria) trascendente. Entonces asumiremos, como buenamente podamos, una realidad a veces dura pero también fascinante y arrebatadora.

Y ahora viene la pulpa de la ética hedonista, que se propone prescindir de los conceptos de «bien» y «mal» entendidos en un sentido trascendente para limitarse a optimizar el balance entre placeres y displaceres, con el único objetivo de lograr la salvación inmanente del individuo en el aquí y ahora, y siempre en compañía de sus semejantes. No sucumbiremos a las pasiones tristes del ascetismo identitario, que nos quiere purificar o depurar. Desdramatizaremos esa especie de terror ontológico que sienten los hombres ante la disolución de su identidad individual o colectiva, como si fuese posible convertirse en un ser ingrávido y transparente. Mostraremos que hay otras identidades posibles e inexpugnables, como la amistad, las microsociedades electivas, la república de las letras o, simplemente, la asunción celebratoria del cosmos, qué digo, del caos humano y natural. Y practicaremos el humor, la creación, la indiferencia o la grandeza de ánimo, buscando esa «incandescencia» de la que habla Virginia Woolf, gracias a la cual las injusticias y los traumas son digeridos y transformados en energía vital, tal y como nos enseña en sus escritos Fernando Iwasaki, que ha sabido hacer de las tripas de la migración el corazón de una identidad tan alegre como múltiple.

Y, para acabar, unas semillas de democracia. Porque la lucha contra el miedo identitario no pueden llevarla a cabo solo los individuos ni unas pocas amistades electivas. La amistad es la metáfora básica del lazo social democrático, cierto, pero ello no debe hacernos olvidar la necesidad de reformar las condiciones objetivas que aumentan el sufrimiento, la injusticia y el miedo. Esa epopeya de la amistad (y del libertinismo) que son *Los tres mosqueteros* le ofrece a la democracia un lema hermoso: «Uno para todos y todos para uno.» Las espadas se llaman educación, sanidad, justicia y libertad. Y la piedra con la que se afilan, impuestos.

4.4. *NEC SPE, NEC METU*

> Lo contrario del miedo no es el coraje sino la solidaridad.
>
> MAX AUB, *De un tiempo a esta parte*

§ *El miedo guarda la viña.* A más miedo, menos compasión. Puede que lo cortés no quite lo valiente, pero seguro que el miedo quita lo cortés. Son dos vasos comunicantes. Cuando el que es vulnerable se nos representa como una amenaza, no solo dejamos de verlo como un individuo que merece nuestra comprensión y ayuda, sino que lo único que deseamos es apartarnos de él, o apartarlo de nosotros. Pero en el mismo movimiento en que lo expulsamos de nuestra vista lo incorporamos en nuestra mente como fantasma. Y, una vez instalado en el rincón húmedo y oscuro de nuestra negación, su figura crece hasta invadirlo todo. Entonces llegan los verdaderos monstruos, disfrazados de cazafantasmas. Esto ha sucedido en todas las épocas. También en la nuestra, en la que mil cazafantasmas recorren Europa...

La demonización de los débiles no es solo una cuestión moral, sino también instintiva. Sabemos que aquel al que no ayudamos nos odia, y el hecho de que nos odien nos da miedo, pues el que nos odia desea nuestro mal y nos lo infligirá en cuanto pueda. El neoplatonismo veía en el amor un lazo universal, una *copula mundi*. El odio, en cambio, lo desata todo, y amenaza con precipitarlo en la nada. Y nada genera más odio que el miedo. Odiamos a quien nos da miedo. Y odiamos a aquel a quien le damos miedo, porque sabemos que él también nos odia. Todo lo cual nos lleva a prepararnos para poder oponernos a él, casi para ser dignos de él. Es el «odio platónico». Y es un odio constante más acá de la muerte.

Además, nuestra negación nos lleva a imaginarlo como alguien más peligroso de lo que realmente es. Entonces, nuestro miedo se autonomiza de la realidad, y el vulnerable deja de tener un rostro para ser solo unas fauces. Puede que esta reacción instintiva tenga, en algunos contextos primarios, un sentido adaptativo, donde la mejor defensa es un ataque. Puede. Pero en contextos más complejos parecen ser más adecuadas otro tipo de reacciones más generosas y efectivas, como la empatía o la compasión. Parece.

El problema es que hay opciones políticas que extraen rédito del miedo. Por eso necesitan demonizar y reprimir los impulsos de colaboración, que asocian a la ingenuidad, a la pretenciosidad o a la traición, y excitar los de desconfianza y agresión, que presentan como más realistas, honestos y patrióticos. De este modo, aprovechan nuestros sesgos cognitivos más básicos para reforzar una cartografía del peligro que ahonde en la demonización de los desheredados. Para ellos, *Los miserables* de Victor Hugo es la Biblia del buenismo ingenuo. Ellos saben cómo son realmente las cosas. Y, gracias a ellos, nos impacta más la noticia de un atraco que los efectos de la injusticia, la explotación y la precariedad. Un asesinato que la industria armamentística. No les molestan esos crímenes invisibles (que ellos mismos contribuyen a invisibilizar) que sufrimos sin percatarnos siquiera. Así, caminamos por la calle mirando hacia atrás con la mochila hacia delante, mientras les entregamos nuestro futuro a los ladrones de guante blanco (y puño americano). Son los granjeros del miedo, que juran protegernos del zorro, a cambio de que nos dejemos explotar en granjas industriales de tres pisos.

Así, en vez de luchar contra esos fantasmas estableciendo mecanismos de socorro y ayuda, les ponemos encima unas cadenas que tendrán el efecto de aumentar, a la vez, su sufrimiento y nuestro miedo. Pero algún día sus cadenas serán tan largas que se enredarán alrededor de nuestros cuellos.

§ *Morfología del cuento de terror.* Los lobos dividen el rebaño para aislar a unas cuantas ovejas. Pero si las ovejas permaneciesen unidas, y se enfrentasen además a los lobos, estos lo tendrían más difícil. O al menos resistirían hasta el amanecer, como la cabra del señor Seguin. Traicionando a Rilke: «¿Quién habla de victorias? La resistencia lo es todo.» Pero preferimos salir corriendo, cada uno por nuestro lado. Ignoramos que el miedo es una dinamo que se alimenta de nuestros gestos. El alma del cuerpo que corre registra que hay un peligro del que debe escapar. Es la huida la que crea al león. Solo cuando nos detenemos, el alma se libra de la amenaza imaginaria y puede empezar a enfrentarse al peligro real.

Por eso nos aúllan desde todos los lados. Al fin y al cabo, el miedo no solo disgrega nuestro discurso interior sino también nuestro discurso público. Cuando una sociedad se halla poseída por el pánico, tiende a generar un discurso social o político alarmista. Desde las conversaciones privadas, hasta los medios de comunicación, pasando por las redes sociales o los debates públicos, todo se halla poseído por la retórica del miedo. Su estilo es la obsesión, la hipérbole, la generalización, la vaguedad y la agresividad. También debemos cuidar la *hypolepsis* social.

Why the hate?, se preguntan algunos. *Pourquoi tant de haine?* Pero está claro, como decía Hazlitt, que odiar es un placer, un placer sucio y adictivo. Y es que el odio nos calma, al menos durante unos momentos. Porque nos hace sentir que el mal es simple, que el culpable es único, que la solución es posible, y que está bien claro lo que debemos hacer y contra quién debemos hacerlo. El odio es el nuevo opio del pueblo. El problema es que la realidad sigue su curso haciendo caso omiso de nuestras simplificaciones compensatorias. Necesitamos, entonces, hacer cada vez más complicada nuestra representación ptolemaica (y polémica) del mundo, añadiendo más esferas que expliquen el movimiento *planetario*, esto es, errante de la realidad. Durante las pestes que asolaron Inglaterra en el siglo XVI, el pueblo de Londres empezó a matar a los gatos, que ellos asociaban con el demonio y la brujería. No podían imaginar que haciendo tal cosa estaban agravando el problema, puesto que de ese modo los gatos dejaban de matar a las ratas que portaban a las pulgas que portaban la peste. Cuando todo cuadra es que estamos pensando en círculo.

El odio no soluciona nada. Y eso al menos por dos razones: porque el mal es complejo y porque él mismo forma parte del mal. De un lado, el mal, esto es el sufrimiento, no tiene una única causa, sino múltiples (si bien puede que una de las principales fuentes del mal sea pensar que el mal tiene una sola fuente). Del otro, él mismo crea (o aumenta) el mal que pretende solucionar, del mismo modo que el ignorado movimiento de la Tierra creaba el movimiento aparente de las estrellas.

El discurso público del miedo también es un excelente narrador. Sus historias son los cuentos de fantasmas que les gustaba contar a las ancianas junto al fuego. El miedo maneja a la perfección la sugerencia, el suspense, el maniqueísmo, la alegoría y la deshumanización. Nos tiene siempre atrapados, sus capítulos acaban en punta, o con los pelos de punta, sus relatos están llenos de frases redondas y resonantes que perduran vibrando en nuestra mente. Son frases lapidarias, nunca mejor dicho. Normalmente, presentan la sociedad como una unidad desorientada, amenazada e impotente, y a sus enemigos, internos o externos, como una amenaza astuta, inmune y poderosa. ¿Para cuándo un Vladímir Propp de los cuentos de terror de la política?

§ *Dar la mano.* Pero no solo tememos a los miserables. También nos dan asco. Como vimos, el asco es el miedo del cuerpo, que aparta o expulsa violentamente aquello que cree que puede perjudicarlo. Pero no es ese el asco del que hablo. Nadie teme realmente que el pobre o el inmigrante le infecte. Según Martha Nussbaum, el asco no sería una cuestión meramente biológica. La verdad es que en muy pocas ocasiones se trata de una cuestión meramente biológica. Muchos quesos huelen mal y saben bien. Muchos jabones huelen bien y saben mal. En cambio, hay sustancias peligrosas que no nos dan asco, como las setas venenosas. Y cosas inocuas que sí nos lo dan, como el sudor o la orina (de los demás).

Sin duda, el asco tiene un componente subjetivo muy importante. Pruébese, si no, a beber agua en un orinal totalmente limpio. Lo asqueroso parece estar conectado con algún tipo de idea o intuición que nos resulta altamente aversiva. Pero ¿de qué es símbolo lo asqueroso? Para Nussbaum, de nuestra propia animalidad y, por lo tanto, de nuestra propia mortalidad. Por eso nos la ocultamos y se la ocultamos a los demás. Intentamos olvidar que somos animales. E intentamos creer que somos ángeles, porque los ángeles tienen la suerte de no tener vísceras, mucosas ni ano (aunque también tienen la mala suerte de no tener unas papilas gustativas, un cerebro curioso o un corazón inquieto). Lo cual resulta, ciertamente, difícil, puesto que la naturaleza nos reclama constantemente. Dormir, comer, defecar, descansar, sudar, estornudar, incluso respirar son las constantes llamadas de un general que pasa revista a sus tropas una y otra vez para asegurarse de que nadie ha desertado. Que se lo digan a los hombres chagga.

Como no podemos eliminar en nosotros la marca de la mortalidad, lo que hacemos es proyectar el asco que nos hace sentir hacia nosotros mismos sobre algún grupo humano que nos parezca más mortal todavía (normalmente en virtud de su pobreza, su impureza o su exterioridad). Es un mecanismo muy básico (pero ¿qué somos sino seres muy básicos?) gracias al cual sentimos que ellos son animales y nosotros no, y por tanto que ellos son mortales y nosotros no, para basar a continuación todo nuestro sentimiento de seguridad –¡de inmortalidad!– en lograr que no nos contaminen. Se parece al juego de la peste alta, donde el que nos persigue desde el suelo no puede tocarnos mientras estemos subidos en un lugar elevado (aunque tampoco podemos permanecer más de diez segundos en ese lugar...). Y también tiene algo de la mancha negra que se pasan unos a otros en *La isla del tesoro*.

Pero ¿quiénes son ellos? ¿Quiénes son los asquerosos? Normalmente, quienes son más pobres que nosotros (y siempre hay alguien más pobre que nosotros). Aunque también pueden ser, simplemente, los diferentes (los mezclados, los apátridas, los impuros, los viscosos, los ambiguos). Porque los diferentes nos recuerdan nuestra mortalidad no ya corporal sino simbólica: algún día el mundo tal y como lo conoceremos se descompondrá y las moscardas azules de la globalización y la decadencia moral se lo llevarán a pedazos. Cuando se juntan la pobreza y la diferencia, entonces el asco es máximo. *Vade retro*.

El asco suele exacerbarse en épocas de crisis o en situaciones de injusticia generalizada (que suelen coincidir), ya que la pobreza y la diferencia aumentan, y con ellas nuestra sensación de vulnerabilidad y mortalidad. Todo ello tiene el triste efecto de que justo (aunque sea muy injusto) aquellos grupos de personas que deberían despertar nuestra compasión, por no haber gozado de la misma suerte que nosotros, son los más rechazados. A perro flaco, todo son pulgas.

Hemos vuelto a encontrarnos con nuestro viejo enemigo, el idealismo. Lo real es lo asqueroso. Por eso en la cultura medieval todo les daba asco, asco simbólico. Tanto que ni siquiera se lavaban por no verse el cuerpo. Tanto que ocultaban los sabores puros de los ingredientes mediante un proceso de hipercondimentación. Tanto que esta vida real era solo un valle de lágrimas para salvarse en la otra vida. No lavarse por asco, comer especiado por no notar la comida y vivir como si se estuviese ya muerto para vivir eternamente son solo algunas de las paradojas de este miedo idealista. Si algo nos ha enseñado la historia es que ninguna creencia, por absurda que sea, es imposible.

A pesar de su apariencia materialista, el capitalismo es profundamente idealista. La realidad es poco rentable, pues es gratuita, le basta con sobrevivir al más bajo coste, y eso es inaceptable. *Quod satis est,* lo que es necesario, decía Horacio, es muy poco y muy fácil de conseguir. La naturaleza nos lo ha puesto al alcance de la mano, *procheiron.* Somos nosotros los que somos incapaces de estirar el brazo, como Tántalo. Eso es lo que parece haber querido simbolizar Homero al describir, en el centro de la *Ilíada,* el escudo de Aquiles. En medio del fragor de la guerra, ese escudo representaba la felicidad sencilla, tan disponible como inalcanzable. Decía Macedonio Fernández, que era un hombre bajo, que medía lo suficiente como para llegar al suelo. Nosotros somos tan simples que no alcanzamos la sencillez. Somos, en fin, tan rastreros que no llegamos a la tierra.

Pero aunque no lo alcancemos, lo perseguimos. Y el hecho de perseguirlo amenaza con bajarnos de la rueda en la que corremos sin parar. La llamada de la naturaleza no debe distraer el tamtam del capataz. Tenéis un minutos para ir al lavabo... El sueño, el descanso, la pereza y la sociabilidad, y aún más el deseo de reconocimiento, el instinto de justicia, el amor por la libertad, que también tienen un fondo natural, son obstáculos para el capitalismo. Por eso el capitalismo los convierte en mercancías, esto es en objetos deseables, o los desecha, transformándolos en realidades asquerosas. Por eso en la sociedad actual también domina el asco, y todo está manufacturado, precocinado, esterilizado, desnatado y plastificado, fundamentalmente, para ser vendido. Es como si no quisiésemos ver el mundo en crudo. Los centros comerciales, las franquicias y las sucursales se replican *ad nauseam* en todos los países. En virtud de este proceso, el centro de Viena se parece al de París, y el de Madrid al de Roma. ¿Para qué aprenderse ya las capitales?

En este mundo normalizado y plastificado, la enfermedad es una debilidad (cuando no un castigo), la vejez es asquerosa, el fracaso es vergonzoso y el descanso una deshonra. Solo lo consumible es bello. Por eso nuestras necesidades corporales, sentimentales o espirituales deben ser ocultadas. Cuando queremos elogiar a alguien, decimos: «¡Es una máquina!» Pero «robot», en checo, quiere decir 'esclavo'. Puro chagga.

Resulta, pues, necesario reconciliarnos con lo que Montaigne llamaba «nuestra maravillosa animalidad». Paradójicamente, el acatamiento de las leyes naturales puede liberarnos de la presión de las leyes del mercado devolviéndonos a una realidad más libre. Por primera vez, el principio de realidad parece ser la vía para alcanzar un segundo de libertad. Ya hablé más arriba de la lucha que la filosofía debe llevar a cabo contra el idealismo. También señalé que, si lo fiamos todo a una mera reforma individual, el único efecto que conseguiremos es atribuirnos la culpa de unos procesos de los que a lo mejor somos víctimas.

El esfuerzo debe darse en un doble frente. En el filosófico, por supuesto, pensando e incorporando ideas y actitudes realistas que nos permitan reducir nuestro asco y nuestro miedo; y en el político, modificando las condiciones objetivas que hacen que la injusticia y el sufrimiento aumenten en el mundo, puesto que provocan un fuerte incremento del asco y el miedo. Quizá la mejor forma de aprender a no apartar asqueados el brazo sea, simplemente, dar la mano.

§ *Nec spe, nec metu.* Pero a los poderosos les interesa mantenernos en una situación de alerta permanente. El mejor ataque es tenernos siempre a la defensiva. Claro que el miedo no es una cuestión meramente política sino también sistémica. Independientemente de las personas, de forma autónoma, como dijo Niklas Luhmann, el propio sistema capitalista necesita del miedo para no colapsar. Hay utopías, hay distopías y hay cacotopías, esto es, utopías cuya realización, aparentemente deseable, resultaría catastrófica. El capitalismo global es una cacotopía, en el sentido de que su generalización utópica no solo resulta imposible sino también indeseable, pues implicaría la destrucción del planeta. Ni en el mejor de los mundos podemos imaginarnos una mínima generalización de sus beneficios. Las navidades en las que todos los niños del mundo reciban el mismo número de regalos que nuestros hijos serán nuestras últimas navidades. El planeta solo podrá seguir soportando nuestra *way of life* mientras una parte mayoritaria de la población mundial permanezca en la miseria. Sin contar que estamos topando ya con nuestro límite psicológico, que también es, de algún modo, un límite ecológico o natural. El follaje de nuestro sistema nervioso está siendo corroído por la lluvia ácida de la ansiedad, la soledad, la precariedad y la injusticia. Quizá sean nuestros cuerpos y nuestras psiques los que acaben poniéndole una camisa de fuerza al capitalismo. Insisto, toda esa devastación no es solo indeseable para el planeta y la humanidad (si ese fuese el caso, todo seguiría igual) sino también para el sistema capitalista, que los necesita para existir. Es el escorpión que pica a la rana y se hunde con ella.

Y, como ella, no puede evitarlo, es su naturaleza. El capitalismo solo podía morir de éxito. Da miedo pensarlo, y por eso no lo pensamos.

Y también nos ayudan a no pensarlo, porque, de otro modo, el mismo sistema se vería en peligro. Una primera estrategia de distracción masiva consistiría en ocultar ese miedo grande, más o menos lejano, y muy doloroso, de asumir, con un cúmulo de miedos relativamente pequeños, apremiantes y fáciles de afrontar. La identidad amenazada, la seguridad personal, el terrorismo internacional, la crisis económica... son cuestiones ciertamente graves. Pero pensar solo en ello ¿no es reparar las cañerías de un barco que ya se está hundiendo? Los poderosos no esperan a los bárbaros, como diría Kavafis, los contratan para que asusten a la gente. Así, mientras todos permanecemos encerrados en casa, ellos pueden ejercer la auténtica barbarie. Miedo, sí, pero solo de un tipo.

La segunda gran estrategia consistiría en bloquear nuestra empatía hacia aquellos que quieren subirse a la balsa de la Medusa global. Aunque la Medusa son ellos, porque lo que hacemos es representárnoslos de tal manera que, al verlos, nuestro corazón se vuelva de piedra. El otro es un lobo a la caza, un invasor encubierto, un misionero fanático, un zombi que desea infectarnos. Mientras los veamos como una amenaza para nosotros, lo aceptaremos todo para que no nos afecten, y estaremos dispuestos a hacer la vista gorda si otros hacen ese trabajo sucio por nosotros.

¿Que hay peligros? Sin duda. También los había en el Paleolítico, en el Neolítico y en la Antigüedad. El problema radica en que llegamos a creernos que podríamos eliminarlos todos. ¿Que hay monstruos? Sin duda, y de un lado y otro del miedo, porque todos tenemos miedo, de seguir siendo miserables o de que los miserables nos impidan dejar de no serlo. ¿Qué llenó de brujas la Europa de los siglos XVI y XVII? Ni siquiera la tortura. Bastaba con la mera amenaza de ser torturado para que uno aceptara todos los cargos. El jesuita Spee dijo en 1631: «Si no hemos confesado aún todos ser brujos, es porque no hemos sido torturados.» ¿Y qué peor tortura que el miedo? Fue el miedo de los demás lo que volvió malo al monstruo del doctor Frankenstein. Y fue el miedo que le tenían al monstruo el que los volvió malos con él. Es la vieja paradoja del huevo y el dragón. El miedo es un remolino del que surgen monstruos. Es Caribdis, «el succionador», bailando en el centro del Maelstrom. El principio de Heisenberg al rojo vivo.

No es tarea fácil salir de esa rueda. Para empezar, debemos asumir el Gran Miedo de estar viviendo en un tren sin frenos a punto de descarrilar. Y no es que me haya puesto de golpe apocalíptico, es que el mundo (nuestro mundo) siempre está a punto de desaparecer. Cada invierno amenazaba con ser el último para los neandertales; cada peste, la última para los europeos; cada guerra mundial, la última para la humanidad. Es cierto que la humanidad tiene una mala salud de hierro, pero tampoco se trata de jugar con fuego, ni de solo sobrevivir como especie, sino de luchar por instaurar una forma de vida más digna.

En todo caso, todos somos el último mohicano. Un navajo corriendo sobre el filo de una navaja. Quizá asumiendo el gran miedo podremos desentendernos de todos esos pequeños miedos que nos impiden hacer nada. El sentimiento apocalíptico puede resultar liberador. «*Nec spe, nec metu*», sin esperanza y sin miedo, era el lema de los gladiadores. «Sin trabajo, sin casa, sin futuro, sin miedo», el de los indignados. Quizá necesitamos un apocalipticismo hedonista como el del *Decamerón*. Quizá.

Como decía Spinoza, no podemos luchar directamente contra las pasiones tristes, solo tratar de sustituirlas por afectos alegres. Por eso al miedo solo se lo combate con el conocimiento, la curiosidad, la empatía y la solidaridad. Solo cuando veamos rostros desaparecerá el miedo. El precio a pagar será que con el rostro aparecerá la obligación moral. Tendremos que hacernos cargo, lo cual muchos sienten como una carga. Pero es un coste que vale la pena asumir, porque nos aligerará de nosotros mismos, como cuando Ulises arrojaba al mar el botín de Troya durante la tormenta. Quizá logremos no naufragar. Quizá los mismos a los que ayudemos nos acojan después como náufragos en su isla.

§ *Terribilità*. El cuento «Espuma y nada más», del escritor colombiano Hernando Téllez, trata de un dictador que va a la barbería y, al salir, le dice al barbero: «Usted quería matarme y no se ha atrevido; es un cobarde.» En la película *Les enragés* se oye la frase: «Eres un cobarde, mereces morir.» Y en el *Cantar de mío Cid* un león se escapa. Entonces, unos huyen, otros se ocultan, otros forman un círculo alrededor del rey, que duerme. Solo el Cid se enfrenta al león, al que acaba sometiendo. Moraleja: los cobardes merecen ser dominados. El valor legitima al poderoso. Es un verdadero organigrama del poder. Como decían los latinos, *«audentes Fortuna iuvat»,* la Fortuna favorece a los valientes.

¿Y quiénes son los valientes? En el pasado, los nobles. Dice Virgilio, en la *Eneida:* «El miedo es la prueba de un bajo nacimiento.» Hoy los emprendedores (favorecidos normalmente por la fortuna familiar). Y en casi todas las épocas los hombres, que siempre monopolizan el triste arte de la violencia, frente a las delicadas damas, que necesitan ser protegidas, y controladas (también con las nuevas celosías digitales). Pero no es difícil parecer valiente cuando se cuenta con la superioridad económica, legal y militar; cuando se poseen los medios necesarios para pagar a aquellos que deben ejercer la valentía (la violencia) por nosotros; y cuando todos los medios culturales para representar el miedo y el valor te favorecen. Es el coraje del látigo. Valiente coraje. Pero, como decía La Fontaine, «*la raison du plus fort est toujours la meilleure*».

El auge de la novela de caballerías durante los siglos XIV y XVI buscaba compensar la pérdida de poder de la nobleza exaltando su valor, en oposición a la vergonzosa cobardía del plebeyo, y especialmente del burgués, que amenazaba con alterar el orden dominante. «Necio y villano temor», dice Tirso de Molina en el *Don Juan*. La mística del coraje también ha acompañado a los conquistadores de todos los tiempos. Su valentía les hace parecer seres superiores cuyas masacres no pueden ser juzgadas con los mismos criterios con que se juzgan los actos del común de los mortales. ¿Qué importa que, como señala Bernal Díaz del Castillo en su *Historia verdadera*, se pasasen el día temblando y su violencia fuese hija del terror y la codicia más que del coraje? Ellos son el ariete de la civilización y la cristiandad... Luego están los héroes del capitalismo, los que no tuvieron miedo a arriesgar, a fracasar, a darlo todo por un sueño. Aunque tampoco se dice que la inmensa mayoría de los flamantes millonarios que se hicieron a sí mismos provenían de familias adineradas y estudiaron en las mejores universidades. Es igual, su valor empresarial legitima su poder económico, y nuestra cobardía, intensificada por el reblandecimiento de la educación y el quebrantamiento de la precariedad, justifica nuestra sumisión. Pero eso no es valor. Eso es *terribilità* capitalista. Por eso debemos tener cuidado con la mística del valor. Aprendamos de Cervantes, quien, burlándose de un género literario como las novelas de caballerías, minó un imaginario que tenía como objetivo reforzar los viejos mecanismos de dominación. ¿Para cuándo un *Quijote* de nuestros empresarios andantes?

§ *Fill in the blanks*. Por eso la ética y la política se necesitan mutuamente, pues las pasiones tristes individuales se proyectan en pasiones tristes colectivas, y viceversa. El buen gobierno, que Spinoza consideraba necesariamente republicano (su maestro Franciscus van den Enden murió colgado en Francia por haber participado en una conjura republicana contra Luis XIV), busca fomentar las pasiones alegres de los ciudadanos, mientras que el gobierno tiránico busca fomentar, mediante la religión (lo cual incluye también la religión política de turno), las pasiones tristes, ya que estas debilitan a los hombres, haciéndolos más fácilmente dominables. Por eso los poderosos buscan difundir la tristeza en la colectividad. Y como las pasiones tristes individuales se proyectan en las pasiones tristes colectivas, y viceversa, la ética y la política se necesitan mutuamente. No es extraño, pues, que Spinoza redactase al mismo tiempo su *Ética* y su *Tratado teológico-político*.

También hoy, para Bauman, la invisibilidad del poder y su capacidad para hacernos cómplices de nuestra propia sumisión han transformado el dominio en una forma de tristeza. Nuestra vida cotidiana –conversaciones, prensa, redes sociales– está impregnada de «pasiones tristes» como el desánimo, el miedo, la nostalgia, el nihilismo, la monomanía o el victimismo. Dominan, incluso, otro tipo de «pasiones tristes» que, aun siendo perfectamente justas y legítimas, Spinoza consideraría debilitantes y contraproducentes como, por ejemplo, el resentimiento o el odio, que tienen dificultades para sustanciarse en propuestas de reforma o revuelta individuales o colectivas. La melancolía es la nueva hegemonía. Y esa tristeza es tan poderosa que se ha apropiado, incluso, del discurso de la alegría. Pues el positivismo tóxico capitalista no es más que una estrategia para ocultar el poder y transferirnos la culpa.

Debemos luchar, pues, contra esa triste impotencia en todos sus ámbitos y en todos sus frentes, y sobre todo cuando se disfraza de sonrisa. ¿O no sonríen también los tiranos y los inquisidores, y sus lacayos no les ríen sin parar sus gracias? En Versalles todo el mundo reía. Solo que lo hacían con miedo.

Debemos, en fin, luchar, contra la más triste de las pasiones tristes, que es el miedo, que no es tanto un problema individual, de naturaleza psicológica, como un problema colectivo, de corte político. Y esa lucha debe darse en todos los frentes de batalla: contra el miedo a pensar por nosotros mismos, contra el miedo a someter nuestra vida a examen, contra el miedo a ejercer la propia libertad, contra el miedo a perder lo que tenemos, contra el miedo a alcanzar lo que nos dicen que es deseable, contra el miedo a quedarnos sin identidad, contra el miedo al Gran Miedo.

Complétese como se desee el siguiente fragmento del *Tratado teológico-político* de Spinoza:

> El gran secreto del régimen _____ y su máximo interés consisten en mantener engañados a los hombres y en disfrazar bajo el especioso nombre de _____ el miedo con el que se los quiere controlar, a fin de que luchen por su esclavitud, como si se tratara de su salvación, y no consideren una ignominia, sino el máximo honor, dar su sangre y su alma para orgullo de un solo _____.

A mí se me ocurren numerosas opciones. Tantas como para llenar un libro de ochocientas páginas. ¿Será un *múltiple Joyce*?

§ *Un plebiscito diario.* Las respuestas naturales frente al miedo son: huir, atacar y someterse (y a veces hacerse el muerto). El poder busca hacer huir a los que no se someten, destruir a los que atacan y someter al resto (y marginar y ridiculizar a los que se hacen el muerto, por *preferir no hacerlo*). Como decía Maquiavelo, el poder es directamente proporcional a la capacidad de atemorizar. En cambio, la libertad, y la felicidad, pues, como pensaban los cínicos, no hay mayor felicidad que sentirse libre, aumentan en la medida en que logran hacer retroceder el temor.

Pero el temor puede adoptar muchos disfraces diferentes. Como el buen espadachín, sabe retroceder un paso para avanzar dos. Por eso no siempre se presenta bajo la forma del terror a la muerte o a la tortura, sino también bajo la del temor al ridículo o al fracaso, y, si estamos convenientemente programados, bajo la del miedo a la ausencia de recompensa. El miedo es, pues, como un pulpo que camina sobre dos piernas: el castigo y el premio. Tanto los que son premiados como los que son castigados viven con miedo. Esta espada de Damocles tiene la hoja de doble filo.

También el coraje avanza sobre dos piernas. Son fuertes e iguales, pues, como suele decirse, tienen las mismas letras: «Sí» y «No». El primer gran filósofo del «no» fue Étienne de La Boétie, autor de un pequeño gran tratado titulado *De la servidumbre voluntaria*, que escribió con apenas dieciocho años. Nada más leerlo, Montaigne buscó su amistad, de la que gozó durante unos pocos años. Porque, precoz en todo, La Boétie murió a los treinta y tres. Devastado, Montaigne decidió escribir sus *Ensayos* para que le sirviesen de marco a esta obra (que había de aparecer reproducida íntegramente en su parte central). Él mismo nos indica que el origen de dicho escrito se hallaba en una anécdota recogida por Plutarco, en *Sobre la falsa vergüenza*, según la cual los habitantes de cierto país asiático eran dominados por un tirano porque no sabían pronunciar una sola sílaba, la sílaba «no».

Siguiendo el género de las *paradossi*, el texto de La Boétie empieza enunciando una perplejidad: «Que dos, tres o cuatro personas no se defiendan de uno solo, extraña cosa es, mas no imposible porque puede faltarles el valor. Pero que ciento o mil sufran el yugo de uno solo, ¿no debe atribuirse más bien a desprecio y apatía que a falta de voluntad y de ánimo?»

A continuación La Boétie trata de comprender de qué modo el tirano logra someter o hipnotizar a sus súbditos: clientelismo piramidal, violencia física y simbólica, alienación festiva, debilitamiento ético, hegemonía cultural. Todo está ahí. De Marx a Gramsci, de Foucault a Bauman, de Arendt a Illouz. Lo increíble es su respuesta, tan simple como radical. Tan incómoda, en el fondo, puesto que nos enfrenta, como quería Sartre, a una libertad sin excusas. El poderoso nos domina porque nosotros no nos negamos, lo cual, además, hace que nos sintamos merecedores de ser dominados.

Cuando el miedo nos penetra e impregna, acaba adoptando el disfraz de la voluntariedad y la inconsciencia. Si el miedo es un aguijón invisible, como decía Lucrecio, también puede serlo la picadura. No así el efecto del veneno. «No lo saben, pero lo hacen», dirá Marx más adelante. Por eso la nuestra es una «servidumbre voluntaria» y, como dijimos, «voluntariosa». La Boétie no quiere culparnos, pero tampoco quiere consolarnos diciéndonos que no nos queda ninguna libertad, pues eso supondría la rendición total.

Dice (según mi propia *traición):* «De acuerdo, estamos sometidos, pero solo comprendiendo (o creyendo) que somos libres, y que nuestra sumisión es libre (y por lo tanto, sí, responsable), podremos recuperar la dignidad perdida, y empezaremos a luchar por recuperarla.» No es algo automático, si no no sería un acto de libertad, es algo deseable, y también raro y difícil, como diría Spinoza.

¿Cuál es el *fiat* de la libertad? Simplemente, «no». En el principio, la libertad se hizo palabra, y fue: «no». Es el «no» de la pastora Marcela, es el «preferiría no hacerlo» de *Bartleby,* es la negativa de *El hombre rebelde* de Camus. Es el... Y no, ahora no voy a coger el teléfono.

Pero ese «no» necesita de un «sí». Porque, como diría Spinoza, el no a la muerte no puede ser simplemente reactivo, debe ser un sí activo a todo lo que aumenta la vida. Debemos ser magos, de *magis,* 'más' (porque los magos hacen más que todos o porque todos les piden que hagan más): debemos hacer siempre más de lo que somos, de lo que podemos y de lo que hay. Ese «sí», como vimos más arriba, es un acto de «fe» no religioso sino filosófico: la convicción indemostrable de que la vida es mejor que la muerte, y de que eso implica una obligación moral y política. Es el único *cogito.* Y es el único *valor* sobre el que puede sostenerse el valor.

Claro que no se trata de una lucha exclusivamente individual. Como dice Max Aub en *De un tiempo a esta parte,* lo contrario del miedo no es el coraje sino la solidaridad. Y es que la elección entre el «no» a la muerte y el «sí» a la vida es el verdadero plebiscito diario. No a la dominación, a la sumisión, a la injusticia, a la impotencia y al miedo. Sí a la libertad, a la justicia, a la potencia y al valor. En todas sus formas. Aquí y allá. Dentro y fuera. A solas y en común. Y ahora, *in media res.*

BIBLIOGRAFÍA

Agamben, Giorgio, *L'aventure*, París, Payot et Rivages, 2016.
—, *Amitié*, París, Payot et Rivages, 2017.
Alain, *Propos*, 2 vols., París, Bibliothèque de La Pléiade, Gallimard, 1970.
—, *Spinoza*, Barcelona, Marbot, 2013.
Anderson, Benedict, *Imagined Communities*, Londres/Nueva York, Verso, 1991.
André, Christophe, *Psicología del miedo: temores, angustias y fobias*, Barcelona, Kairós, 2005.
Ariosto, *Orlando furioso*, traducción de Jerónimo de Urrea, Barcelona, Planeta, 1988.
Aristóteles, *Metafísica*, edición trilingüe de Valentín García Yebra, Madrid, Gredos, 2018.
Aurelio, Marco, *Meditaciones*, traducción de Ramón Bach, Madrid, Gredos, 2005.
Bakewell, Sarah, *Cómo vivir o Una vida con Montaigne*, Barcelona, Ariel, 2012.
Bakunin, Mijaíl, *El patriotismo*, traducción de Rosendo Diéguez, Barcelona, Atlante-Presa y Rosón, 1905 [1869].
Barnes, Julian, *Nada que temer*, Barcelona, Anagrama, 2010.
Barnes, Jonathan, y Julia Annas, *The Modes of Scepticism*, Cambridge, Cambridge University Press, 1985.

Bartra, Roger, *Cultura y melancolía,* Barcelona, Anagrama, 2021.
Bauman, Zygmunt, *Amor líquido,* Madrid, Fondo de Cultura Económica, 2003.
—, *Miedo líquido: la sociedad contemporánea y sus temores,* Barcelona, Paidós, 2007.
Beck, Ulrich, *La sociedad del riesgo: hacia una nueva modernidad,* Barcelona, Paidós, 2006.
Berger, Peter, *Risa redentora. La dimensión cómica de la experiencia humana,* Barcelona, Kairós, 1999.
Bergerac, Cyrano de, *El otro mundo,* Madrid, Akal, 2011.
Bergson, Henri, *La energía espiritual,* Madrid, Espasa, 1982.
—, *La evolución creadora,* Buenos Aires, Cactus, 2008.
Bois, W. E. B. du, *The Souls of Black Folk,* Nueva York, Penguin, 1996.
Bolaño, Roberto, *Entre paréntesis,* Barcelona, Anagrama, 2006.
Borges, Jorge Luis, *Obras completas,* Buenos Aires, Emecé, 1999.
Cabanas, Edgar, y Eva Illouz, *Happycracia,* Barcelona, Paidós, 2019.
Camus, Albert, *Essais,* París, Bibliothèque de La Pléiade, Gallimard, 1965.
Carroll, Noell, *Filosofía del terror o paradojas del corazón,* Madrid, Antonio Machado Libros, 2005.
Castany Prado, Bernat, *Literatura posnacional,* Murcia, Editum, 2007.
—, *Que nada se sabe. El escepticismo en la obra de Jorge Luis Borges,* Alicante, Cuadernos de América Sin Nombre, 2014.
—, «El libertinismo identitario en la obra de Fernando Iwasaki», *Cauce. Revista Internacional de Filología,* núm. 39, 2016, pp. 179-194.
Cester, Anna, *El miedo escénico,* Barcelona, Robinbrook, 2013.
Chesterton, Gilbert Keith, *Obras completas,* 4 vols., Barcelona, Plaza y Janés, 1961.

Conche, Marcel, *Éssais sur Homère*, París, PUF, 1999.
—, «L'obligation morale», *Analyse de l'amour et autres sujets*, Le Livre de Poche, París, 2011, pp. 37-69.
—, *Le sens de la philosophie*, París, Encre Marine, 2014.
—, *Épicure en Corrèze*, París, Gallimard, 2014.
Cousins, Norman, *Anatomía de una enfermedad*, Barcelona, Kairós, 1979.
Cruz, Manuel, *Las malas pasadas del pasado*, Barcelona, Anagrama, 2005.
Cruz, Sor Juana Inés de la, *Poesía lírica*, Madrid, Cátedra, 2003.
Diógenes de Enoanda, «La gran inscripción de Enoanda», en *El sabio camino hacia la felicidad*, traducción de Carlos García Gual, Barcelona, Ariel, 2016, pp. 29-84.
Delumeau, Jean, *El miedo en Occidente*, Madrid, Taurus, 2012 [1978].
Descartes, René, *Las pasiones del alma*, Barcelona, Edicions 62, 1972.
Detambel, Régine, *Les libres prennent soin de nous*, París, Actes Sud, 2015.
Douglas, Mary, *Pureza y peligro*, Madrid, Siglo XXI, 1973.
Emerson, Ralph Waldo, *Ensayos*, traducción de Javier Alcoriza, Madrid, Cátedra, 2014.
Empírico, Sexto, *Esbozos pirrónicos*, Madrid, Gredos, 1993.
Epicuro, *Obras completas*, edición de José Vara, Madrid, Cátedra, 2009.
Erasmo, *Adagios del poder y de la guerra y Teoría del adagio*, edición de Ramón Puig de la Bellacasa, Madrid, Alianza, 2008.
—, *Elogio de la locura*, Barcelona, Espasa, 2011.
Escohotado, Antonio, *Frente al miedo*, Barcelona, Página Indómita, 2015.
Ferry, Luc, *Apprendre à vivre*, París, Plon, 2006.
Fontana, Josep, *Europa ante el espejo*, Barcelona, Crítica, 2000.

Foucault, Michel, *La parresía,* Madrid, Biblioteca Nueva, 2017.
Freud, Sigmund, *Lo siniestro,* Buenos Aires, López Crespo Editor, 1976.
—, *Duelo y melancolía,* en *Obras completas,* Madrid, Biblioteca Nueva, 1981.
Fromm, Erich, *El miedo a la libertad,* Barcelona, Paidós, 2006.
Garcés, Marina, *En las prisiones de lo posible,* Barcelona, Edicions Bellaterra, 2002.
—, *Nueva ilustración radical,* Barcelona, Anagrama, 2017.
—, *Ciutat Princesa,* Barcelona, Galaxia Gutenberg, 2018.
Ginzburg, Natalia, *Las pequeñas virtudes,* Barcelona, Acantilado, 2002.
Goldman, Emma, *Living My Life,* Nueva York, Dover, 1970.
Gracia, Jordi, *El intelectual melancólico,* Barcelona, Anagrama, 2011.
Greenblatt, Stephen, *El giro,* Barcelona, Crítica, 2014.
Hadot, Pierre, *Ejercicios espirituales y filosofía antigua,* Madrid, Siruela, 2006.
Hadot, Pierre, *La filosofía como forma de vida,* Salamanca, Alpha Decay, 2009.
Hadot, Pierre, *No te olvides de vivir. Goethe y la tradición de los ejercicios espirituales,* Madrid, Siruela, 2010.
Hazard, Paul, *La crisis de la conciencia europea,* Madrid, Ediciones Pegaso, 1975.
Holbach, *El sistema de la naturaleza,* Pamplona, Laetoli, 2009.
—, *Etocracia,* Pamplona, Laetoli, 2012.
—, *El contagio sagrado,* Pamplona, Laetoli, 2019.
Hoyos Sánchez, Inmaculada, *Sobre el amor y el miedo,* Madrid, Avarigani, 2016.
Hugo, Victor, *Los miserables,* traducción de Aurora Alemany, Barcelona, Ediciones B, 1998.

—, *Shakespeare*, Madrid, Miraguano, 2013.
Huidobro, Vicente, *Altazor*, Madrid, Cátedra, 2005.
Illouz, Eva, *La salvación del alma moderna. Terapia, emociones y la cultura de la autoayuda*, Madrid, Katz, 2010.
Iwasaki Cauti, Fernando, *Mi poncho es un kimono flamenco*, Buenos Aires, Sarita Cartonera, 2005.
—, *Ajuar funerario*, Madrid, Páginas de Espuma, 2009.
Jaegger, Werner, *Paideia*, México, Fondo de Cultura Económica, 1962.
Jameson, Fredric, *El posmodernismo o la lógica cultural del capitalismo avanzado*, Barcelona, Paidós, 1991.
Jones, Owen, *Chavs. La demonización de la clase obrera*, Madrid, Capitán Swift, 2013.
Klemperer, Victor, *La lengua del Tercer Reich*, Barcelona, Minúscula, 2001.
Llopis, Rafael, *Historia natural de los cuentos de miedo*, Madrid, Júcar, 1974.
La Boétie, Étienne de, *Discours de la servitude volontaire*, París, Flammarion, 1983.
La Fontaine, Jean de, *Fables*, París, Gallimard, 1991.
Lovecraft, H. P., *El horror en la literatura*, Madrid, Alianza, 2002.
Luciano de Samósata, *Obras*, 4 vols., Madrid, Gredos, 1981-1992.
Lucrecio, *La naturaleza*, traducción de Francisco Socas, Madrid, Gredos, 2003.
Maravall, José Antonio, *La cultura del Barroco*, Barcelona, Ariel, 2002.
Marina, José Antonio, *Anatomía del miedo. Un tratado sobre la valentía*, Barcelona, Anagrama, 2006.
—, *Los miedos y el aprendizaje de la valentía*, Barcelona, Ariel, 2014.
Mirandola, Pico della, *De la dignidad del hombre*, México D. F., UNAM, 2003.

Montaigne, Michel, *Ensayos,* 3 vols., Madrid, Cátedra, 2006.
Nietzsche, Friedrich, *Obras,* 2 vols., edición de Germán Cano, Madrid, Gredos, 2009.
Nixey, Catherine, *La edad de la penumbra,* Barcelona, Taurus, 2018.
Nussbaum, Martha C., *La terapia del deseo. Teoría y práctica en la ética helenística,* Barcelona, Paidós, 2009.
—, *La monarquía del miedo,* Barcelona, Paidós, 2009.
Odell, Jenny, *Cómo no hacer nada. Resistirse a la economía de la atención,* Barcelona, Ariel, 2021.
Onfray, Michel, *Los libertinos barrocos. Contrahistoria de la filosofía, III,* Barcelona, Anagrama, 2009.
Pascal, Blaise, *Œuvres complètes,* París, Bibliothèque de La Pléiade, 1998-2000.
Pedrosa, José Manuel, «Vampiros y sacamantecas: dieta blanda para comensales tímidos», en *Antropologías del miedo,* edición de Gerardo Fernández Juárez y José Manuel Pedrosa, Calambur, Madrid, 2008, pp. 15-48.
Pérez de Oliva, Fernán, *Historia de la invención de las Indias,* México D. F., Siglo XXI, 1991.
Platón, *Laques,* en *Obras completas,* Madrid, Aguilar, 1966, pp. 291-331.
Plutarco, «Antiguas costumbres de los espartanos», «Máximas de espartanos» y «Máximas de mujeres espartanas», en *Obras morales y de costumbres III,* Madrid, Gredos, 2008.
—, «Cómo distinguir a un adulador de un amigo», en *Sobre el inconveniente de tener muchos amigos,* Barcelona, Ariel, 2016, pp. 9-79.
Riemen, Rob, *Nobleza de espíritu,* Madrid, Taurus, 2018.
Roberto, Federico de, *El miedo,* Madrid, Gallo Nero, 2010.
Romilly, Jacqueline de, *Los grandes sofistas en la Atenas de Pericles,* Barcelona, Seix Barral, 1997.
Rosa, Isaac, *El país del miedo,* Barcelona, Booket, 2012.
Sánchez, Francisco, *Que nada se sabe,* Madrid, Espasa, 1991.

Semprún, Jorge, *Exercices de survie*, París, Gallimard, 2012.
Séneca, *Epístolas morales a Lucilio*, 2 vols., traducción de Ismael Roca Meliá, Madrid, Gredos, 2010.
Sennett, Richard, *La corrosión del carácter*, Barcelona, Anagrama, 2006.
—, *La cultura del nuevo capitalismo*, Barcelona, Anagrama, 2006.
Serés, Guillermo, *Historia del alma*, Madrid, CECE-Galaxia Gutenberg, 2018.
Shelley, Mary, *Frankenstein o el moderno Prometeo*, Madrid, Cátedra, 1996.
Snoey, Christian, *Experiencia y sentido: la escritura de la historia y del horror en la obra de Martín Caparrós*, tesis doctoral defendida en la Universidad de Barcelona, 2019.
Spinoza, Baruch, *Ética*, Madrid, Editora Nacional, 1975.
—, *Obras completas y biografías*, edición de Atilano Domínguez, Madrid, Guillermo Escolar Editor, 2021.
Todorov, Tzvetan, *El jardín imperfecto*, Barcelona, Paidós, 2008.
Toulmin, Stephen, *Cosmópolis. El trasfondo de la modernidad*, Barcelona, Península, 2001.
Tournier, Michel, *Vendredi ou La vie sauvage*, París, Gallimard, 2005.
Viñas Piquer, *Erótica de la autoayuda*, Barcelona, Ariel, 2011.
Voltaire, *Escritos anticristianos*, traducción de Bernat Castany Prado, Pamplona, Laetoli, 2021.
VV. AA., *Antropologías del miedo*, edición de Gerardo Fernández Juárez y José Manuel Pedrosa, Madrid, Calambur, 2008.
VV. AA., *Libertins du XVII siècle*, edición de Jacques Prévot, 2 vols., París, Bibliothèque de La Pléiade, 2004.
VV. AA., *Los filósofos cínicos y la literatura moral serioburlesca*, 2 vols., edición de José A. Martín García, Madrid, Akal, 2008.

VV. AA., *Psicología del miedo,* edición de Guillermo Fouce, Madrid, Grupo5, 2015.
VV. AA., *The Cambridge Companion to Epicureanism,* edición de James Warren, Cambridge, Cambridge University Press, 2009.
Wallace, David Foster, *Esto es agua,* Random House, Barcelona, 2014.
Whitman, Walt, *Perspectivas democráticas y otros ensayos,* Madrid, Capitán Swing, 2013.
Zafra, Remedios, *El entusiasmo,* Barcelona, Anagrama, 2017.

AGRADECIMIENTOS

No puedo dejar de mostrar mi agradecimiento a Bernat Castany Magraner y a Gloria Prado Rodríguez, mis padres, de los que he aprendido más de lo que ellos se imaginan. A Christian Snoey Abadías, cuyas correcciones, comentarios y ánimos han hecho posible este libro. A Jordi Gracia, que creyó en mí por mí. A José Ramón Jouve Martín, sabio y benevolente como un dios epicúreo. A Ana Capdevila, mi mujer, feliz e inmutable como un dios aristotélico. A Nicolás, Tomás y Helia, mis hijos, que son el alma y el cuerpo de la fiesta. A Roser y a Gloria, mis hermanas, que nunca dejan de apoyarme. A Paco Antúnez, modelo de fuerza y alegría. A Pedro Pérez Leal, que me enseñó a pensar. A Vicente Cervera, profesor de profesores. A Fernando Iwasaki, libertino identitario. A Bernat Garí, compañero de trinchera. A María Dolores Adsuar, que está ahí hasta cuando no está ahí. A Javier Fernández Díaz, hermano de tinta. A Paqui Noguerol, que abrió las compuertas. A Toni Martín Gómez, verdadero superhéroe. A Yako Blesa, a Sara Fernández Balaguer, a Joan Camprodon, a Gaston Gilabert, a María Fernández, a Esther Lázaro, a Maribel Andrés Llamero y a Nacho y a Quim Monter, con los que he disfrutado de todas las caras de la amistad. A Juan Manuel Felipe, con el que aprendí a leer. A mis profesores, desde la primaria hasta la universidad, que están detrás, encima y a los lados de todas estas páginas. A mis alumnos, para los que escribo lo que escribo. A Sara Cabeza Labrada, que está en el origen de este libro. A María José Sánchez Cascado, a la que le prometí enseñarle este libro, que ya no podrá leer. Y a nuestro hámster, Spinoza, que en paz descanse, seguimos corriendo en la rueda por él.

ÍNDICE

Prólogo 13

1. LUZ DE GAS 19
    1.1. Deimos y Phobos 21
    1.2. El baile de las sombras 33
    1.3. Las razones del lobo 41
    1.4. La habitación del pánico 49
    1.5. El tren de la bruja 55
    1.6. Psicofonías 65

2. VIVIR ME MATA 77
    2.1. El aguijón invisible 79
    2.2. *Horror et voluptas* 97
    2.3. Temor y temblor 121

3. ODISEO *ANTITHEOS* 141
    3.1. Hedonismo desencadenado 145
    3.2. Spinoza sin espinas 167
    3.3. La ataraxia desatada 217
    3.4. Contemplación del asombro 235
    3.5. Pequeño tratado de ateodicea 257

4. AMPLIACIÓN DEL CAMPO DE BATALLA 275
    4.1. Virtudes políticas 277
    4.2. Libredumbre 303
    4.3. Derecho de autoindeterminación 317
    4.4. *Nec spe, nec metu*. 337

Bibliografía 355

Agradecimientos 363